福建新闻界"四力"
教育实践系列读本

"Four Effectiveness" Theory in Fujian Press
Educational Practice Series

福建优秀
新闻宣传案例选编

Selected Works of
Excellent News Publicity Cases
in Fujian

- 中共福建省委宣传部　编
- 福建省新闻工作者协会

主　编：邢善萍
副主编：许守尧　蔡小伟　叶雄彪　陈惠勤　阎立峰

厦门大学出版社　国家一级出版社
XIAMEN UNIVERSITY PRESS　全国百佳图书出版单位

图书在版编目(CIP)数据

福建优秀新闻宣传案例选编/中共福建省委宣传部,福建省新闻工作者协会编.—厦门:厦门大学出版社,2021.4

(福建新闻界"四力"教育实践系列读本)

ISBN 978-7-5615-8021-9

Ⅰ.①福… Ⅱ.①中… ②福… Ⅲ.①新闻工作—宣传工作—案例—福建 Ⅳ.①G219.275.7

中国版本图书馆 CIP 数据核字(2020)第 246531 号

出 版 人	郑文礼
责任编辑	刘 璐 廖婉瑜

出版发行 厦门大学出版社

社 址	厦门市软件园二期望海路 39 号
邮政编码	361008
总 机	0592-2181111 0592-2181406(传真)
营销中心	0592-2184458 0592-2181365
网 址	http://www.xmupress.com
邮 箱	xmup@xmupress.com
印 刷	厦门集大印刷厂

开本	720 mm×1 000 mm 1/16
印张	18.75
插页	1
字数	307 千字
版次	2021 年 4 月第 1 版
印次	2021 年 4 月第 1 次印刷
定价	48.00 元

厦门大学出版社
微信二维码

厦门大学出版社
微博二维码

本书如有印装质量问题请直接寄承印厂调换

序　言

随着《福建优秀新闻宣传案例选编》一书与读者见面，由中共福建省委宣传部、福建省新闻工作者协会编撰的"福建新闻界'四力'教育实践系列读本"共三辑，均已正式出版。

作为我省各新闻单位开展增强"四力"教育实践工作的业务用书，"系列读本"采取"作品"和"评点"相映照的编辑体例，以全面揭示福建优秀新闻作品中蕴含的"四力"精神，充分反映全省广大新闻工作者的事迹风采，深刻阐释新闻舆论工作队伍的职责使命。同时，作为高校新闻院系"新闻理论"和"新闻实务"课程的教材，该读本以客观、辩证的视角，总结实践经验，凝聚时代精华，具有较高的学理价值和现实意义。

"艰难方显勇毅，磨砺始得玉成。"在传播环境与媒体生态不断发生变化的形势下，创新新闻舆论工作任务艰巨，责任重大。面对新任务新挑战，福建新闻工作者以"不忘初心、牢记使命"的精神深入贯彻"四力"要求。他们扎根基层增强脚力，拓宽视野磨砺眼力，深钻细研培育脑力，紧握笔杆练就笔力，努力提高新闻舆论传播力、引导力、影响力和公信力，巩固壮大主流思想舆论。阅读《福建优秀新闻宣传案例选编》一书，"大美中国""大美福建"从字里行间跃然而出，我们既感动于广大新闻工作者日积月累构筑"四力"之精神，更自豪于八闽人民合力奋斗为中国梦添砖加瓦的壮举。

《福建优秀新闻宣传案例选编》中的所有案例，均由福建省新闻工作者协会面向全省各设区市新闻工作者协会、平潭综合实验区党工委宣传办、福建日报社、福建省广播影视集团等单位征集遴选而来。代表作品涵盖报纸、广播电视、网络及融媒体等类别，其中有获得中国新闻奖、福建新闻奖的名篇佳作，也有在全国产生重大影响的系列报道。案例呈现则采用"简介＋评析＋代表作品"的方式，这样编排既可以结合"四力"要求，就重大主题宣传的内容创新、手段创新、体制机制创新做条分缕析，也可以使读者对案例有总体把握。

透过这16个主题重大、特色鲜明、感情真挚的案例，我们看到的是福建新闻工作者投身新时代的担当作为和孜孜以求,是全省宣传思想战线坚守初心、践行"四力"的丰硕成果,以及十八大以来我省波澜壮阔的发展历程。具体而言,记者们以不懈脚力追踪"松绑"放权,吹响国企改革的冲锋号;以精微眼光聚焦"绿水青山",讴歌"生态福建"理念;以透彻思考阐发"晋江经验",推动县域治理的新格局;以灵动笔墨展现"数字福州",提升转型发展的加速度。在抗击新冠肺炎疫情期间,他们更是连续奋战、勇敢逆行。毫无疑问,一代又一代的新闻人寄情山海,薪火相传,把朴实真切又饱含深情的新闻作品写在八闽大地,温暖亿万人心。"落其实者思其树,饮其流者怀其源。"福建新闻界将始终牢记习近平总书记的谆谆教诲,以钉钉子的精神将"四力"教育实践落在实处。

成绩属于过去,未来任重道远。新闻舆论工作肩负党的重托、人民的期待,无比重要,无上光荣。"志不立,天下无可成之事。"在全方位推动高质量发展超越的今天,我们相信,福建新闻人经过增强"四力"教育实践的洗礼,一定能更好地担负起"举旗帜、聚民心、育新人、兴文化、展形象"的使命任务,为建设"机制活、产业优、百姓富、生态美"的新福建凝心聚力,努力做出无愧于时代、无愧于人民、无愧于历史的业绩。

CONTENTS

目　录

"习近平同志在福建"和"习近平总书记在福建的探索与实践"主题报道

福建日报社

案例简介

　　"忆往昔,峥嵘岁月稠"。在福建这块充满激情的热土上,习近平同志怀抱一颗赤子之心,探索奋斗了十七年半,在改革、开放、发展、党的建设等一系列重大领域,在理论和实践的双重探索中,取得了极其丰硕的成果,至今仍闪耀着真理的光芒。

　　习近平表示,福建是他的第二故乡。从 1985 年到 2002 年,他在厦门、宁德、福州和省里工作了十七年半,对八闽的山山水水、一草一木都充满感情,同福建广大干部群众结下了深厚情谊。

　　在福建长达十七年半的工作中,习近平同志进行了一系列的探索和实践,为福建改革、经济社会发展和党的建设事业留下了宝贵的精神财富,成为十八大以来党中央治国理政新理念新思想新战略重要的思想和实践源头。福建人民对习总书记怀有特殊的深厚感情,在贯彻落实治国理政新理念新思想新战略中,以最大的自觉勇于担当,以建设新福建的伟大实践和丰硕成果,回报总书记的亲切关怀,不负总书记的殷切期望。为此,2014 年、2017 年两次经中共福建省委宣传部研究并报省委同意,《福建日报》刊发长篇通讯(这些报道于2014 年至 2015 年、2017 年分两次各 7 篇刊出),反映总书记提出的五大发展理念、全面从严治党等在福建的探索和实践、传承与发扬。

　　报道以原创新闻为主,充分运用总书记在闽工作的丰富资源,阐发治国理政新理念新思想新战略的历史渊源、实践渊源,帮助人们完整准确理解治国理政新理念新思想新战略的科学内涵,并与建设新福建的实践紧密结合起来,通过回顾历程、讲好故事、揭示背景、剖析典型、展望前景,展现福建人民践行治国理政新理念新思想新战略的自觉担当和福建发展的新成就。

按照省委的要求,为做好"习近平同志在福建"和"习近平总书记在福建的探索与实践"主题报道,福建日报社由集团党组主要领导挂帅,抽调精干人员组成采访组,同时按选题增配人员,经过全面酝酿,形成创新发展、协调发展、绿色发展、开放发展、共享发展、党的建设、信息化建设、文化繁荣发展等八大采写主题。

一、创新发展:从"坚守实业、坚守创新"到国家自主创新示范区

本报道有两条主线。

一是科技创新。总书记在闽工作期间和到中央工作后,提出了一系列关于科技创新的重要论述。2016 年 6 月,中央批准福州、厦门和泉州 3 个国家高新技术产业开发区建设国家自主创新示范区,在福建发展的大格局中,自主创新被提到前所未有的高度。

二是制度创新。习近平总书记在福建工作时总结提出了"晋江经验"。"晋江经验"的核心内涵就是全面发展,改革创新是发展的核心动力。从泉州"金改区"落地,到自贸试验区、生态文明试验区布局,福建承担起中央赋予的诸多改革创新试点任务,成为制度创新的重地,并取得了丰硕的成果,积累了丰富的经验。

二、协调发展:从山海协作到对口帮扶

福建率先在全国开展山海协作联动发展工作,对缩小山海发展差距,促进区域经济协调稳定发展发挥了重要作用。

在宁德工作时,习近平即提出"要注重沿海与山区的差异和协作";任福州市委书记时,他致力推动福州与宁德的山海经济协作;任省委副书记和省长时,高度重视山海协作工作。山海协作向对口帮扶拓展,福建持续对口支援西藏、宁夏、三峡库区、新疆等。特别是福建省成立对口帮扶宁夏领导小组,时任福建省委副书记习近平任组长,直接组织实施闽宁对口扶贫协作,形成了系统的对口扶贫协作工作思路。

三、绿色发展:从生态省到生态文明试验区

2000 年,时任福建省省长的习近平同志提出生态省建设战略构想。2001年,省政府成立生态省建设领导小组,习近平亲任组长。2002 年 7 月 3 日,五年一次的全省环保大会上,首次明确了生态省建设的工作目标、任务和措施;同年 8 月,福建被列为全国第一批生态省建设试点省份。

习近平还亲自推动,将长汀水土流失治理工作纳入省委、省政府的为民办实事项目,每年补助 1000 万元,开启了长汀大规模治山治水的大幕。2014 年11 月,习近平总书记来闽考察调研,深切寄望福建干部群众"努力建设机制活、产业优、百姓富、生态美的新福建"。2014 年,福建被国家批准为全国第一个生态文明先行示范区。2016 年,福建成为全国首个生态文明试验区。

四、开放发展:从闽江口金三角到海丝核心区

1992 年,小平同志南方谈话之后,时任福州市委书记的习近平,倡导并主持编制了《福州市 20 年经济社会发展战略设想》,科学谋划福州未来 3 年、8年、20 年经济社会发展的战略目标,简称"3820"工程,并提出了构建全方位多层次对外开放大格局,建设闽江口金三角经济圈的设想。2001 年,全省投资环境建设工作会议上,时任福建省省长习近平指出:"扩大对外开放,引进和利用外资,发展开放型经济,是我省经济发展的比较优势所在,是我省经济发展的'生命线'。"2014 年,习近平总书记来福建调研时,专程前往平潭综合实验区实地考察。他指出:"平潭综合实验区是闽台合作的窗口,也是国家对外开放的窗口。"

2015 年 3 月,国家《推动共建丝绸之路经济带和 21 世纪海上丝绸之路的愿景与行动》发布,明确"支持福建建设 21 世纪海上丝绸之路核心区"。融入"一带一路",创建自贸试验区,打造经济新增长极,福建将一个个中央决策转化为"福建行动",开放的脚步不停歇。

五、共享发展:从"中国扶贫第一村"到脱贫攻坚

从 1988 年 6 月任宁德地委书记起,习近平始终牵挂着闽东贫困群众,关心和思考着扶贫开发事业。他提出"弱鸟先飞""滴水穿石"等富有创见的理念,倾力推动包括"中国扶贫第一村"赤溪村在内的扶贫工作,亲力亲为,制定

帮扶政策,提出了"造福工程"等一系列政策举措;走村入户,关心百姓疾苦,为他们摆脱贫困想方设法。

2014年11月,他在福建调研时指出,要通过领导联系、山海协作、对口帮扶,加快科学扶贫和精准扶贫,办好教育、就业、医疗、社会保障等民生实事,支持和帮助贫困地区和贫困群众尽快脱贫致富奔小康,决不能让一个苏区老区掉队。

2016年2月,习近平与宁德赤溪村干部群众在线交流时强调,"中国扶贫第一村"的发展变化,凝聚着大家的心血和汗水。滴水穿石、久久为功、弱鸟先飞,你们的实践印证了现在的扶贫方针,就是要精准扶贫。

六、党的建设:从"为官四要"到全面从严治党

从在闽期间的"为官四要"、"芝麻官"千钧担、青年干部四忌等,到如今的"打铁还需自身硬""党要管党、从严治党",习近平总书记对加强党的建设的一系列重要论述,思想观点一以贯之、一脉相承。全面从严治党是新时代党治国理政的一个最鲜明特征。在福建工作期间,习近平同志强调,要把党建工作列入各级党委的重要议事日程。各级党委书记亲自抓,分管副书记具体抓,还要充分发挥纪检、组织、宣传等部门的作用,要建立党建工作责任制和定期研究党建的制度。

七、信息化建设:从"数字福建"到"互联网十"

21世纪初,时任福建省省长的习近平率先提出建设"数字福建",并亲自担任"数字福建"建设领导小组组长,开启了福建推进信息化建设的进程。如今,"数字福建"建设内容不断扩展、水平不断提升。八闽大地,"信息化快车"随处可见;大众创业、万众创新,蔚为风气。"互联网十"下,新产业、新业态和新增长点、新消费热点,为我省经济社会发展注入新的动力。

八、文化繁荣发展:从文化遗产保护到文化自信

从《闽东之光》到《福州古厝序》;从保护三明万寿岩到保护福州三坊七巷;从《山海交响》到《丝海梦寻》;从历史遗存到红色文化传承,习近平在闽工作期间,高度重视文化繁荣发展事业,并亲力亲为,留下了许多生动的故事,也留下了宝贵的精神财富。

上述报道贯穿全年,引起了热烈反响,产生了良好的宣传效应。对重点报道,福建日报社实行"报、网、端"一体运作,运用旗下东南网、海峡网、《今日福建》客户端、手机报和官方微博、微信公众号等,重新包装推送,阅读数达数十万人次,不少网友转发、评论、点赞;人民网、人民日报客户端、央视网、凤凰网、腾讯、搜狐、今日头条等知名网站和"政知局""澎湃"等知名微信公众号纷纷转发转载,有效扩大了传播范围,扩大了影响力,读者、网友反响强烈。他们认为总书记在闽执政理念和在闽考察重要讲话精神,是福建人民,也是全国人民的宝贵精神财富和精神力量。福建广大干部群众表示,要努力工作,努力创新,加快建设新福建,不负总书记厚望。

案例评析

2014—2015 年,福建日报社以"习近平同志在福建"和"习近平总书记在福建的探索与实践"主题报道为龙头,挖掘独特报道资源,致力创新报道模式,精心组织治国理政新理念新思想新战略重大主题宣传,引起全国性的热烈反响,产生了良好的传播效应。

党中央治国理政新理念新思想新战略重大主题宣传,是党报的重大任务和光荣使命。除在《治国理政新实践》专栏用好《人民日报》和新华社稿件外,福建日报社主动作为,精心策划组织,挖掘独特报道资源,致力创新报道模式,积极探索融媒体报道,推出"习近平同志在福建"和"习近平总书记在福建的探索与实践"主题报道,引起全国性的热烈反响,产生了良好的传播效应。

福建是习近平同志在地方工作时间最久的地方。习近平说:"我在福建工作十七年半,头尾 18 个年头。一个人能有多少个 18 年?"他还曾动情地表示:"肯定我一辈子都跟福建联系在一起。我人生中美好的青春年华是在福建度过的。"他亲身参与和领导了福建改革开放和现代化事业,在改革发展、改善民生、改进作风等方面进行了一系列开创性实践,给福建人民和全国人民留下了许多宝贵的思想、理论和精神财富。

在闽工作期间的执政实践和理念,是习近平总书记治国理政方略的重要实践和思想来源之一。作为党报,福建日报社有责任将这些光辉实践和思想,挖掘好、整理好、报道好。从新闻传播角度而言,这也是福建独有的宝贵资源,我们更有责任将这一思想宝藏的光彩展现给全党和全国人民。

2014 年初,福建日报报业集团党组筹划设立"习近平同志在福建"采访组,由社领导挂帅,采访总书记在闽工作期间走过的足迹和留下的光辉思想、执政理念,并拟定了习近平同志在闽工作期间身体力行践行群众路线、关心国防和军队建设、保护文化遗产、帮助少数民族群众脱贫致富、关心台商台胞、推动信息化建设、推进机关效能建设等选题。两年来,采访组沿着习总书记当年走过的足迹,回到新闻现场,重访重要当事人、见证者,查阅档案资料,掌握了大量生动的素材,完成了一批报道成果。

2014 年 5 月 12 日,《福建日报》刊发《群众的赞许最甘甜》长篇通讯,深情回忆习近平总书记在闽工作期间,身体力行践行党的群众路线,倡导并推动"四下基层"的生动故事;2014 年 8 月 1 日,习近平总书记看望慰问驻闽部队官兵期间,《福建日报》刊发长篇通讯《"我临东海情同深"——习近平在福建工作期间关心支持国防和军队建设纪事》;2014 年 10 月 30 日至 11 月 1 日,习近平总书记在出席全军政治工作会议和来闽考察期间,《福建日报》连续刊发长篇通讯《始终与人民心心相印——习近平同志在福建践行群众路线纪事》《绿水青山就是金山银山——习近平同志关心长汀水土流失治理纪实》《饮水思源 勿忘老区——习近平同志关心支持福建老区建设和发展纪实》;2015 年 1 月 6 日,《福建日报》刊发长篇通讯《"像爱惜自己的生命一样保护好文化遗产"——习近平在福建保护文化遗产纪事》,同时刊发习近平《〈福州古厝〉序》和评论员文章《热爱文化的境界与情怀》;2015 年 11 月 23 日,福建日报社刊发长篇通讯《全面实现小康,少数民族一个都不能少——习近平同志帮助福建少数民族群众脱贫致富纪事》。

此外,2015 年 8 月 25 日,福建日报社转发《人民日报》刊登的原福建日报社记者采写的《1998,跟习近平进藏》一文,回顾习近平当年看望福建援藏干部的情景。

回顾主题报道的采访和写作过程,采访组的记者们说:"这个重大主题报道的采写,是极为难得的担当历练、学习思考、砥砺奋进的过程。"

报道项目启动后,采访组记者上高山、进乡村、入海岛采访。这是一场类似于田野调查、考证式的采访。采访组一开始就深知,此项报道事关重大、影响深远,必须严格做到言必有据,有一份材料说一份话,要严谨再严谨。对习近平同志当年说过的话,都要找到原始的记录,所有的细节都要找到当事人回忆佐证。最初的两个月集中采访期间,采访组到 15 个县(市、区)采访,行程 8000 多公里,面对面采访了与习近平同志有直接接触的人员 100 多人,加上电话联系、协助沟通联系的,共有 200 多人。白天马不停蹄采访,晚上把当天的采访内容整理出来,撰写采访日志等。据统计,整理出来的采访内容字数达 3 万多字,收集整理并阅读的历史资料、采访素材有 200 多万字,新拍、翻拍历史照片几百张,收集了不少未曾公开的照片。其中,仅在福州市马尾区档案馆,采访组就复印了厚达 20 厘米的五大本习近平同志在福州工作期间的资料。在福州、宁德和厦门,很多接受采访的老领导、老同志说:《福建日报》做这个重大报道,太应该了,太及时了。

采访之外,撰稿的过程更是艰辛。习近平同志在福建工作时间长达十七年半,工作地点多,创新实践涉及方方面面。在占有浩繁详尽素材的基础上,要如何谋篇布局,从何处切入,主线在哪里,什么时机发什么样的稿,都要反复考虑论证。社长等多次与采访组开会协调,指导写作。

如,2014 年 8 月 1 日刊发的《"我临东海情同深"——习近平在福建工作期间关心支持国防和军队建设纪事》一稿,时任省委常委、宣传部部长李书磊到报社逐字逐句修改稿件;2014 年习近平总书记来闽考察期间推出的《始终与人民心心相印——习近平同志在福建践行群众路线纪事》,采访组采访后"闭关"写稿 10 来天,拿出 3 万字左右的初稿,后来又反复调整、修改,先后 19 易其稿,拿出 6 个版本……

此外,福建日报社还大胆尝试,创新报道模式,提前谋划,实行"报、网、端"一体运作、全媒体融合推送,运用报业集团旗下东南网、海峡网、《今日福建》移动客户端、手机报和官方微博、微信公众号等,根据新媒体传播特点,重新包装推送。

主题报道中分量最重的《始终与人民心心相印——习近平同志在福建践行群众路线纪事》见报当日,福建日报社官方微博、《今日福建》客户端等新媒体,就根据受众"碎片化"阅读习惯,将报道拆成 10 多个内容丰富而生动的故事,推出《习近平与彭丽媛:一场只请一桌酒席的婚礼》等独家报道,众多媒体、网友纷纷转发、刷屏、评论;2015 年 1 月 6 日《"像爱惜自己的生命一样保护好文化遗产"——习近平在福建保护文化遗产纪事》见报,《今日福建》客户端、官方微博同步发布分解报道,微信公众号则以市民视角整合编发《跟随习大大保护福建文化遗产足迹 屏山君福妞带你逛》。《今日福建》

客户端还依托福建日报社的历史报纸查询系统,发布《习近平 23 年前撰文论述城市建设中八个关系》《习近平 13 年前为〈福州古厝〉作序　强调保护文化遗产》等报道。

"习近平同志在福建"和"习近平总书记在福建的探索与实践"主题报道推出以来,连续引发广泛关注,产生巨大影响,作为地方党报屡屡在全国传媒大格局中刷出"存在感","福建日报""本报采访组""屏山君"成为一时"热词"。特别是经过传统媒体和新媒体融合报道,形成了规模,有效扩大了传播范围,提升了影响力。每一篇纪事推出当天,几乎都占据了人民网、新华网、央视网、凤凰网等各大主流新闻网站的头条位置。

借"习近平同志在福建"和"习近平总书记在福建的探索与实践"主题报道产生的强大宣传效应,2015 年,福建日报社还精心策划,结合省委、省政府中心工作,分主题、分阶段组织关于学习贯彻习总书记系列重要讲话精神和来闽考察重要讲话精神的宣传。

2015 年初开设《回眸 2014 特稿》专栏,连续刊发《新起点上再跨越——我省牢记总书记嘱托,推进科学发展跨越发展》等 6 篇特稿;全国两会前夕,分别以"亲切关怀""转型升级""一带一路""脱贫攻坚""闽台交流""法治福建""生态文化"为主题推出《新福建　新起点》大型特刊,随福建代表团进京;在习总书记来闽考察 1 周年之际,推出"向总书记报告"大型报道,围绕机制活、产业优、百姓富、生态美、管党治党等主题,报道一年来福建干部群众积极作为,八闽大地发生喜人变化;2015 年底,推出长篇通讯《建设更加美好的新福建》,全面报道我省干部群众在省委、省政府的坚强领导下,牢记总书记嘱托,全力推进福建科学发展再上新台阶的成就。这些报道同样在广大读者和网友中产生了热烈的反响,传递了正能量,激励了全省上下奋发有为,努力创新,加快建设新福建,不负总书记厚望的决心、信心和行动。

对于参与主题报道采写的采访组所有记者来说,这次采写既是极为难得的新闻从业经历,也是深入学思践悟、牢记初心使命的宝贵机会。

首先,这是一次深入感受习总书记一以贯之的为民情怀、务实精神,激励我们奋发进取的采访活动。习总书记强调,党性和人民性从来都是一致的、统一的。坚持党性,核心就是坚持正确政治方向;坚持人民性,就是坚持以民为本、以人为本。通过采访,我们更加深刻体会到习总书记对福建和福建人民的深情厚谊;更加深刻感受到习总书记坚持党性与人民性相统一,始终与人民心心相印的为民情怀;更加深刻感悟到习总书记"功成不必在我"的思想境界和务实精神。这激励着我们作为党报新闻工作者,要始终牢记为民宗旨,贴近实际、贴近生活、贴近群众,扎扎实实做好新闻报道。

其次,这是牢记党报历史使命,弘扬党报优良传统,担当党和人民赋予的责任的一次生动实践。习近平同志在福建工作了十七年半,给福建人民留下了宝贵的精神财富。从新闻角度而言,这也是极为难得甚至是独一无二的资源和优势。党报作为党和人民的喉舌,有责任将这一宝贵资源挖掘好、整理好、报道好。这也是贯彻习总书记重要讲话精神,胸怀大局、把握大势、着眼大事,努力做好宣传思想工作的重要体现。

再次,这是福建日报社党组高度重视,各部门通力配合,团结协作,彰显党报战斗力的一次重大战役报道。此次采访小组成员是从报社多个部门抽调的,要闻编辑部、时政采访部、时事体育部、记者通联部、摄影美术部等部门全力支持配合。在联系采访过程中,集团办公室、总编办等部门,以及福州、宁德、厦门、龙岩等记者站站长和同仁不辞辛劳,全力支持。在搜集资料过程中,新闻研究所、各个记者站的同仁不怕烦琐,全力支持配合。这些都彰显了党报可贵的团队精神、凝聚力和战斗力。

代表作品

群众的赞许最甘甜

阮锡桂　兰　锋　段金柱　郑　璜　王国萍　黄少鹤　赵锦飞

《福建日报》 2014 年 5 月 12 日

习近平同志在闽工作期间,身体力行践行群众路线,倡导推动"四下基层"。在闽东,他曾披荆斩棘步行两个多小时,深入寿宁县下党乡,现场解决发展难题,为下党乡注入致富源动力。这是让总书记深情难忘的一段经历,更是激励广大干部心系百姓、深入基层、服务群众的榜样力量。

寿宁县下党乡,最近一段时间成了人们关注的焦点。

今年3月,中共中央总书记、国家主席、中央军委主席习近平,在河南兰考调研指导党的群众路线教育实践活动时,深情地回忆起20多年前在寿宁县下党乡的调研往事。

一个地处偏远的闽东小山乡,为何能让总书记这样牵挂?一段20多年前的尘封往事,蕴藏着怎样的动人故事?

5月9日,本报记者再访下党乡,追忆那一段难忘的历史。

记　忆

驱车从寿宁县城出发,沿着弯弯曲曲的山区公路前往下党乡。一路上,青山如黛、满目苍翠,灌木丛中散落的杜鹃花不时映入眼帘,清新的空气令人心旷神怡。一个半小时左右,就到了闽浙两省三县交界处的下党。

在村头,只见修竹溪水清澈奔流,一座造型古朴的廊桥飞架两山峡谷间。离桥不远处,一条曲曲折折的石径从山上蜿蜒而下。

当地干部告诉记者,这就是远近闻名的鸾峰桥。它始建于明代,清嘉庆五年(1800年)重建,桥长47.6米,拱跨37.2米,是全国单拱跨度最大的贯木拱廊屋桥。当年,习近平同志披荆斩棘、跋山涉水来到下党乡现场办公,这座廊桥就见证了这一段难忘的历史。

记忆重回25年前的下党乡——1989年7月19日中午,烈日当空,酷暑难耐。

寿宁县下党乡,与鸾峰桥相望的文昌阁边,一群人从荆棘丛生的崎岖山路走下来。他们头戴草帽,汗透衣背,风尘仆仆。走在最前面的,正是时任宁德地委书记习近平。

"'地府'来了!"当地百姓奔走相告,欣喜异常。

"当地百姓管地委书记叫'地府',就是'知府'的本地发音。"25年前的这一幕,时任下党乡党委副书记刘明华历历在目,"习书记一行受到最为热情隆重的欢迎,乡里百姓说他是'到过这里最大的官',他们自发摆出各种担桶,一桶一桶都是清凉饮料,用当地草药做的,还有绿豆汤。"

寿宁县地处偏远,明代写了《警世通言》等"三言"的冯梦龙就曾在这里当过知县。当年,冯梦龙从家乡苏州到寿宁去上任足足走了半年,足见当时行路之难、所在之偏。

下党乡则是寿宁最边远的山乡,素有寿宁的"西伯利亚"之称。这里曾经是无公路、无自来水、无电灯照明、无财政收入、无政府办公场所的"五无乡镇",所在地通往四处毗邻乡镇,都得翻山越岭步行十多公里,买卖东西只能靠肩挑背驮。直到建乡时,农民年人均收入仍不足 200 元。

下党之行,是习近平为了兑现承诺而来。

下党乡 1988 年才成立。1987 年 10 月,杨奕周、刘明华等四名干部受命筹建下党乡,这里的贫困、闭塞程度超过了他们的想象。

刘明华回忆说,由于没电,村民晚上只能点蜡烛、火篾。公路不通,山路难走,小贩们挑货进山都不敢进液体货物,怕一不小心摔碎,血本无归。因此,这里不少人连酱油都没有见过。没有校舍,孩子们只能在庙里上学,正所谓"学生与菩萨同堂,念书与念经同声"。一年里难得放一场电影,放完后一堆孩子都跑到电影幕布背后,想捡电影里射出的子弹壳。

1988 年元月,下党乡正式挂牌成立。乡领导班子最愁的就是如何打通进出乡里的通道,如何让百姓摆脱贫困。

1989 年 6 月,时任下党乡党委书记的杨奕周在参加宁德地委工作会议时,站起来"放炮":对贫困地区,上级要关心,要扶贫。习近平当场跟他约定,一定要去下党一趟。

"我们以为习书记只是口头答应,可能不会来。"刘明华说。出乎意料的是,不到一个月,习近平就带领地直和寿宁县相关部门负责人 30 多人,前来下党乡现场办公。

这天 6:00,天刚蒙蒙亮,习近平一行就乘中巴车从县城出发,约 9:00 到达平溪乡上屏峰村。这里离下党乡所在地下党村还有 7.5 公里,不通公路,大家就下车步行。

当地给他们准备了草帽、毛巾、木杖,大家顶着炎炎烈日,在崎岖山间古道上跋涉了 2 个多小时,才到达下党村。

习近平一到下党,顾不得休息,就召开会议。在认真听取乡党委工作汇报后,他说下党乡条件很差,干部群众很辛苦,并要求同行的地直部门、寿宁县负责人优先考虑下党的建设发展,在政策上给予倾斜,在资金上大力支持,解决实际困难。

下党乡党委、政府临时在鸾峰桥边的王氏祠堂里办公,条件极其简陋,大家就围坐在小板凳上开会。午饭时,习近平一行移到鸾峰桥上用餐,简陋的饭桌、椅子就摆在廊桥上,边吃边谈。午饭后,稍作休息,习近平又进村入户、访贫问苦。

"在我们这个偏僻的地方,很少能见到这么大的官,大家以为他会很讲究,没想到他一点架子都没有。穿一件白衬衫,很朴素,午饭配的是乡下人吃的青菜、小笋、田螺,他也吃得津津有味。"刘明华回忆。

下午 3:00,习近平一行离开下党村,走羊肠小道、过独木桥、攀峭壁岩石,途经溪后、下屏峰等自然村,步行 10 多公里,历时 2 个多小时到达临近的芹洋乡溪源村。

一路上路险坡陡,且荆棘杂草丛生,他们拿着柴刀将挡在路面的荆棘、苇秆劈除。抵达芹洋乡时,已是夜幕降临。直到晚上 8:00 左右,习近平一行才回到寿宁城关。

参加调研的时任寿宁县委常委、常务副县长连德仁在日记中写道:"这一天,乘车 5 个小时,步行四个半小时,开会座谈访贫 2 个小时,一路风尘,大汗淋漓,辛苦程度不言而喻……回到县城招待所后,许多干部才发现脚底、脚趾都磨出了血泡。"

第二天,习近平在寿宁县政府主持召开现场办公会,下党乡帮扶工作是重要议题,当场拍板决定支持下党乡建设资金 72 万元,其中 40 多万元用于建设水电站,尽快解决群众生产生活、用电问题。"一下子拿到这么多钱,乡干部激动得几天几夜睡不着,都在想怎么用好这些钱。"刘明华回忆说。

习近平同志后来用"异常艰苦、异常难忘"来形容此次下党之行。

因为这一次践诺之行,下党乡成了习近平心中的牵挂。他先后 3 次去下党乡调研、现场办公,协调解决当地的建设发展难题。

仅仅几天后,习近平又一次来到了下党乡。1989 年 7 月 21 日晚,下党乡发生了百年不遇的洪水灾害,灾情严重。26 日,习近平冒雨步行 3 公里,走了 1 个多小时才赶到受灾最重的下屏峰村察看灾情,慰问受灾群众。当时,芹洋乡溪源村到下屏峰村的路基被洪水冲毁,基本看不到路坯,大家只能沿着坑坑洼洼的河道岸边向上游跋涉,时不时还要过独木桥,踩着石头当垫脚。

1996 年 8 月 7 日,时任福建省委副书记的习近平带领省交通、财政、民政、老区、扶贫等部门负责人再次来到下党乡。"7 年来,我一直牵挂着下党。"习近平说,"我离开宁德之后,跟下党还有联系,老杨(奕周)经常来找我,跟我讲下党的情况。"

习近平察看了下屏峰村的灾后重建新村面貌和村尾的公路桥建设,并协调有关部门给予下党乡发展资金100多万元,帮助当地修建机耕路和发展生产。在他的协调下,下党经杨溪头村与浙江庆元县对接公路由省交通厅立项,1998年建成通车。

村里的老人回忆说,由于资金短缺,当时村里的石拱桥只建了石拱,桥面并没有铺平,施工搭设的木板便成了临时便道。习近平一行从桥面便道穿行到河对岸,沿着河岸向上游察看水毁后修缮的防洪堤工程。他谢绝去村部歇息喝茶,而坚持要进村民家中走走看看。

过去下党不通公路,寸步难行;如今公路直通乡里,从县城不到2小时就能到达这里。过去的特困户,现在有的脱贫,有的致富奔小康,老百姓生活上了一个新台阶。下党的发展变化,让习近平感到欣喜。

对下党的未来,习近平语重心长地叮嘱再三。"下党的发展,主要抓'做'功,而不是'唱'功。"他要求,干部要发扬刚建乡时天天步行到各处开展工作的精神,披荆斩棘,搞好工作。要更新观念,拓展思路,把路子摸得更清楚一点,把脚步迈得更扎实一些。要以一村一户一人为对象去想路子,去解决问题,一个项目一个项目地上,才能实打实上一个新台阶。

"地僻人难行"的下党乡成为习近平牵肠挂肚的边远贫困乡镇,而杨奕周也成了他时常联系的"草鞋亲戚"。

杨奕周的女儿杨世凤回忆,无论是在福州、省里,还是在浙江、上海任职,习近平多次通过秘书打电话到家里,询问下党乡脱贫发展情况,关心老杨的家庭状况。2007年1月,杨奕周患病住院期间,习近平特地嘱咐秘书代他前往医院探望。当年6月老杨病逝后,习近平还特地发唁电表示慰问。

群众,在习近平心中有着最重的分量。基层,是他去得最多的地方。三进下党,是习近平心系贫困地区发展的一个缩影。

1988年6月,习近平同志到宁德担任地委书记后,围绕转变干部作风、加强党同人民群众联系、凝聚合力推动发展,亲自倡导和带领全区干部从开展领导干部下基层接访群众活动开始,逐步建立以"信访接待下基层、现场办公下基层、调查研究下基层、宣传党的方针政策下基层"为主要内容的"四下基层"工作制度。而下党乡的徒步调研,正是他所倡导的"现场办公下基层"的起点。

传　承

时至初夏,细雨绵绵,修竹溪的溪水清澈如洗,三三两两的村民依着自家的砖房,话着家长里短,安详如画。

对于下党乡下屏峰村村民来说,这条穿乡而过的溪水曾经带给他们痛苦的回忆。1989 年 7 月,暴雨之后,山洪暴涨,冲垮了下屏峰村沿溪的夯土民居,有 5 人在这场山洪中失去了生命。而今,堤岸垫高了 3 米,土屋也变成了砖房,雨水很难再对他们形成威胁。

5 月 9 日,见到记者来采访,村民黄宗秀说起抗洪往事:1989 年 7 月的那场暴雨令她家里损失惨重,小叔杨尚利就是在那场洪水中失去了生命,留下了小侄子杨春平。"小春平还没满周岁,就失去了父亲。那天书记到家里来慰问,特意抱着春平,鼓励我们要坚强起来,从悲痛中走出来,把孩子培养成才。"

黄宗秀说的书记,就是习近平。在 7 月 19 日首次到下党乡调研一周后,习近平再次步行到下党乡下屏峰村慰问受灾群众,并勉励他们要自力更生、不等不靠,用自己的双手让生活一天天好起来。

"虽然受了灾,但这些年来,我们一直牢记书记的嘱托,不等不靠,在好政策的扶持下,发展现代农业,办了茶厂,种了脐橙,小春平还到广东开了一家手机店。"说起这几年的变化,黄宗秀一下就健谈起来。

习近平同志的殷切关怀和优良作风,深深烙在下党人的心坎里。他们始终牢记总书记当年的嘱托,在恶劣的自然环境中,不怨天尤人,不急于求成,以"弱鸟先飞"的意识,以"滴水穿石"的韧性,让日子一天比一天好起来。

1991 年,全乡上下铁心办交通,四方奔走筹资金,开通了总长 12.5 公里的进乡公路,其中 3 公里为柏油路。随后,下党至浙江庆元县西溪乡的 16 公里跨省公路,下党至碑坑等 8 个建制村的公路陆续开通。

下党乡上党村至乡里 8 公里长的简易公路,一直是"卡脖子"路段,遭遇狂风暴雨时,泥流横冲直撞。2005 年,在省下派驻村干部的带领下,上党村筹集投入资金 260 多万元,对道路进行拓宽和硬化。上党村人从此告别"泥灰抹面"的日子。

道路通了,信息畅了。下党人立足自身资源禀赋,大搞农业综合开发,实现了富民强乡的梦想。通过引进新品种、建设示范基地、组建专业合作社,大力发展脐橙、锥栗、毛竹、油茶等特色农业产业。2013 年,全乡实现农业总产值 7632 万元,是 1988 年的 42 倍;农民人均纯收入 7800 元,是 1988 年的 40 倍。

在新开辟的下党新区,中小学、医院、汽车站、行政办公楼以及水电路等设施一应俱全。不含干部、学生等,这里常住人口有 1200 多人,是建乡前的近 3 倍。乡里还大力推进下党、杨溪头、下屏峰三个建制村的人口聚集,将逐步解决全乡居住在地质灾害点、低洼地带、危房中群众的住房问题。下党乡群众的就医、就学、居住、出行条件也明显改善,广电、宽带、手机等现代科技产品进村入户,逐步缩小了与城市的差距。

"锲而不舍唱好山歌""马不停蹄发展工业"。与此同时,作为全省 23 个扶贫开发工作重点县之一,寿宁人秉承习近平总书记当年提出的发展理念,手握接力棒,一任接一任,攻坚克难,摆脱贫困。

立足自力更生,利用优良生态,寿宁大力发展油茶、毛竹、冷凉型花卉、中药材等高效特色农业,积极发展富硒富锌产业,打造生态农业升级版,注重发展新型工业,三祥新材料等一批高科技公司引领寿宁经济走上提质增效的快车道。

在宁德期间,习近平把贫困地区发展最基本的条件归纳为两条:一是党的领导,二是人民群众的力量。他指出,各级干部要苦练密切联系群众这一基本功。在他的倡导和带动下,宁德市"四下基层"蔚然成风,成为各级干部联系、沟通、服务群众,做好群众工作的重要抓手。

2012 年 2 月,宁德对"四下基层"进行深化,在全市开展了"四下基层、四解四促"活动,并配套了"每月驻乡进村入户三昼夜制度""领导干部挂钩联系制度"等举措,大力推行"一线工作法",赋予了"四下基层"新的时代内涵。"四下基层"成为推动宁德科学发展、加快发展、后来居上的强劲动力,为宁德发展凝聚起强大的正能量。

发 扬

25 年过去了,下党乡、寿宁县等老区山区下一步如何发展? 省委、省政府十分关心。

5月8日,省委书记尤权带领省直有关部门负责人专程驱车来到下党乡,就在当年习近平同志现场调研的鸾峰桥上,与乡村干部、老党员、村民代表围坐在一起,听大家谈打算、摆差距、提建议、说要求。

当年专程到地委汇报工作的刘明华、陪同习近平总书记三次进下党的连德仁、当时还是小学生如今已是下党村支书的王明祖等纷纷发言。大家深情地回忆起习近平总书记当年到下党乡调研的情景,高兴地述说这些年来的发展变化。特别是说到当前发展遇到的困难问题,大家十分坦诚:"自己和自己比有进步,与周边地区特别是沿海地区比,差距还很大。""下党资源丰富,现在的问题关键是道路条件还不是很好。""年轻人都到外地创业了,村里发展产业缺人,能不能派些优秀干部来。"……

桥下流水潺潺,桥上发言热烈。认真听取大家发言后,尤权说,当年习近平同志披荆斩棘步行深入下党乡现场解决发展难题,身体力行践行群众路线,倡导推动"四下基层",为我们作出了榜样,令我们深受教育。各级党组织和党员干部要认真贯彻习近平总书记不久前在河南兰考调研时的重要讲话精神,深入开展党的群众路线教育实践活动,把"四下基层"制度传承好、坚持好、发扬好,进一步转变作风,切实解决百姓反映强烈的问题。

尤权指出,现在离实现全面建成小康社会目标的时间越来越近了,我们要把工作重点更多地放在加强薄弱环节上,放在解决发展的"短板"问题上,这其中老区山区是重中之重。各级党委政府要加大政策扶持力度,在产业、财政、科技、人才和基础设施等方面给予倾斜,不断增强老区山区发展的内生动力。他希望当地干部群众大力弘扬"滴水穿石""弱鸟先飞"的精神,发挥自身优势,多想致富办法,发展特色产业,用自己的双手改变家乡面貌,不辜负习近平总书记的殷切期望。

群众的赞许最甘甜,一碗绿豆汤、一杯草药茶,给习近平总书记留下了深刻印象。有着数百年历史的鸾峰桥见证了习近平总书记与下党乡干部群众的那份深厚感情,也将激励当地干部群众自力更生、滴水穿石,在致富路上迈出更大步伐。

"我临东海情同深"

——习近平在福建工作期间关心支持国防和军队建设纪事

段金柱　郑　璜　张静雯　储白珊

《福建日报》　2014 年 8 月 1 日

火红的八一军旗,在夏日热风中猎猎飘扬。

"爱我人民爱我军"。这一充满深情的诗句,正在实现全国双拥城市"满堂红"的八闽大地回荡。

时间指针拨回到 1991 年 1 月,新中国成立以来第一次全国双拥工作会议在福州召开。时任福州市委书记习近平赋诗《军民情·七律》相贺:"挽住云河洗天青,闽山闽水物华新。小梅正吐黄金蕊,老榕先掬碧玉心。君驭南风冬亦暖,我临东海情同深。难得举城作一庆,爱我人民爱我军。"这首诗作,刊发于当年 1 月 13 日《福建日报》上。

"我和军队有着不解之缘,对军队怀有深厚感情。从小我就较多接受了我军历史的教育,目睹了我军很多老一辈领导人的风采,从少年时代就形成了对军队的真挚感情。后来,我在军队工作几年,到地方任职后也时时关注着军队建设,经常同军队的同志打交道,对国防和军队建设情况还算比较了解。"

2013 年 7 月 8 日,在中央军委党的群众路线教育实践活动专题民主生活会上,中共中央总书记、国家主席、中央军委主席习近平深情回顾了他与军队的不解之缘。

自 1985 年 6 月到厦门任职起,到 2002 年 10 月从福建省省长任上调往浙江,习近平在福建工作了十七年半,先后在厦门、宁德、福州,以及省委和省政府担任领导职务。这十七年半,正是习近平提到的"到地方任职"的重要时期。

在闽工作期间,习近平亲身参与、领导了福建的改革开放和现代化建设事业,同时,他也时时关注和支持军队建设和发展,提出了关于国防和军队建设、经济建设和国防建设的关系以及"双拥"(拥军优属、拥政爱民)工作的重要思想。这是一笔宝贵的精神财富。

为此,本报记者深入驻闽部队,深入福州、厦门、宁德等地,追寻习近平在福建工作时关心支持国防和军队建设、开创军政军民团结新局面的点点滴滴。

思深谋远，目标坚定：建设听党指挥、能打胜仗、作风优良的人民军队

在福建工作期间，习近平先后在部队、与国防和军队建设相关机构兼任过领导职务，包括：宁德军分区党委第一书记，福州军分区党委第一书记，福建省双拥工作领导小组组长，福建陆军预备役高炮师第一政委、党委第一书记，福建省委武装委员会主任，福建省国防动员委员会主任等。

无论在什么岗位，习近平对军队都怀有深深的感情。1996年，担任省委副书记的习近平兼任福建预备役高炮师第一政委，1999年担任代省长、2000年担任省长后，他仍然兼任第一政委。

"预备役师授军衔最高就是预备役大校。参加预备役师活动时，已经是省领导的习近平，都穿上军装，戴上大校军衔。他说，穿上军装不仅感到光荣，更感到身上的责任，要真正尽职尽责做好预备役的工作。"时任福建省政府副秘书长、高炮师预任副师长刘启力回忆说。

真挚的情感，蕴含着担当。在闽工作期间，对于支持国防和军队建设，习近平亲力亲为，着力帮助驻闽部队解决重点难点问题，解除广大官兵的后顾之忧；倾力推动双拥工作，增进军政军民团结，推进军民融合深度发展。

无论在什么岗位，习近平始终关心国防和军队建设，并从战略高度不断深化、丰富对国防和军队建设发展的认识。

担任福州市委书记不久，1990年7月24日，习近平主持召开"双拥共建"工作会议暨总结表彰大会。他说："社会主义革命和建设的实践告诉我们，没有人民的军队，就没有人民的一切；没有人民解放军保卫海防和维护社会治安，就没有安定稳定的社会局面；没有人民解放军的参加和支持，改革开放和各项建设事业就不可能顺利进行。"

经济建设是党和国家的中心工作。经济建设和国防建设是什么关系，如何正确处理两者关系，促进协调发展？

1995年7月31日，在福州市庆祝建军68周年军政座谈会上，习近平从维护国家和民族根本利益的高度阐述了两者关系："一个国家的经济实力和军事实力是构成这个国家综合国力的最重要因素，是国家强盛、民族兴旺的根本体现。经济建设关系国家的发展，国防建设关系国家的安定，两者相互依存，互为保障。经济建设是全党全国工作的中心，经济的发展，必然为国防建设提供

日益雄厚的物质基础;而强大的人民军队和巩固的国防,是我们顺利进行改革开放和经济建设的坚强后盾和可靠保证。二者统一于建设有中国特色的社会主义的宏伟目标之中,是维护国家和民族根本利益的需要。"

在 2000 年 11 月 27 日《中国国防报》刊发的通讯报道《支持国防建设就是支持经济发展》中,习近平提出:"国无防不稳,民无兵不安。支持预备役部队建设,就是支持经济发展,就是支持改革开放。"

新时期,党需要建设一支什么样的人民军队?对此,有着丰富军地工作经历的习近平,在闽工作期间有深远的思考。

2002 年 8 月 3 日,在福建预备役高炮师建师 10 周年纪念大会上,时任福建省省长、预备役高炮师第一政委习近平提出:"要把'高举旗帜、维护核心'作为最高的政治要求,确保部队建设的正确方向。"他说:"预备役部队是党领导下新型人民武装,一定要坚持党的绝对领导,在任何时候都要以党的旗帜为旗帜,以党的方向为方向,以党的意志为意志。"

在刊发于《东海民兵》2002 年第九期的署名文章《以"5·31"讲话为指导,开创预备役部队建设新局面》中,习近平提出,"把提高'打赢'能力作为经常性中心工作,不断推进军事斗争准备向纵深发展",为此,"必须不断夯实军事斗争准备的基础"。

这些基础包括:进一步打牢部队建设的组织基础,确保"召之能来";进一步打牢部队的思想基础,确保"召之愿来";进一步打牢部队的法制基础,确保"召之必来";进一步打牢部队的训练基础,确保"来之能战";进一步打牢部队的预案准备基础,确保"战之能胜"。

加强作风建设,直接关系军队形象和战斗力建设。习近平始终强调,要抓好部队的作风建设,确保"打得赢"。

2002 年 1 月 17 日,在福建预备役高炮师党委全委扩大会议上,习近平提出:"严格按照'八个坚持、八个反对'的要求,切实转变作风狠抓落实。"他说:"抓部队建设一定要从实效出发,从真正生成战斗力出发,千万不能搞形式主义的东西,要把有限的精力、财力、物力用在提高战斗力上,把'劲'使在加强部队建设上,把'功'花在提高工作效益上,不图虚名、不争彩头,杜绝无效劳动和劳民伤财。"

2013 年 3 月 11 日,习近平在出席十二届全国人大一次会议解放军代表团全体会议时明确指出,建设一支听党指挥、能打胜仗、作风优良的人民军队,是党在新形势下的强军目标,为新形势下加强国防和军队建设提供了根本遵循,指明了前进方向。

驻闽部队的很多官兵说,习主席提出的强军目标与他在福建期间关于军队建设的思考,思想精髓一脉相承,一以贯之。

身体力行,实干实效:支持部队建设,责无旁贷,特事特办

在福建工作期间,习近平高度重视支持国防和军队建设。他明确提出,支持军队建设是地方政府责无旁贷的事,要把部队建设当成我们自己的事业一样对待,因为"越是发展经济,越是要建设一支强大的国防力量"。

担任福建省委副书记、省长后,习近平同时兼任福建预备役高炮师第一政委。尽管地方工作异常忙碌,他依然牵挂部队,尽心尽职,要求自己做到"三个坚持":每次需要第一政委参加的活动他都坚持到场,每当需要第一政委"拍板"的时候他都坚持作出明确指示,预备役部队的重要情况他都要坚持听取汇报。

"从预备役部队的高炮编组、作战方案的拟定,到部队的训练、基础建设等各个方面,首长都有很多具体的指示和要求。这么多年过去了,回顾习主席当年对预备役高炮师的重视、关心,许多情景还历历在目。"时任预备役高炮师师长杨陆一回忆。

预备役高炮师组建之初,基础设施比较差,而高炮的专业性很强,要实现"打得赢"的目标,提高部队战斗力,训练基地建设成了当务之急。

再穷也不能穷国防。对部队面临的难题,习近平想方设法帮助解决。

1999年2月,时任福建省委副书记习近平带着发改、财政等部门的负责人现场办公,当场拍板投入1800万元兴建预备役师军官训练中心。当年8月,训练中心动工。两年后,占地200亩、建筑面积12000平方米的训练中心建成投入使用。

后来考虑到打赢未来高技术条件下局部战争的需要,当时的师领导又向习近平做了专题汇报,希望提高部队信息化水平,建设一个指挥自动化模拟训练室。习近平高度重视,与有关部门反复研究,专门增加了经费。

如今,这一训练中心每年都组织师团两级机关和预任军官进行专业集训,对提高现役军官和预任军官的组织指挥能力作用至巨。为推动训练落到实处,习近平还深入训练场检查指导,身先士卒,带头上阵,与官兵同训

练。指导观摩快速动员集结演练、给团以上干部辅导授课,也是他经常做的事。

"部队的事,是国之大事,也是不寻常的特事。既然部队的事是特事,那就要特事特办。"在习近平看来,巩固国防、支持军队建设,是各级地方党委和政府义不容辞的责任,理应摆上重要议事日程。

1992年初,海军福建基地从宁德迁至省城。4月10日,习近平带着福州市相关部门负责人到新营区现场办公。

还没落座,习近平便风趣地对几位部队领导说:"你们要搬迁到这里,困难肯定不少。""你们别客气,有多少难处,竹筒子倒豆子,全给倒出来。然后我们再逐个帮你们捡起来,一粒不能少。"

于是,亟待解决的难题一一摆到桌上:420名随军家属子女需要落户福州并解决就业入学,营区有24家大小工厂和108户住户需要腾让,还有水电增容、城建、征地、通信等一揽子棘手问题需要解决,涉及3个区、16个部门、30多个单位。

难题怎么解?半天时间,福州市相关部门领走了各自任务,习近平还不放心,指派专人牵头,检查落实。此后,各部门迅速抓落实,逐一破解难题,在最短时间内完成了任务。时任海军福建基地司令员何林忠感叹:"你们为我们办事真像打仗那么迅速。"

福州市区,江厝路上车流如织。

江厝路双向四车道,东西朝向,东起福飞路,西至五凤山名居小区,中段经过73121部队营区,是营区通往外部的主要通道之一。

"22年前,这里可是一段泥泞的乡间小路,战备出动面临着道路窄、行车难的困难,但由于资金不足修不了。"73121部队原部队长朱光泉回忆,1992年11月,时任福州市委书记习近平了解到该部队的实际困难后,当即决定帮助部队筹措资金,修建江厝路。

仅经过40多天的紧张施工,全长2.5公里的重要战备通道——江厝路,于1993年元旦正式通车。从此,部队紧急出动时间大幅缩短。

习近平多次慰问驻榕空军部队,他郑重承诺,部队有什么需要地方做的,福州市将发扬马上就办精神,搞好服务。

2000年,在政府机构改革中,其他省市的支前办都取消或合并了,福建省要不要也这样做?时任省长、省机构编制委员会主任习近平态度明确:为了保障双拥工作的落实,这个机构要保留;不仅编制保留,经费还要追加。正是由于这样坚决的态度,福建省成为目前全国唯一保留省、市、县三级支前办机构的省份。

心心相印,鱼水情深。

驻闽部队在保一方安宁的同时,也积极支持和参与地方两个文明建设,为福建发展作出了重要贡献。鼓山隧道、福厦路拓宽、机场扩建、水口电站、福建炼油厂……众多重点项目建设都凝结了驻闽部队官兵们的血汗。在抗洪抢险等急难险重任务中,他们筑成八闽百姓最值得信赖的钢铁长城。

心系官兵,深情厚谊:上海岛下连队,帮助基层官兵解忧难

1987年7月20日,厦门大嶝岛上,烈日炎炎,一群熟悉的身影再次出现。时任厦门市委常委、副市长习近平和市直有关部门同志一起上哨位、走坑道、进军营……汗水洒遍大嶝营区的每个角落。

基层至上、士兵第一,把官兵的冷暖放在心上。

每当回忆起2002年的春节,省武警总队福州支队战勤科科长杨军都十分激动。

"那年1月,我被分配到省武警总队省政府中队当见习排长。2月9日,习近平省长就来慰问我们了。"杨军清楚地记得,习省长到部队以后,不是进会议室开会,而是直接进班进排,看望官兵战士生活起居的地方。

"晚上会不会冷?棉被会不会太薄?夏天有没有挂蚊帐?"杨军回忆道,习省长在营房内一边摸着士兵们盖的被子,一边关切询问大家的生活情况。

接着,习近平又来到伙房,发现炒菜的油烟排不出去,官兵们只能在烟气中吃饭,就餐环境很不好,他当即表示,要配备一个一楼到四楼的烟囱,彻底解决排气系统老化的问题。

杨军说,那个冬日,习近平细致入微的关怀犹如一股暖阳照进了每个官兵的心头。

倾心尽力,为部队解决实际困难和问题。

1991年5月17日,73121部队刚从连江搬迁至福州市区,百业待兴。当晚,习近平率领福州市五套班子,12个局30多人冒雨到部队营区现场办公。

"在帐篷内,习近平同志与相关领导当场研究,拍板解决300多个家属子女户口进福州的问题。"73121部队原政委马跃征说,半年之内,随军家属子女

全部在福州落户,随军子女也陆续通过转学或者寄读的方式到福州市的优质中小学就读,"干部战士们的后顾之忧解决了,大家就更安心服役了"。

福建是著名革命老区、人民军队的重要发祥地之一,双拥工作历史悠久、根基深厚。在革命战争年代,上杭县才溪乡成为中国革命史上第一个"拥军爱民模范乡"。在新时期,福建人民弘扬光荣传统,推动双拥工作不断取得新成效。

主政宁德、福州期间,习近平兼任军分区党委第一书记。他对双拥工作的重视、支持,深得当地驻军官兵的称赞。担任福州市委书记时,他还被评为全省 26 名拥军优属模范之一。

在福州工作期间,习近平强调,双拥工作是一项广大军民长期参与的社会实践,必须走制度化、规范化的道路。

20 世纪 90 年代,福州市探索出了政策拥军、物资拥军、科技拥军、服务拥军等一系列长效做法,并出台了《关于在农村全面开展义务兵养老保险工作的通知》《福州市〈军人抚恤优待条例〉细则》等政策法规,切实维护军人合法权益,保证各项优抚安置政策落到实处。

正是有了习近平的直接推动,正是有了他打下的良好基础,1992 年 1 月至今,福州市已连续七次荣获"全国双拥模范城"称号。当时,驻榕部队广大官兵都亲切地称赞习近平是"拥军书记"。

到省委和省政府工作后,习近平亲任省双拥工作领导小组组长。他身体力行、以上率下、示范带动,我省双拥工作持续推进,佳绩不断。

1996 年 11 月 29 日,《福建省拥军优属若干规定》由福建省人大常委会颁布并实施。这是全国第一部双拥工作地方性法规,对福建省拥军优属工作、对促进国防建设起了重要作用。近年来,福建省陆续出台优抚安置、涉军维权、征兵工作、交通战备等方面的法规,逐步形成比较完整的拥军优属政策法规体系。

为了改善驻军生活条件,20 世纪 90 年代初以来,省委和省政府每年都把为部队办实事列入为民办实事的内容,积极支持部队发展农副业生产。1994年至今,帮助驻闽部队开展"三个一好"(现为"四个一好")活动(即一个好食堂,一个好菜地,一个好饮水,一个好猪圈),先后帮助扶持约 2200 多个基层连队建设"三个一好""四个一好"项目,帮助扶持军师级部队建设 120 多个"两基地、一中心"(副食品基地、培训基地及生产生活服务中心)项目,改善了部队生产生活设施,增加了有效供给,提高了部队官兵生活水平。

薪火相传,共创辉煌。目前,福建成为全国唯一连续三届所有设区市被评为"全国双拥模范城"的"满堂红"省份。

当下中国,实现中华民族伟大复兴的中国梦正鼓舞人心,催人奋进。

这个梦想是强国梦,也是强军梦。没有一个巩固国防,没有一支强大军队,实现中国梦就没有保障。

建设一支听党指挥、能打胜仗、作风优良的人民军队——习近平总书记提出的强军目标,高瞻远瞩,思想深邃,引领国防和军队建设实现新跨越。

万众一心筑长城,人民永远是靠山。

当前,福建军民正深入学习贯彻习近平总书记系列重要讲话精神,推动福建改革开放、科学发展,在实现中国梦强军梦的伟大征程中描绘新的波澜壮阔的时代画卷……

始终与人民心心相印

——习近平同志在福建践行群众路线纪事

阮锡桂　段金柱　郑　璜

《福建日报》　2014 年 10 月 30 日

"魂飞万里,盼归来,此水此山此地。百姓谁不爱好官?把泪焦桐成雨。生也沙丘,死也沙丘,父老生死系。暮雪朝霜,毋改英雄意气!

依然月明如昔,思君夜夜,肝胆长如洗。路漫漫其修远矣,两袖清风来去。为官一任,造福一方,遂了平生意。绿我涓滴,会它千顷澄碧。"

1990 年 7 月 15 日,习近平同志在担任福州市委书记时,夜读《人民呼唤焦裕禄》一文,文思萦系,当即填下《念奴娇·追思焦裕禄》一阕。

词作于次日发表在《福州晚报》。1990 年 12 月 1 日,经谱曲后该词再次刊登于《福建日报》。

24 年后,习近平总书记在河南兰考调研指导党的群众路线教育实践活动时,又一次吟诵起这首词。

是一种什么样的精神,让习近平感慨万千,夜不能寐?是一种什么样的情怀,让总书记历二十余载念念不忘,推崇备至?

是焦裕禄同志的公仆情怀、求实作风、奋斗精神、道德情操,深深感染了总书记。

他指出,教育实践活动的主题与焦裕禄精神是高度契合的,要把学习弘扬焦裕禄精神作为一条红线贯穿活动始终,做到深学、细照、笃行。

从1985年6月,32岁生日那天到厦门任职,到2002年10月辞去福建省省长一职,调往浙江,习近平同志在福建工作了十七年半。他先后在厦门、宁德、福州,以及省委和省政府工作,亲身参与福建的改革开放和现代化建设,给福建人民留下了深刻记忆,人们对他在福建的往事时时念起。

"习近平同志不仅是群众路线教育实践活动的倡导者,更是群众路线的践行者。"回忆起与习近平共事的时光,许多福建的干部都这么说。

习近平常说,"为官一任,就要造福一方",要"常怀忧患之思,常念人民之托"。在福建工作时,他积极倡导密切联系群众的工作作风,在改革发展、改善民生、改进作风等方面进行了一系列开创性实践,在造福福建人民的同时,留下了许多宝贵的思想、理论和精神财富。

今年初以来,在全省第二批群众路线教育实践活动深入开展之际,本报采访组深入厦门、宁德、福州、龙岩等地,追寻习近平同志在福建工作时践行群众路线的点点滴滴,记录下他所推动的各项开创性实践的成果与效应。

上篇　为民情怀

"人民对美好生活的向往,就是我们的奋斗目标。"率十八届中共中央政治局常委同中外记者第一次见面时,总书记庄严承诺。

这次不长的讲话中,习近平19次提到"人民"二字。

因为深知人民群众是力量源泉,25年前习近平就旗帜鲜明地指出"密切联系人民群众是干部的基本功"。在宁德,他倡导开展"四下基层";在福州,他大力推动"进万家门、知万家情、解万家忧、办万家事",密切了党群干群关系,凝聚了发展合力。担任福建省省长时,习近平强调,我们要牢记政府前面的"人民"两个字,代表人民的利益,为人民谋利益。

体察民情——到最偏远最贫穷的地方雪中送炭

下党乡,寿宁县最边远的山乡之一,1988年才建乡,曾经是"五无乡镇"

（无公路、无自来水、无电灯照明、无财政收入、无政府办公场所）。

1989 年 7 月 19 日，时任宁德地委书记习近平带领地直相关部门负责人头戴草帽、肩搭毛巾，顶着炎炎烈日，在崎岖山路上跋涉 2 个多小时，深入乡政府所在地下党村。

乡党委、政府临时在鸾峰桥边的王氏祠堂里办公，条件极其简陋，大家就围坐在小板凳上开会。吃饭、午休就安排在鸾峰桥上，午饭后，稍作休息，习近平又进村入户、访贫问苦。

回程仍要步行十多公里，路险坡陡，且荆棘杂草丛生，习近平一行拿着柴刀将挡在路面的荆棘、苇秆劈除。直到晚上 8:00 左右，他们才回到寿宁城关。

参加调研的时任寿宁县委常委、常务副县长连德仁在日记中写道："这一天，乘车 5 个小时，步行四个半小时，开会座谈访贫 2 个小时，一路风尘，大汗淋漓，辛苦程度不言而喻……回到县城招待所后，许多干部才发现脚底、脚趾都磨出了血泡。"

习近平同志后来用"异常艰苦、异常难忘"来形容此次下党之行。1989 年 7 月 26 日、1996 年 8 月 7 日，他又两次来到下党，协调解决当地的建设发展难题。

无论是在厦门、宁德，还是后来主政省会福州、担任省领导，百姓的安危冷暖，习近平始终记挂在心，访贫问苦成了他工作中不可或缺的一部分。"三进下党"，只是习近平心怀百姓的一个缩影。

担任厦门市副市长期间，习近平曾分管农业农村工作。他提出，分管农业，首先就是要上高山，下海岛。

厦门市人大常委会原副主任、时任同安县长郭安民记得，有一次他陪同习近平下乡调研，村支书请他们喝茶。由于长期泡工夫茶，茶杯上面有茶碱，看起来有点脏，习近平端起来就喝。"过去领导下乡一般自带保温杯，一坐下来，秘书就把杯子拿来。习近平同志这一喝，和基层群众的距离一下子近了。"郭安民感叹。

习近平强调："下基层要少搞'锦上添花'，多搞'雪中送炭'，不要'一窝蜂'似地涌到工作基础好的'热门'地方去凑热闹，而要多跑'冷门'，到问题多、困难大、条件苦的地方和群众中去送温暖、办实事。"

在他看来，看了困难多、问题多的地方，才能帮助他们解决问题，也有利于党委政府正确决策。

习近平也在思考,如何建立一种机制,进一步转变干部作风,加强党同人民群众的联系,凝聚合力推动发展。

主政宁德后,习近平提出并倡导实施"四下基层"工作制度:信访接待下基层、现场办公下基层、调查研究下基层、宣传党的方针政策下基层,全力推动闽东地区摆脱贫困。

当时的宁德,全区9个县有6个是贫困县,被确定为全国十八个连片贫困区之一。到任不到3个月,习近平就走遍了9个县,后来又跑了绝大部分乡镇。

1990年4月,习近平调任福州市委书记。5月4日,他和宁德地委继任书记陈增光冒雨下基层交接。他们选择的是习近平的扶贫挂钩县福安和全区最边远最贫困的寿宁县。两天时间里,轻装简行,清茶一杯,便饭一餐,不搞迎来送往请客送礼,两位书记讨论最多的还是如何巩固脱贫成果。交接工作进行得既顺利又诚挚。

到福州工作后,习近平大力倡导开展了"四个万家"(进万家门、知万家情、解万家忧、办万家事)活动,要求各级领导干部到群众中去,与群众交朋友,为群众送温暖、办实事,努力做到廉政、勤政,受到了广大群众的好评。

如今,"四下基层"制度在福建传承、发扬,正在成为科学民主决策的重要保证、畅通民意诉求的便捷通道、服务基层群众的有力抓手、干部成长的重要平台。

倾听民声——把老百姓安危冷暖时刻放在心上

治理之道,莫要于安民;安民之道,在于察其疾苦。

1988年12月20日,霞浦县委党校里人来人往,宁德地区领导第一个下访接待日在这里举行。时任地委书记习近平及地直有关部门负责同志,同霞浦县领导一起接待来访群众。

习近平的第一个接待对象是县公交公司职工舒穗英。由于县对台部在其房屋旁边的河边建房,导致河道淤积,9月间的一场洪水冲进舒穗英家中,冲走了粮食和部分财产。为此,她写信给地区领导反映情况,要求县对台部负责清理河道,并赔偿经济损失。

"没有想到,习书记会这么快主动找到我。"现年已68岁的舒穗英提起当时的情景,依然记忆犹新。在接访现场,习近平详细了解情况后,便同地县有关领导到舒穗英家察看,并提出处理意见。

这次接待日,地、县两级领导共与 102 名上访群众面对面交流,受理各种问题 86 件,其中有 12 件得到当面答复解决,其余的限定在一个月内处理完毕,做到事事有落实,件件有回音。

当天的总结会上,习近平说,我们工作目的是为人民服务,不仅要对上面负责,而且要对群众负责,为人民做主。古时候的县官尚且还有击鼓升堂,为民申冤,而我们却成天忙于开会,很少主动去抓这种事,这是不应该的。

在习近平看来,"信访工作的首义,在于时刻把自己看成人民中的一员,把心贴近人民"。他要求:"在新形势下,各级领导必须放下架子,打掉官气,主动上门,把信访工作做到基层,把党的关怀和政府的济助送进普通群众的家庭。"他改上访为下访,畅通了群众表达合理诉求的渠道。

在永泰县信访局,记者见到了数本已经泛黄的信访记录本,当中就有习近平带领市县领导到永泰接待群众的原始记录。永泰一中刘寿钢老师的名字就出现在这个记录本里。

已经退休多年的刘老师回忆,那是 1991 年 4 月 13 日,市县领导第一轮联合接待群众日。当天下午,他和王仁老师代表全校师生赶到县委党校,反映学校的校舍安全问题。

当时学校有一栋 1905 年修建的宿舍楼,地基已经变形,一下雨到处都在漏水,门框也歪了。修缮费用经各方筹集,还差 10 万元。听了两位老师的陈述,习近平当场表示:"危房问题一定要及时解决。就是借房子,也要搬,要以防为主。"

"书记态度坚决,但也很诚恳实在,坦率地说当时的市财政也不宽裕。"刘老师说。最终拍板的结果是,市县财政各出一半,并要求立即拆迁改造危房,确保师生生命安全。

这一领导干部下访接待群众制度在福州一直坚持了下来。1993 年 4 月开始的市县(区)领导第三轮接访群众活动,已不再是以往就事论事式的单一接访活动,而是有意识地带着问题到现场办公,在深入调查研究的基础上解决群众关注的热点、难点问题。

民生无小事,枝叶总关情。

1999 年 11 月 30 日,时任代省长习近平收到一封署名为"一位普通的外来务工青年"的来信,信中反映在榕务工者面临的子女上学这个普遍难题,希望政府尽快出台相关政策,及时解决这一问题,使他们能够全身心投入到福州的经济建设中去。

习近平立即批示"应对打工族的生活更加关心,创造更有利于他们发挥积极性的环境",将来信批转给福州市政府,他还给来信的务工青年苏仁寿回了信。

福州市政府接到批示后,两次召集有关部门,就外来工子女就学问题进行专题研究,并制定出《福州市外来务工从业人员子女就学暂行办法》,2000 年 1 月开始实施。长期困扰外来务工人员的子女上学难问题,终于在福州得到圆满解决。

自己的一封信得到了意想不到的结果,让苏仁寿激动不已:"省长亲自过问打工族反映的问题,充分体现了党和政府关心群众疾苦,真心为人民办事的精神。"

2013 年,福建全省共接收 86.1 万名外来务工人员子女,87.8% 就读于公办学校。

善解民忧——着力寻求解决民生问题最佳路径

在福建工作期间,只要事关群众利益、百姓福祉,无论大事小事,习近平都记挂在心,尽力解决。同时,他更注重以前瞻的目光,谋划发展方略,寻求解决民生问题的最佳路径和长远之策。

20 世纪八九十年代,我省山区仍有一些少数民族群众住在以茅草为顶、泥土为地的茅草房里。早在闽东工作时期,习近平就开始探索畲民下山、连家船民上岸的移民搬迁工程。

1987 年 9 月 11 日,宁德蕉城区九都镇九仙村遭遇了百年罕见的泥石流灾害。位于山上的小畲村一夜之间被乱石、碎瓦覆盖,31 人遇难。专家勘测后建议:这里的土层结构不稳定,最好举村搬迁。

建村没钱,财政拨出 10 万元;建村没地,临近的汉族云气村划出公路边的 16 亩地。在各级党委和政府的关心下,当年重新选址的九仙新村就建起了 3 座新居,安置受灾村民 7 户 19 人。

1989 年春节和 1990 年 1 月 3 日,时任宁德地委书记习近平两度深入九仙村,走访慰问受灾群众。

第一次座谈会就在村民钟郑英的新房里举行。那场灾难中,她失去了 10

位亲人。钟郑英听不懂普通话,习书记握着她的手,让她感到亲切和温暖。村干部转达了习书记的意思,希望她坚强,好好养育两个孩子。习近平了解到她一家四口一年才收10担粮,不够吃,就吩咐乡干部给予解决。第二天,5担粮食就被送到了她家里。

20世纪90年代,九仙村畲民下山列入"造福工程",陆续又有大量村民从山上搬入九仙新村,发展新型农业产业,过上了更好的日子。钟郑英住上了村里最好的房子,孩子也已结婚生子,当年的伤痛,在新生活中得到抚慰。

在省委副书记任上,习近平倾力推动实施"造福工程",十多年接力,我省在全国率先实施的此项民心工程硕果累累,截至目前,全省有6000多个自然村,101万人整体搬迁。尤其是千千万万的偏远山区群众、"上无片瓦、下无寸土"的连家船民,居住条件大为改善。

21世纪之初,福建人民的餐桌和全国人民一样面临着新困扰:经过改革开放以来的持续改善,食品供给虽无数量之忧,但存安全之虞。

2001年2月,新华社接连刊发两条反映省外餐桌污染的报道。时任省长习近平敏锐地意识到食品安全的重要性,立即作出批示:"'餐桌污染'是一个事关人民群众身体健康和生活安全,关系我省农产品能否扩大国内外市场和不断增加农民收入的大问题,应引起我们的高度重视。"

此后,福建成为全国第一个全面治理餐桌污染的省份。

当年9月,治理餐桌污染、建设食品放心工程增列为省委、省政府为民办实事项目,这比2004年起每年开展的全国食品安全专项整治行动,整整提前了三年。

至今,治理餐桌污染已连续14年列入为民办实事项目。14年来,全省未发生较大以上的食品安全事故,成为国家"三绿工程"(提倡绿色消费、培育绿色市场、开辟绿色通道)的示范省份。

另一项工程——"数字福建",也在习近平的推动下,取得骄人成绩。时任省长习近平还亲自担任了"数字福建"建设领导小组组长,开启了我省信息化建设的新篇章。

历经14载耕耘,"数字福建"建设已延伸到福建政务、民生、经济等领域,深刻改变着福建经济社会发展方式,给福建百姓生活带来真真切切的改变——在全国率先实现了社保卡集成医保、金融等多项应用,实现一卡就诊、一卡结算;率先建设覆盖省市两级的居民健康信息系统,避免重复检查,为患者节约了大量费用……

中篇　务实精神

"真抓才能攻坚克难,实干才能梦想成真。我们要在全社会大力弘扬真抓实干、埋头苦干的良好风尚。"习近平总书记在今年 4 月同全国劳动模范代表座谈时指出。

习近平极力倡导实事求是的工作作风,他认为一个领导要有"功成不必在我"的境界。在宁德,他从实际出发倡导"滴水穿石""弱鸟先飞",加快落后地区摆脱贫困;在厦门,他领导制定了《1985 年—2000 年厦门经济社会发展战略》;在福州,他提议并主持制定"3820 工程"。

他强调,领导者要着眼长远,善谋全局,马上就办,真抓实干。在福建,他提出并推动实施了生态省建设、集体林权制度改革等重大发展战略;总结推广县域经济发展的"晋江经验",水土流失治理的"长汀经验"。这些富有战略性、前瞻性的思路举措,至今仍是福建科学发展、改善民生的重要推动力。

实事求是——一切从实际出发树立正确政绩观

"没有调查,就没有发言权"。在福建工作期间,习近平同志始终注重走群众路线,倡导实事求是的工作作风。

1988 年 6 月 26 日,习近平到任宁德地委书记。当时,闽东经济总量在全省排行老末,发展条件也不好,交通闭塞,成了"黄金海岸的断裂带"。

对于新上任的书记,大家充满期待。一些干部群众希望,他能凭借自身丰富的人脉资源和在经济特区及中央机关任职的经历资历,新官上任烧它"三把火",迅速改变宁德落后面貌。

习近平却没有急着烧"三把火",而是带领地委行署一班人,深入全区 9 个县以及毗邻的浙南,开展为期近一个月的调查研究,初步确立了闽东的发展思路。

习近平提出,当时闽东的老百姓连温饱都成问题,区情、区力根本不具备跨越式发展、大规模开发条件,不能一味地谋求超常规发展,而应当把解决吃饭穿衣住房为内容的"摆脱贫困"作为工作主线,为下一步实现跨越发展打基础、创条件、蓄能量。

1988年9月，根据调查研究的情况，习近平写下来宁德工作后的第一篇调查报告《弱鸟如何先飞——闽东九县调查随感》。文中，他用"弱鸟"来形容贫困的闽东，用"弱鸟先飞"来强调贫困的闽东要有一个思想解放、观念更新，要有"先飞"的意识，要有"飞洋过海的艺术"。这样，也可达到"弱鸟可望先飞，至贫可能先富"。

在闽东工作期间，习近平始终注重调研、思考。他先后撰写了《提倡经济大合唱》《对闽东经济发展的思考》《正确处理闽东经济发展的六个关系》等文章，进一步理清了闽东经济发展思路。

"习近平同志提出的闽东发展路径，既实事求是，使闽东人保持了清醒的头脑，又凝聚人心，振奋了士气，使闽东经济发展进入了快车道。这都是践行群众路线的鲜活样本和示范。"时任宁德地委副书记钟雷兴表示。

习近平离开宁德时，全区已有94％的贫困户基本解决温饱问题。1990年8月12日的《人民日报》以《宁德越过温饱线》为题对此进行了报道。

不贪一时之功，不图一时之名；甘做铺垫工作，甘抓未成之事。在福建工作期间，习近平既注重立足当前，又注重着眼未来，为地方经济发展制订长远规划。

1985年6月，国务院批准厦门特区扩大到厦门全岛和鼓浪屿，并逐步实行自由港的某些政策。

省政协原副主席、时任厦门市市长邹尔均回忆道："当时市委、市政府认识到特区进入新的发展阶段，迫切需要一个发展战略作为决策指南。"

随后，厦门市委确定，由时任厦门市副市长习近平牵头，研究制定《1985年—2000年厦门经济社会发展战略》。时任厦门市计委副主任郑金沐回忆，当时厦门市组织了国内100多位专家教授，进行了21个专题研究，历时一年半时间，这一发展战略才得以制定完成。

这是全国经济特区中最早编制的一部经济社会发展战略规划。著名经济学家马洪当时评价："这个发展战略，对厦门经济特区制定长远规划、近期实施策略，具有指导意义。同时也为其他地区制定区域性发展战略，提供了有益的经验。"

谋于前才可不惑于后。

调任福州市委书记后，习近平着眼长远，1992年主持编制了《福州市20年经济社会发展战略构想》(简称"3820"工程)，科学谋划了福州3年、8年、20年发展的蓝图。

对于战略制订的过程,时任市委办公室副主任、现任福州市政策咨询研究会会长的赵汝棋至今记忆犹新。他回忆道,为了制订好这一事关福州长远发展的战略,习近平亲自担任总指导,组织课题组赴广东、海南、上海、山东、江苏、北京等地考察学习,并在媒体上开辟"怎样赶上亚洲'四小龙'"专栏,开展"万人答卷、千人调研、百人论证"活动,广泛发动市民参与。

战略规划制定历时两年多,十易其稿,每一稿习近平都认真审阅,一同参与修订。"3820"工程制定出台后,他非常重视执行落实,每年都搞检查,对照规划中的指标,看各个地方、各个部门落实得怎样。

20 年来,福州市委、市政府持续推进这项工程,宏伟设想逐渐变成了现实。

同时,习近平洽谈引进了一批特大项目如冠捷电子、中华映管、东南汽车等,带动和培育了一批富有特色的产业群,为福州近 20 年的发展打下坚实基础。如今,这些企业仍是福州电子信息、汽车及配件等支柱产业的领军企业。

善谋全局——把握大势登高望远谋划长远发展

"不谋万世者,不足谋一时;不谋全局者,不足谋一域。"

发展是最大的民生。在福建,习近平把握大势,登高望远,提出了一系列发展战略和决策部署。

主政福州期间,习近平基于对世界经济发展格局和趋势的深刻洞察,提出了建设"海上福州"发展战略。他说:"福州的优势在于江海,福州的出路在于江海,福州的希望在于江海,福州的发展也在于江海。"

1994 年 5 月 26 日,福州市委、市政府在平潭县召开建设"海上福州"研讨会。会上,习近平系统地阐述了对发展海洋经济的深刻认识:这是经济发展的必然趋势,也是培育经济新生长点的重要途径。

"当时,在发展经济上各地还只提陆域国土,很少有人提海洋国土,要提也仅仅指海上养殖和捕捞。所以习书记提出要发展海洋经济,大家都有疑虑:陆上都还没有发展好,怎么顾得了海上呢?"参加了此次研讨会的时任平潭县委书记刘嘉静向记者回忆。

1994 年 6 月 12 日,福州市委、市政府出台《关于建设"海上福州"的意见》。由此,福州在我国沿海城市中最早发出"向海进军"的宣言。

借天时地利人和,"海上福州"风起帆张,收获满满。2013 年,福州全市海洋经济总产值 1840.28 亿元,远洋捕捞、海产养殖等多项指标居全省乃至全国前列。

如今,发展海洋经济已成为全球各个经济体及我国各个沿海省市比拼经济、赶超跨越的共识。2012 年 4 月,福州市出台《关于在更高起点上加快建设"海上福州"的意见》,接力棒再传承。

2012 年,福建省委、省政府出台《关于加快海洋经济发展的若干意见》,提出 2020 年全面建成海洋经济强省。2012 年 10 月,《福建海峡蓝色经济试验区发展规划》获国务院批准,福建海洋经济发展上升为国家战略。

对事关长远的体制机制变革方面的创新之举,习近平尤为关注。对武平县的林改工作给予肯定和支持,并由此推动福建全省集体林权制度改革,就是一个典型例子。

福建是我国重要林业大省,然而长期以来,广大林农却守着"金山银山"过穷日子,产权归属不清、主体经营错位、机制不灵活、分配不合理等体制机制问题,让农民根本没有耕山育林的积极性。破解困局,唯有明晰集体林权,改革山林产权。

破天荒的改革从闽西小县武平率先开始。在县委、县政府的支持下,武平县万安乡捷文村第一个"吃螃蟹"。2001 年 6 月开始,针对"山要怎么分,山要由谁分"这个最棘手的问题,在充分尊重群众意愿的基础上,捷文村提出了"山要平均分,山要群众自己分"的思路,把所有集体山林按照"耕者有其山"的原则落实到户。

山定权、树定根、人定心。当年 12 月 30 日,捷文村村民李桂林领到了全国第一本新版林权证。他说:"有了林权证,就像吃了定心丸。我们对山林有了自主权,才会真正用心去管理,这样也才能从山林里得到更多收入。"在总结试点经验的基础上,不久武平在全县范围内推进林权改革。

2002 年 6 月 21 日,习近平在武平调研时充分肯定了该县集体林权制度改革,并作出集体林权制度改革要像家庭联产承包责任制那样从山下转向山上的重要指示。

福建由此在全国率先开展了以"明晰产权、放活经营权、落实处置权、确保收益权"为主要内容的集体林权制度改革,成为全国林改的标杆。林改也被认为是继土地家庭承包之后,我国农村经营制度的又一重大变革。

行棋当善弈,落子谋全局。

对于各地在发展中摸索出的经验,习近平总是及时加以总结推广——

2002年6月,时任省长习近平在厦门调研时提出了"提升本岛、跨岛发展"战略,并要求坚持"四个结合":提升本岛与拓展海湾相结合、城市转型和经济转型相结合、农村工业化与城市化相结合、凸显城市特色与保护生态环境相结合。如今,岛内外一体化发展战略在厦门不断推进,使得厦门发展有效突破了空间限制,为特区产业转型升级提供了更大的腾挪空间。

2002年8月,习近平到晋江调研当地民营经济的发展情况,并先后在《人民日报》《福建日报》发表署名文章,向全国总结推广"以市场为导向、以诚信促发展,立足本地优势、强化政府服务、发扬拼搏精神,通过激活民营经济、促进县域经济发展"的"晋江经验"。在他的推动下,"晋江经验"内涵不断丰富,为全省乃至全国县域经济发展提供了范本。

同年,他又结合对南平市向农村选派干部的调查与思考,提炼出"高位嫁接、重心下移、夯实农村工作基础"的思路,以及选派科技特派员、挂职村党支部书记和乡镇流通助理下乡的工作机制。"南平机制"在福建的推广,进一步密切了农村干群关系,在干部队伍中形成了"不跑上层下基层、不看关系看政绩"的导向。

行动至上——以"滴水穿石"韧劲真抓实干求突破

"空谈误国,实干兴邦。""只有干在实处,才能走在前列。"习近平一贯强调真抓实干。他认为,不抓落实,再美好的蓝图也是空中楼阁。

在闽东工作时,面对全地区上下摆脱贫困、发展致富的渴盼,习近平推崇并倡导"滴水穿石"精神:"前仆后继,甘于为总体成功牺牲的完美人格","胸有宏图、扎扎实实、持之以恒、至死不渝的精神"。

"我们需要的是立足于实际又胸怀长远目标的实干,而不需要不甘寂寞、好高骛远的空想;我们需要的是一步一个脚印的实干精神,而不需要新官上任只烧三把火希图侥幸成功的投机心理;我们需要的是锲而不舍的韧劲,而不需要'三天打鱼,两天晒网'的散漫。"在《滴水穿石的启示》一文中,他写道。

1992年元旦,时任福州市委书记习近平在《福州晚报》上再次发表《滴水穿石的启示》,作为新年寄语。他指出:"在经济发展相对较快的福州,也来提倡'滴水穿石'的精神,是大有裨益的。"

缘此,习近平对彰显"滴水穿石"精神、真正埋头苦干实干的奋斗者格外关注,不失时机为其鼓劲。周宁县七步镇后洋村"绿了荒山白了头"的造林大户黄振芳,就是其中一位。

"那时候一家七口人连肚子都吃不饱!"今年已经86岁的黄振芳,对20世纪80年代初的困顿生活记忆犹新。

1983年,他贷款8万元,带领全家开垦荒山50亩,并在速生林中套种马铃薯、魔芋、茶叶等作物,"以短养长"。创业过程,无比艰辛,挑战重重。"那时候几乎每年都下几场雪,山头经常封冻在冰雪之中。我们父子三人,每天都冒着严寒上山,扒雪堆、敲冰块、挖林穴。"黄振芳回忆说。

滴水穿石,绿满荒山。凭着敢于创新的胆识和坚韧不拔的精神,短短三年内,黄振芳和家人造林1207亩,为全县之冠。1989年,他被评为宁德唯一的全省造林大户。

这也引起了习近平的关注。在《弱鸟如何先飞》一文中,他提道:"周宁县的黄振芳家庭林场搞得不错,为我们发展林业提供了一条思路。"1989年1月3日,习近平特地到黄振芳家的山上林场调研。

一个多月后的2月23日上午,黄振芳和其他7位农民代表一起,被请到宁德地区行署会议室,坐上主席台,为地直机关副科长以上干部作改革十年的形势报告。"山鸡飞上凤凰台",农民给干部作形势报告,一时在宁德传为佳话,《福建日报》头版也特地报道了这一新鲜事。

既要持之以恒,坚韧不拔,也要立说立行,马上就办。习近平极力倡导"马上就办"的工作作风。

福州经济技术开发区是我国首批14个经济开发区之一。20世纪80年代,福州的基础设施、产业配套等软硬件条件均比较落后,加上到90年代初,福州开发区与所在的马尾区尚未合并,管理体制不顺,部门工作效率不高,招商引资成效不彰。

有感于此,在1991年2月23日省委、省政府在福州开发区召开的现场办公会上,习近平提出,"马尾的事,特事特办,马上就办"。会后,有关部门将这12个字竖立在104国道马尾隧道口。如今,行车而过,这12个历久弥新的大字依然鲜红醒目。

雷厉风行,马上就办。得益于良好投资环境,福州开发区接连引进中华映管、中铝瑞闽等一大批龙头骨干企业,发展迅猛。到1993年上半年底,福州开发区综合评价指数在全国14个首批开发区中已位居第5。

旋即,"马上就办"成为福州打造效能政府、加强作风建设的一个重要突破口。习近平还推动编辑出版《福州办事指南》和《福州市民办事指南》,方便了外商投资经商和市民生活出行,提高了办事效能。"马上就办"还推广到福建全省,理念升华,内涵丰富。

真抓实干,持续作为,才能实现宏伟蓝图。

在福建,习近平倡导以持续之功,推进长汀水土流失治理与生态省建设,使福建的生态文明建设走在了全国前列。

2000 年,在习近平的推动下,"治理长汀水土流失"被列入省委、省政府为民办实事项目,省财政每年扶持 1000 万元,开启了长汀大规模治山治水的大幕。十多年时间,长汀消灭了数百万亩荒山,汀江两岸再披绿。

由长汀而及全省,习近平对福建生态文明建设倾注了大量心血。2000 年,时任福建省省长习近平提出了建设生态省的战略构想,2001 年,他亲任福建省生态省建设领导小组组长。

2002 年,福建编制完成了《福建生态省建设总体规划纲要》,习近平在省政府工作报告中正式提出建设生态省战略目标。同年,福建成为全国首批生态省试点省份。

站在更高历史起点上,福建省委、省政府作出了加快推进科学发展跨越发展、努力实现"百姓富"与"生态美"有机统一的战略部署。今年 3 月,国务院出台《关于支持福建省深入实施生态省战略加快生态文明先行示范区建设的若干意见》,为福建生态文明建设确立了高目标,增添了新动力。

下篇　清廉风范

当下,追逐中国梦,成为亿万中国人共同的追求。实现中华民族伟大复兴,关键在党。这也是一场面向未来的"赶考"。

治国必先治党,治党务必从严。新一届中央政治局第一次集体学习时,习近平总书记向全党发出警示:"物必先腐,而后虫生","对一切违反党纪国法的行为,都必须严惩不贷,决不能手软"。

"打铁还需自身硬。"在福建工作期间,习近平始终强调从严管党治党,和搭班的党委政府成员一道,勠力同心,推进党风政风建设。在宁德,强力推进清理干部营建私房,出台廉政 12 条;在省长任上,在全国率先推进机关效能建设……一个个举措和制度,既管当时,也管长远,铁腕治吏一以贯之。

正人正己——铁腕治吏立说立行推进反腐倡廉

得民心者得天下。

主政宁德期间,习近平即提出:"我们中国共产党人靠什么来得民心呢?靠的就是廉洁奉公,全心全意为人民服务。这是一条真理。""廉政建设是我们共产党人的历史使命,如果我们不能承担起这种历史使命,我们就会失去民心。"

20世纪80年代末,宁德地区部分干部违规营建私房现象突出,"全区处级和科级干部建私房的分别占同级干部的三分之一和四分之一"。违纪违法建私房,侵占了良田耕地,占有了当时国家专用"三材"(钢材、木材、水泥)指标;一些人建了私房还占住公房,甚至买地卖地、建房卖房,搞"地倒""房倒",从中牟取暴利。

对此,宁德地委态度毫不含糊:全面清查!清房工作开始后,遇到了各种阻力和困难。有人劝说地委领导:全区建房干部多,相当部分是科处级干部,人际关系复杂,牵涉面广,难度大,有风险,还是暂时不抓为好。

面对非议,习近平不为所动:"我就不信,各级党委下定决心,放手发动群众,会有办不成的事!""在地委工作会上,习近平同志严厉批评了部分干部存在的畏难情绪,并表明坚定态度:'这里有一个谁得罪谁的问题,我们是得罪几千名干部,还是得罪几百万群众?'"时任宁德地委副书记钟雷兴回忆。

遏制歪风,立说立行。截至1990年底,全地区共清退公房1982户,清退面积88411平方米。对退出的公房,实行"两公开一监督"(公开办事章程、公开办事结果、加强群众监督),再合理分配。全地区共查结违法违纪占地建房干部3782人,其中处级99人,科级476人,给予经济处罚3446人,收回补罚款198.03万元。

对于地委行署的做法,群众真心"点赞":"这次查处干部占地盖房,既打'苍蝇',也打'老虎',惩治腐败是真干了!"宁德市机关普通干部龚清鉴,工作21年,因没分到公房,前后搬家9次。1989年底,他分到一套三房一厅的公房,全家祖孙三代8口,欢天喜地。他说:"这回退房、分房,'两公开一监督',铁丁丁的。要不,像我这平民百姓,哪能分到这般好的房子。"

除此之外,习近平在宁德还铁腕治吏,查办了一系列腐败大案要案。

"若安天下,必须先正其身。未有身正而影曲,上治而下乱者。"

自身不正,何以正人?无论在什么地方、什么岗位、什么级别,习近平始终严格要求自己。

1985年6月,习近平从河北正定调任厦门,第一站先到福州。当时负责接机、后来调往厦门工作的苏永卯回忆说:"习近平同志在福州停留期间,在住宿、伙食等方面没有提过任何要求,唯一算照顾的是,上了些北方口味的馒头、面条。后来他到厦门去报到,组织上本来安排派车送,但他没有答应,而是自己搭便车去。"

1987年,习近平与著名歌唱家彭丽媛在厦门结婚,只在宾馆办了一桌酒席,答谢同事好友。"晚饭后,我们4个人到他家里坐坐,到了才发现,包括他们俩平时刷牙的2个杯子在内只有4个杯子,最后只好再洗2个碗当茶杯。家里没什么准备,彭丽媛临时花5块钱到街上买了一些糖果分给大家吃。"曾与习近平共事的厦门市人大常委会原主任王金水回忆。

无论在什么岗位,地位如何变化,习近平艰苦朴素的本色不改。

"习书记到宁德上任,不仅办公室是用原来老书记的,而且公务车和司机也都是老书记留下来的。不像一些领导干部,新官上任,办公室和车都要换新的。"时任宁德地委常委、统战部部长姚智梅回忆。

正人先正己。习近平带头践行,下乡吃食堂,交伙食费。时任宁德电视新闻宣传站副站长、现任宁德电视台台长邢常葆曾多次跟随习近平下乡采访,20多年过去,他对一个细节仍记忆犹新。"有一次,到蕉城区虎贝乡调研,在乡政府食堂用餐,习近平同志交待秘书餐后要交1.5元的伙食费,但那位乡长不要。吃完饭后回到车上,习近平问秘书伙食费交了没有,秘书回答没有,被说了一顿。他赶紧跑回去交伙食费,拿收条。"

就任党和国家领导人之后,习近平同样以身作则,率先垂范:先后几十次国内考察,不封路、不清场、不扰民。微博直播调研出访、吃庆丰包子、胡同里拉家常……亲民形象令人印象深刻。

建章立制——防微杜渐把权力关进制度的笼子

解决腐败问题,不可能毕其功于一役,必须要做好打"持久战"的准备。关键就在于:建章立制,"坚持'老虎'、'苍蝇'一起打","把权力关进制度的笼子里"。

防微杜渐,扎紧约束权力的"笼子",权力才不会肆意妄为。这样的理念,习近平同志在闽工作期间,一以贯之。

主政宁德期间,习近平提出:"我们共产党人的权力无论大小,都是人民给的,也只能受命于人民,为人民谋利益。人民把权力交给了我们,我们在使用权力的时候就要让人民放心。怎么样才能让人民放心呢?一个很重要的措施是建章立制。建立一整套系统、全面的制度以制约和监督权力的使用,这是杜绝腐败的根本性措施。"

缘此,宁德廉政 12 条及补充规定 5 条,应运而生。尽管已经过去 25 年,但其内在精神却依然熠熠生辉。

1989 年 3 月 29 日,宁德地委、行署出台《关于地委、行署领导干部廉洁自律的若干规定》,主要包括 12 条:

一、在职期间不准以任何名义占地营建私房。

二、不准个人介绍基建工程。

三、不准贪污受贿和索贿。

四、不准违反招工、招干、招生、毕业生分配、征兵、复员转业军人安置和人事调动的有关规定,私自安插子女、亲友,谋求特殊照顾。

五、不准在干部的提升、晋级和调配选拔上,违反组织原则和人事干部工作程序。

六、公务往来不收礼,不向基层单位索要各种产品、礼品,索购紧俏商品。

七、下基层不准大吃大喝。要严格要求按接待标准办伙食,按规定缴纳伙食费。

八、不准公车私用。如特殊情况私事要用车,要向车辆管理单位缴纳用车费。

九、不准利用职便以任何名义参与经商办企业。

十、不准弄虚作假骗取荣誉或奖励。

十一、要敢于坚持原则,敢于碰硬,带头抵制各种不正之风;不准为违法乱纪的人和犯罪分子说情袒护、徇私枉法。

十二、教育管理好家属子女和身边的工作人员。

一个多月后,1989 年 5 月 15 日,《关于党政机关廉政建设的若干补充规定》出台,共 5 条:

一、不准购买新的进口豪华汽车;

二、不准修建超标准的办公楼、宿舍；

三、领导下乡要轻车简从，不要到当地边界迎接上级领导；

四、上级领导来检查工作，除有关人员外，不要层层增加陪同人员；

五、今后领导干部生病，各部门、单位不要用公款赠送慰问品；不以各种理由，用公款向领导赠送礼品。如有违者，财务部门不予报销，领导干部要把物品退还有关部门、单位或上交。

党的十八大胜利闭幕不久，2012年12月初，中央出台关于改进工作作风、密切联系群众的八项规定，包括改进调查研究、厉行勤俭节约等。

宁德的干部说，中央八项规定与宁德廉政12条，体现了习总书记对反腐倡廉、改进作风的一贯坚持。

强基固本——踏石留印抓铁有痕抓好党风政风

作风问题关系人心向背，关系党的执政基础。习近平多次强调要扎紧作风的"篱笆"，从严管党治党，以作风建设的新成效取信于民。

理想信念的缺失，乃百病之源。抓作风，首要的就是"坚定理想信念，切实解决好世界观、人生观、价值观这个'总开关'问题"。

一到宁德，习近平就提出，当干部的宗旨首先就是讲奉献，就是讲服务。"熊掌和鱼不可兼得"，当干部就不要想发财，"莫伸手，伸手必被捉"。

天下大事，必作于细。抓好党风政风，必须防微杜渐。

20世纪90年代中期，公款吃喝玩乐，拜金主义、享乐主义等歪风在一些地方出现。福州市委的态度非常坚决：必须刹住这股歪风！时任福州市委书记习近平要求："我们每位市委委员、候补委员，都要坚决执行，率先垂范。"

1995年12月，福州市联合省直有关部门分三路，深入市区31家酒楼和娱乐场所明察暗访。检查组出发前，习近平作了动员。这次检查没有发现党政机关人员参与公款吃喝玩乐，但也发现一些随意动用公车等问题。检查组要求，狠刹用公款吃喝玩乐歪风的工作不能松懈。省市还出台了相关规定，进一步健全规章制度，严肃查处违纪人员，防止用公款请客送礼、吃喝玩乐等歪风回潮。

"'历览前贤国与家，成由勤俭败由奢。'历史的教训值得我们牢牢记取。经济越发展，越要坚持艰苦奋斗。艰苦创业，勤俭兴市，应当成为我们每一位同志的共同追求。"习近平说。

一段时间，一些党政机关陷入"文山会海"，人浮于事，行政效率不彰，百姓颇有怨言。"限时发言"成为改进政风的一个重要举措。

2001年11月5日，习近平主持召开第二十七次省长办公会。与往常不同的是，每一议题之后都限定了汇报者的发言时间。时间短了，但效率高了。如全省机关事业单位调整工资这个重大议题，包括汇报发言、发表意见、拍板决策，全程只历时40分钟。务实高效的清新之举，得到了与会者的普遍欢迎。

"限时发言"作为缩短会议的一项措施，还写入了《福建省人民政府关于加强和改进政风建设的若干意见》。

2012年12月，中央出台八项规定，其中的精简会议活动、精简文件简报等规定，与精简"文山会海"、"限时发言"，彰显的是一样的清新作风。

让权力在阳光下规范运行，而且运行得更有效率、更有质量，离不开体制机制创新。

2000年，时任省长习近平倡导和推动机关效能建设，并担任省机关效能建设领导小组组长，在全国率先推进服务型政府建设。他提出，要加快转变政府职能，减少审批事项和环节，不去管那些不该管的事，腾出手来把该管的事管好，建立有限政府和服务型政府。

在他的推动下，福建机关效能建设一直在提速。

2000年6月，福建省机关效能投诉中心成立。随后，又出台了《福建省机关效能建设考评办法》《福建省机关工作人员效能告诫暂行办法》等一系列制度。

2001年9月，福建在全国第一个以省政府令的形式颁布了《福建省政务公开暂行办法》。此后，全省所有的县（市、区）都相继推行了县级政务公开。

2000年以来，福建先后开展13次行政审批项目清理工作，省级行政审批项目由2199项精简至331项，减少了84.95%，为全国行政审批事项较少的省份之一。

目前，30个省直部门设立了行政服务中心，9个设区市、平潭综合实验区和84个县（市、区）的行政服务中心已全部建成并投用，镇、村两级也普遍建立了便民服务大厅或代办点，群众、企业办事大为便捷。

大道至简，一以贯之。

从铁腕清房、出台廉政12条，到精简"文山会海"、狠刹公款吃喝玩乐，到率先推进机关效能建设、行政审批改革、政务公开，建设服务型政府……从厦门到宁德,从福州到省委、省政府,无论在什么地方什么岗位,习近平从严管党治党的决心和行动始终坚定有力。

反腐倡廉必须常抓不懈,拒腐防变必须警钟长鸣。"我们要以踏石留印、抓铁有痕的劲头抓下去,善始善终、善做善成,防止虎头蛇尾,让全党全体人民来监督,让人民群众不断看到实实在在的成效和变化。"习近平谆谆告诫。

"榕为大木,犹荫十亩",为官者"在一邑则荫一邑,在一郡则荫一郡,在天下则荫天下"。清代乾隆年间,福州知府李拔曾这样类比做官与榕树精神。

"为官一任,造福一方","密切联系人民群众是干部的基本功","心无百姓莫为官"。采访组一路走来,深深体会到,群众在习近平总书记心中有着最重的分量。

政声人去后。在福建工作期间,习近平同志心怀百姓,一以贯之,为福建加快发展殚精竭虑,夙兴夜寐,他的崇高风范一直为福建人民所铭记。

今天是从昨天走过来的,今天又是面向未来的。

习近平同志在福建留下的精神财富,经过20多年岁月洗礼,历久弥新,愈显珍贵,从中汲取营养、砥砺身行,已成为福建广大党员干部的自觉行动。

"一切为了群众,一切依靠群众,从群众中来,到群众中去。"历史一再证明,群众路线是我们党的生命线和根本工作路线。

践行群众路线没有休止符,作风建设永远在路上。

当前,全省上下正深入学习贯彻习近平总书记系列重要讲话精神,进一步巩固和扩大群众路线教育实践活动成果,汇聚起干事创业的强大正能量,全面深化改革,推动福建科学发展跨越发展。

"我们一定要与人民心心相印、与人民同甘共苦、与人民团结奋斗。"这是我们的历史经验,也是新的历史召唤。

在同筑中国梦的伟大历史进程中,让我们携手再出发!

绿水青山就是金山银山

——习近平同志关心长汀水土流失治理纪实

阮锡桂　郑　璜　张　杰

《福建日报》　2014年10月31日

"青山清我目,流水静我耳。"

时值九月,秋高气爽。穿行在长汀县河田、策武、三洲等地,处处山清水秀,鸟语花香,草木馥郁,绿意盎然。如果不是亲眼见证,很难相信,眼前这片充满生机的绿色大地,曾是我国南方红壤区水土流失最为严重的区域之一。

从全国水土流失重灾区到全国生态文明建设示范县,距离有多远?

几代长汀人筚路蓝缕,用数十年的努力,发扬"滴水穿石,人一我十"的精神,与百万亩荒山作战,创造了水土流失治理的"长汀经验",成为中国水土流失治理的典范和福建生态省建设的一面旗帜。

"群众所关心的,就是我们政府工作的着力点;人民所需要的,就是政府的使命。"习近平同志在福建工作期间,对民生福祉、群众利益高度关注,倾注心力;对长汀水土保持工作格外重视,亲自倡导以持续之功,推进长汀水土流失治理与生态省建设,使福建的生态文明建设走在了全国前列。

"生态资源是福建最宝贵的资源,生态优势是福建最具竞争力的优势,生态文明建设应当是福建最花力气的建设。"习近平同志对福建的生态建设寄望殷殷。

到中央工作后,在长汀水土流失治理的重要节点上,习近平同志多次对长汀水土流失治理和我省生态建设作出重要批示、指示,开启了长汀水土流失治理"进则全胜"的新篇章。

"我们既要绿水青山,也要金山银山。宁要绿水青山,不要金山银山,而且绿水青山就是金山银山。"习近平总书记这样表达党和政府大力推进生态文明建设的鲜明态度和坚定决心。

追寻着长汀水土流失治理走过的艰辛历程,本报记者记录下了发生在这片红土地上的动人故事,也记录下习近平同志对这片红土地和八闽山水的关注与牵挂。

春风化雨——习近平对长汀水土流失治理格外倾注心力,开启了大规模治山治水的新篇章

长汀特别是重灾区河田的水土流失究竟起于何时,无法详考。不过从"柳村"成"河田"的地名变化或可追本溯源,长汀水土流失历史最少在200年以上。

河田,原名柳村。因水土大量流失,山崩河溃,河与田连成一片,形成"柳村不见柳,河比田更高"的景象,后人遂称之为河田。因河田属于红壤区,四周山岭尽为赤红色,像一簇簇燃烧着的火焰,故而又得名"火焰山"。这里夏天地表温度高达76摄氏度,可以烤熟鸡蛋,灼枯植物。

早在20世纪40年代,长汀就与陕西长安、甘肃天水被列为全国三大水土流失治理实验区。

1940年12月,中国最早的水土保持机构——"福建省研究院土壤保肥试验区"在长汀河田设立,当时的民国政府试图治理长汀水土流失,但收效甚微。

新中国成立后,历届省委和省政府高度重视长汀水土流失治理工作。从1949年12月成立"福建省长汀县河田水土保持试验区"开始到1983年,长汀县对水土流失进行了初步治理,取得了一定成效。其间,遭遇"大跃进"和"文化大革命"十年浩劫,初步治理的成果遭受了严重损失。

1985年的遥感数据表明,长汀县的水土流失面积达146.2万亩,占全县面积的31.5%,不少地方依然"山光、水浊、田瘦、人穷"。

水土流失不治,百姓何来美好生活?

1983年4月,时任福建省委书记项南考察长汀,写下了《水土保持三字经》。同年,省委和省政府把长汀列为治理水土流失的试点。

此后,历任福建省委和省政府主要领导都亲临长汀,对水土保持工作作出具体指导。

从1985年至1999年,长汀县治理水土流失面积45万亩,减少水土流失面积35.55万亩,有效减轻了洪涝灾害。

然而,长汀仍有100多万亩的水土流失区亟待治理,水保工作任重道远,需要政策支持与强力推动。

长汀水土治理能有今天的成效,离不开习近平同志的亲自倡导与大力推动。在福建工作期间,他曾5次到长汀调研,并就水土流失治理提出要求,作

出重要批示,推动了长汀水土流失治理向纵深推进。

1998年元旦,时任福建省委副书记习近平为长汀水土流失治理题词"治理水土流失,建设生态农业"。

1999年11月27日,是长汀水土流失治理划时代的日子。

这天上午11时许,一辆中巴驶向河田镇露湖村。车子刚停稳,一位身材魁梧、神采奕奕的中年男子迈着矫健的步伐,走向石灰岭上的项公亭。

他就是时任福建省委副书记、代省长习近平。他在龙岩考察棉花滩电站、梅坎铁路、漳龙高速公路等省重点项目过程中,专程安排到长汀调研水土流失治理工作。

项公亭是河田人民在项南逝世后,为感念他对长汀水土流失治理作出的不朽贡献而集资修建的。亭前,习近平久久伫立,看到亭子四周板栗成林,近处治理后的山头树木临冬不凋、绿意长葆,脸上露出欣慰的笑容,他对长汀人民锲而不舍的治理精神深表赞许。

但是,当习近平看到远处连绵起伏、依旧红土裸露的山头时,神情转而变得十分凝重。时任长汀县委负责人向他介绍了过去10多年水土流失治理工作取得的成绩,并提出长汀是经济欠发达县,仅靠自身的力量难以完成这项任务,希望省里给予更大扶持。

习近平听后,语重心长地说:"长汀水土流失治理工作在项南老书记的关怀下,取得了很大成绩。但革命尚未成功,同志仍需努力,要锲而不舍、统筹规划,用8到10年时间,争取国家、省、市支持,完成国土整治,造福百姓。"他要求长汀县尽快起草一份详细材料,报送省政府。

当天,习近平还来到策武乡黄馆万亩果园,考察了长汀县直机关干部正在开垦的果园。他对县直机关干部带头种果治理水土流失的做法,感到满意。他说,鼓励机关干部种果治理水土流失,干部带劳带资搞开发,这条抓得准。没有等靠要,做什么事情都需要干部示范带头,你要群众做的事,只有干部带好了头,起到了示范,群众才能相信你。

2000年1月8日,时任长汀县委书记饶作勋带着请示材料到省里向习近平汇报。还没见着省长,一位同志的话让他心里凉了半截:"这事估计很难,因为省委和省政府为民办实事项目,还从来没有安排到县一级的先例。"

让饶作勋惊喜的是,习近平一接到《长汀县百万亩水土流失治理报告》,当即批示:"同意将长汀县百万亩水土流失综合治理列入为民办实事项目和上报长汀县为国家水土保持重点县。为加大对老区建设的扶持力度,可以考虑今明两年由省财政拨出专项经费用于治理长汀县水土流失。"

当年2月,"开展以长汀严重水土流失区为重点的水土流失综合治理"被列为全省15件为民办实事项目之一,确定每年由省级有关部门扶持1000万元资金。

长汀大规模治山治水的大幕,就此拉开。

此后连续10年,长汀水土流失治理都列入省为民办实事项目。

对于长汀这片曾经洒满革命先烈鲜血的红土地,习近平一直牵挂在心。

2000年5月29日,习近平得知长汀正在建设生态园,专程托人送去1000元,捐种一棵香樟树。

2001年10月13日,习近平再次到长汀调研水土流失治理工作。来到河田世纪生态园,看到在园区一侧,2000年春他捐种的香樟树已长得枝繁叶茂、郁郁葱葱,他十分高兴地为香樟树培土、浇水。

习近平认真听取了长汀县发动社会力量捐资建设世纪生态园的情况汇报。他对长汀县以栽种常青树为主,兼种花木;以绿化为主,兼建植物品种园;以科研为主,兼搞农业观光,打造国土教育"户外教室"、水土治理"大观园"的思路,十分赞同。他还来到世纪生态园后山的石壁下治理现场,察看水土流失治理情况。

在听取长汀2年来水土流失治理的汇报后,他说:"水土保持是生态省建设的一项重要内容,对水土流失特别严重的地方要重点治理,以点带面。长汀水土流失治理要锲而不舍地抓下去,认真总结经验,对全省水土保持工作起到典型示范作用。"

龙岩市水土流失治理指挥部副总指挥、长汀县水土保持局原局长钟炳林是个老水土治理工作者。10多年过去了,回忆起习近平到长汀调研时的情景,一些细节仍历历在目。

钟炳林记得,2001年10月13日,在河田镇的一个山头上向习近平汇报工作时,他顺手从山坡上拔起一株野草递给习近平,说这种草在长汀叫鹧鸪草,生命力很强,生长在贫瘠的地方。习近平接过鹧鸪草,仔细端详了一番,笑着说:"大家共同努力,一起把长汀的水土流失治理好,让这种草'只把春来报'吧!"

还有一个细节让钟炳林终生难忘。他说,当时他向习近平汇报了四五个跟水土流失治理有关的数据,习近平在调研讲话中就把这些数据一点不差地复述出来。"有些同事,这些数据我跟他们说了很多遍都没记住,而习省长听一遍就记住了,可见是非常用心的。"

几天后,10 月 19 日,习近平对长汀水土保持工作再次作出批示:再干 8 年,解决长汀水土流失问题。

在各级领导的关心重视和国家、省、市各部门的大力支持帮助下,长汀县通过封山育林、改良植被、补贴烧煤、发展绿色产业、转移农村剩余劳动力、实施生态移民搬迁等措施,展开了水土流失治理攻坚战。

第一个 8 年过去了,至 2009 年,长汀县累计治理水土流失面积 107 万亩。

2010 年,省委和省政府再次作出决定:继续实行扶持政策,再干一个 8 年,水土不治、山河不绿,决不收兵。

沧海桑田——长汀人牢记嘱托,以"滴水穿石"精神成就了我国水土流失治理的典范

长汀县策武镇南坑村。平坦宽阔的村道旁清溪潺潺,水车徐转,一排排带着明显客家建筑风格的农民别墅沐浴在煦暖的秋光里。

"山上没资源,人均八分田,砍柴卖草换油盐,养一头猪等过年。"回忆起过去的生活,南坑村党支部书记沈腾香不胜唏嘘。

这里曾经是水土流失重灾村。直到 20 世纪八九十年代,这个村子周围还是光秃秃一片,除了几棵高不足 1 米的"老头松",漫山遍野都是极度贫瘠的风化粗砂土。"不少村民最盼下雨,因为头天下大雨,第二天就可以去河里捞沙,捞 22 担装满一手扶拖拉机能卖 3 块钱。"村里的老人回忆道。

因为缺乏燃料,村里制定了严苛的村规民约:谁上山打枝砍柴被发现,就要杀家里最肥的一头猪,分给全村人吃。但还是有不少人趁着夜色偷偷去砍柴,拿回来不敢晾晒,只能藏到床底。

为解决群众烧柴问题,政府开始发放煤炭补贴,让大家改烧煤球,并号召大家大种大养,在山上开荒种果。

由于土地贫瘠,每种一棵树都要挖一立方米的穴,填六担好土,施六担农家肥、一公斤磷肥、一公斤复合肥。党员干部们带头,以"蚂蚁啃骨头"的韧劲坚持下来,年复一年日复一日地默默耕耘,硬是将昔日的荒山秃岭变成了花果山,南坑也由以前的"难坑"变成了富坑,成为远近闻名的"闽西银杏第一村"和

全国文明村。

南坑之变,正是长汀干部群众数十年来"滴水穿石,人一我十"坚持不懈治理水土流失的真实写照。

"守土有责,寸土必争",这是历届县委和县政府响亮的施政宣言。"斧头收起来","锄头扛起来",长汀干部群众顽强奋战,愈战愈勇,生态保护、恢复与绿色产业开发并举,打响了一场治山治水奔富裕的持久战。

"斧头收起来"。2000 年,时任长汀县县长签发了《封山育林命令》——这是新中国成立以来该县仅有的两个县长令之一。县里建立了《关于护林失职追究制度》《关于禁止砍伐天然林的通知》等一系列保护生态的规章制度,并实行群众燃料补助制度,引导农民以煤代柴、以沼代柴、以电代柴,当地群众告别了延续数千年烧柴草做饭的历史。

结合"造福工程",长汀县还实施了生态移民搬迁安置,以减轻水源地和生态脆弱地区环境承载压力,6 万多人告别了困守大山的苦日子。

与此同时,"锄头扛起来"也如火如荼进行。长汀群众发扬"干革命走在前头,抓生产力争上游"的老区精神,在水土流失区发展果业、养殖业和农副产品加工业,推进产业发展与水土流失治理的有机结合,以生态恢复带动群众致富。赖木生、马雪梅、黄金养、刘静美、赖春沐等一大批"当代愚公"不断涌现,以"敢教日月换新天"的勇气,让一片片过去"不闻虫声,不见鼠迹"的不毛之地重披新绿……

记者驱车来到策武镇策田村"种果大王"、全国劳模赖木生的果场。管理房内,一帧习近平同志亲临果园视察时与他的合影格外引人注目。说起这张照片的来历,赖木生十分激动:"当年如果不是习省长的鼓励,我就不会开发出这片果林了。"

赖木生是长汀县大同镇新民村人。1981 年起就开始承包荒山种果树,到 1994 年已达 150 亩,果山的收入让他成为村里远近闻名的万元户。1995 年,赖木生在县里相关部门的支持下,投资 40 万元在河田水土流失区种下 500 多亩板栗,带动村民发展了万亩板栗基地。

1999 年 11 月 27 日,习近平到长汀考察水土保持工作时,参观了赖木生在河田镇长坑里的果场。看到满山的果树,"习省长非常高兴,让我和他在果树前来了张合影,还鼓励我要继续发展,扩大规模,带领别人一起致富,治理水土流失。"习近平的鼓励让赖木生干劲十足,当年底,他就从河田转战策武,在水土流失区承包了 700 亩荒山,种上了板栗、油柰、水蜜桃等。

如今,富裕起来的赖木生,联合省、市劳模,成立了赖木生工作室,义务为农民举办培训班,把果树种植经验和技术整理成小册子印发给村民。他说:"我要牢记习总书记的嘱咐,带动越来越多的乡亲参与到开荒种果和治理水土流失工作中去。"

"滴水穿石,人一我十",长汀坚持"政府主导、群众主体、社会参与、多策并举、以人为本、持之以恒",形成了一整套有效的做法与经验。

30 年来,长汀累计治理水土流失面积 162.8 万亩,减少水土流失面积 98.8 万亩,森林覆盖率由 1986 年的 59.8％提高到现在的 79.4％,植被覆盖率由 15％～35％提高到 65％～91％,实现了"荒山—绿洲—生态家园"的历史性转变。

习近平为推动长汀水土流失治理倾注的心力,长汀人民始终感念于心。

2004 年 6 月 10 日,长汀人民给已调往浙江工作的习近平捎去一篮杨梅,请老省长品尝,这杨梅正是产自昔日的水土流失区。他们在信里说道:"衷心感谢您把治理我县水土流失区的问题,作为当年福建省为民办实事的一大项目,倾力支持,终见成效。如今,该地区水清了,山绿了,果实挂满枝头,长汀人民经常惦念您。欢迎您今后有机会再到长汀老区来指导。"

习近平当天即回信:"欣悉你县几年来全力开展水土流失综合治理,并取得了较好的生态、经济和社会效益,我感到由衷的高兴。1983 年,按照项南书记的要求,长汀开始对水土流失问题进行治理,这几年继续加大了治理的力度。经过多年的努力,如今长汀的面貌发生了很大的变化,希望你们再接再厉,以全面根治为目的,切实把这一工程抓紧抓实抓好,把长汀建设成为环境优美、山清水秀的生态县。"

进则全胜——习近平在长汀水土流失治理重要节点再作批示,"长汀经验"在全省推广提升

斗转星移,岁月荏苒。

当时间来到 2011 年 12 月 10 日,长汀水土流失治理迎来了新的机遇:时任中共中央政治局常委、国家副主席的习近平对《人民日报》有关长汀水土流失治理的报道作出重要批示,要求中央政策研究室牵头组成联合调研组深入长汀实地调研。

时隔一月之后,他就在中央调研组报送的《关于支持福建长汀推进水土流失治理工作的意见和建议》上作出重要批示,指出"长汀县水土流失治理正处在一个十分重要的节点上,进则全胜,不进则退,应进一步加大支持力度。要总结长汀经验,推动全国水土流失治理工作。"

2012年3月,在京看望参加全国两会的福建代表团时,习近平再次殷切嘱咐:要认真总结推广长汀治理水土流失的成功经验,加大治理力度、完善治理规划、掌握治理规律、创新治理举措,全面开展重点区域水土流失治理和中小河流治理,一任接着一任,锲而不舍地抓下去,真正使八闽大地更加山清水秀,使经济社会在资源的永续利用中良性发展。

进则全胜,不进则退。习近平同志对长汀水土流失治理工作的高度重视和殷切嘱咐,对长汀水土流失治理提出了更高要求,也为福建生态省建设推向新阶段吹响了新的冲锋号角。

省委认真学习习近平同志的重要指示,省里专门成立水土保持工作领导小组,由省委书记、省长亲自担任组长,省领导、省直部门和协作单位、经济较发达县(市、区)挂钩帮扶水土流失治理重点县。

省委书记尤权上任第三天,就专程到挂钩帮扶县长汀调研,认真了解水土流失治理的举措,实地察看水土流失治理的进展成效,要求打好水土流失治理攻坚战,真正使荒山变绿、群众致富。在不到2年的时间里,尤权6次到长汀,指导调研水土流失治理,用"长汀经验"推动全省加快水土流失治理和生态省建设步伐。

在长汀,打造"长汀经验"升级版,让生态助力发展成为全县上下的共识。

长汀人认识到,经过多年治理,长汀的植被覆盖率大大提高了,生态变好了,但对百姓致富的带动还不够。在巩固以往治理成果的基础上打造"长汀经验"升级版,真正实现"百姓富"与"生态美"的有机统一,应成为"进则全胜"的努力方向。

本着这样的思路,长汀县紧紧围绕发展主轴,加快汀江生态经济走廊规划建设,生态人居、生态环境、生态经济、生态文化、生态制度等五大体系建设工程加快实施,长汀百姓正从生态保护和生态建设中越来越多地受益。

"天下水皆东,唯汀独南。""客家母亲河"汀江自龙门发源,奔流不息,流经的乡镇占全县总面积的三分之二左右。

傍晚时分,新桥镇新桥村曲凹哩汀江漂流现场,送别了喧嚣的游客,忙碌了一天的 66 岁老艄公张洪水坐在岸边新建的廊桥旁,悠闲地喝着茶。眼前,碧绿的汀江水缓缓淌过。

老张和汀江打了一辈子交道。"前些年,水运没了,守着汀江不让打鱼,只能种田。现在,每天撑着竹排在汀江上跑几趟,每个月就能收入 2000 多元。"一提起现在的日子,老张就感觉心情舒畅。今年 7 月漂流项目开业以来,他和其他 50 多名村民,在家门口找到了新出路。"这汀江是真的让我们赚钱了。"

让绿色赶走贫困,绿色才永不褪色。在长汀,生态农业、旅游开发、生态工业等蓬勃发展,良好的生态正成为长汀经济发展的"金山银山"。

在全省,以推广"长汀经验"为着力点,水土流失治理热潮一浪高过一浪。

2012 年起,每年向包括长汀在内的 22 个水土流失治理重点县投入的水保专项资金成倍增长;2013 年,水土流失的治理重点在全国率先从县延伸至乡镇;2014 年,治理重点进一步延伸到行政村,一批让群众望得见青山、看得见绿水、记得住乡愁的水土保持生态村犹如星星之火,在八闽大地呈燎原之势。

原计划"十二五"末期全省完成水土流失治理面积 900 万亩的目标,今年即可全面实现。到明年底,全省水土流失占土地总面积的比例,有望降到 9% 以下。

矢志不移推进水土流失治理,为福建生态文明建设书写了浓墨重彩的篇章。以对人民群众、对子孙后代高度负责的态度,福建省委和省政府加大力度,攻坚克难,全面推进生态文明建设,努力探索"百姓富"与"生态美"有机统一的永续发展路径。

在全国率先开展集体林权制度改革,较早推行流域上下游生态补偿机制,在财政资金使用上推行"以奖代补",实行领导干部环保"一岗双责"制度……近年来,一系列生态文明建设的创新举措在福建接连出台。

今年起,唯 GDP 的政绩考核办法正式成为历史。福建取消对 34 个限制开发区域县(市)的地区生产总值考核,改为实行农业优先和生态保护优先的绩效考评方式,政绩考核"指挥棒"越来越绿。

如今,福建的森林覆盖率达 65.95%,连续 36 年居全国第一,也是全国唯一水、大气、生态环境指标均为优的省份,"清新福建"的金字招牌愈发闪亮。

山海画廊,人间福地,闽山闽水正散发出更加迷人的魅力。

"水光山色与人亲,说不尽,无穷好。"徜徉在汀州的山水长廊间,宋朝女词人李清照描写秋景的佳句不由涌上心头。

"生态兴则文明兴,生态衰则文明衰。"曾经饱受水土流失之害、经过凤凰涅槃浴火重生,实现人与自然和谐共处的长汀人,对于生态文明建设的重要性有着更加刻骨铭心的理解与感悟。

回望来时路,从千里赤地到绿满汀江,长汀人民的水土流失治理之路,其实质就是尊重自然规律、经济规律,尊重群众意愿的改革创新、科学发展之路。

习近平总书记指出:"要正确处理好经济发展同生态环境保护的关系,牢固树立保护生态环境就是保护生产力、改善生态环境就是发展生产力的理念。"

积极倡导、全力推动长汀水土流失治理,只是习近平关注生态文明的一个方面。由长汀而及全省,习近平对福建生态文明建设倾注了大量心血。对如何把生态优势转化为经济优势,让良好生态造福子孙后代,他有着前瞻的思考与务实的作为。早在2000年,时任省长习近平提出建设生态省的战略构想。2002年,福建成为全国首批生态省试点省份……

建设生态文明是关系人民福祉、关乎民族未来的大计。生态保护不能毕其功于一役,建设生态文明永远在路上。

今年3月,国务院出台《关于支持福建省深入实施生态省战略加快生态文明先行示范区建设的若干意见》,为福建生态文明建设确立了高目标,增添了新动力。

9月15日,省委九届十一次全会召开,强调要深入实施生态省战略,狠抓生态建设、环境保护和能源资源节约工作,加快建设生态文明先行示范区。

认真落实中央重大战略部署,坚持科学发展跨越发展和"百姓富、生态美"的有机统一,福建的生态文明建设正站在新的起点上。

"松绑"放权报道

福建日报社

1984 年 3 月 22 日,在福州参加福建省厂长(经理)研究会成立大会的 55 位厂长、经理联名向省委、省政府领导同志写了一封信,诉说旧体制的条条框框捆住了他们的手脚,企业没有动力,也谈不上活力,要求省委、省政府"松绑"放权。省委第一书记项南接到呼吁信后,认为这是推进城市经济体制改革的关键性一环,立即作了热情、肯定的批示:"此信情词恳切,使人读后有一种再不改革、再不放权,就真是不能前进了的感觉。本人认为有必要将来信公之于众。"同时,他指示《福建日报》要在第二天一版头条发表。他亲自为这篇报道做好标题:《五十五名厂长、经理呼吁:请给我们"松绑"》。

24 日,这封信在《福建日报》一版发表后,当天上午项南同志又要求报社迅速派记者采访省委组织部等单位的领导同志,请他们谈谈对 55 位厂长经理要求改革的看法,在报上公开发表。报社研究后马上派出记者,分头访问了六七个跟国有企业关系密切的部门。

从 3 月 25 日开始,《福建日报》在一版开辟"勇于改革、支持'松绑'、搞活企业——对 55 位厂长、经理呼吁的回声"的栏目,连续报道福州市委、市政府和相关部门等支持改革的措施及行动,工人劳模等对"松绑"放权的支持。

25 日一版发表两篇消息:一篇是报道省经委领导同志对记者发表谈话表示要制定 10 项措施,支持厂长改革;另一篇是省委组织部表示支持厂长、经理呼吁,改革干部制度,扩大厂长权力。

26 日本报一版发表两篇文章:一篇是报道省人事局认真讨论厂长经理的呼吁信,表示要给企业下放 5 个方面权力;另一篇是省财政厅领导表示支持

"呼吁信",同意奖金随企业税利增减而浮动,企业可实行浮动工资。

28日本报一版发表两篇消息,一篇是报道福州市委、市政府讨论采取6条措施支持"松绑"放权,表示不当"新婆婆",坚持搞改革;另一篇是报道省劳动局领导支持厂长、经理呼吁,同意招工用工给予必要权力,企业有权选择工资形式。

31日一版报道省人民银行领导支持"呼吁信",表示为搞活经济促进经济发展,从现金供应上给企业方便。

4月9日一版发表福州市14个商业行业的35位经理呼吁:我们也请求"松绑"。

4月13日一版发表省经委和商业厅领导表示支持福州商业行业35位经理的"松绑"要求,决心为基层"松绑"放权,搞活经济。

在这段时间,本报一版版面上形成了浓浓的要求改革、支持改革的气氛。省有关部门给厂长、经理"松绑"放权后,调动了他们改革的积极性,他们一回去就狠抓落实,对此,本报给予及时报道。

如4月27日一版在"呼吁'松绑'的厂长回去之后"的栏目下发表两篇文章,一篇是邵武市丝绸厂厂长来信,说职工代表大会支持"松绑",五条改革办法已落实四条;另一篇是报道福州马尾造船厂厂长打破"大锅饭",对船体大合拢焊工实行岗位补贴的改革。

5月6日一版也在同样的栏目下发表两篇文章,一篇报道三明化机厂试行岗位津贴和浮动工资制,班组长责利结合,各车间产量激增;另一篇是报道福州化工机械厂初步改革尝到了甜头,决心继续改革更上一层楼,实现当年产值、利润同步增长40%。

5月10日一版也在同样的栏目下发表两篇文章,一篇是报道福州台江百货大楼雷厉风行抓改革,快——迅速办超级市场,多——开拓多家进货渠道,活——千方百计做活生意;另一篇是报道福州"一塑"扩大车间经营管理权限,层层"松绑",全线搞活。

项南同志亲自指挥的福建国有企业"松绑"放权的报道激起的波澜,很快越出八闽大地,在全国引起反响,有5位厂长经理应邀赴京座谈"松绑"放权的体会。项南同志认为,"松绑"放权不能登了报就了事,要不断抓落实。他了解到"松绑"放权有的还不落实,4月24日亲自给《福建日报》写了一篇《还有哪些权没有拿到手 还有哪条绳索没有解开》的新闻:

昨日,省委常委和省府党组在整党会议上作出决定:下月中旬再一次召开五十五个厂长、经理会议,对"松绑""放权"进行检查:到底有哪些权没有拿到手? 还有哪几条"绳索"没有解开? 是谁对"放权""松绑"搞得好? 是谁把着权不放? 是谁不给"松绑"? 检查将指名道姓,找出促进改革的单位和负责人,找出阻碍经济改革的单位和负责人,进一步扩大企业的自主权,逐步摆脱企业对行政机关的附属地位。

1984年5月底,省政府又召开55位厂长经理会议,检查"松绑"放权落实情况。本报围绕会议提出的问题,又掀起改革报道的热潮。

如5月27日一版,报道省政府召开呼吁"松绑"放权的厂长经理座谈会,检查落实"松绑"放权情况,确保实现"两位数""三同步"。

29日一版,报道厂长、经理在省政府召开的座谈会上说:支持"松绑"放权已有行动,尚有不少矛盾亟待解决。

"松绑"放权一年之后,省有关部门进行调查,企业的自主权很多仍未落实,从1985年5月2日开始,又在一版开辟"落实简政放权 努力搞活企业"栏目,先后发表11组文章,报道各地存在的问题和抓落实情况。

如8月2日第一版,发表省经委同志的调查报告:《二百零五家企业调查 半数的自主权不落实》,并配发评论员文章《症结在于不落实》。

8月7日,一版发表评论员文章《简政放权与宏观管理》和《"三塑"试行工资总额包干 企业有了压力更添活力》的新闻。评论指出:今年以来,针对经济生活中出现的问题,国家强调加强宏观管理,以巩固和发展改革的成果,这是完全必要的。但是,有人却产生了片面的看法,认为强调宏观管理就不要再提放权了;有的甚至把已经放给企业的部分权力也收回去。显然,有些同志把加强宏观管理与简政放权对立起来,认为加强管理就是"收",这是一种误解。宏观管理与微观搞活应该是辩证的统一。

1985年8月13日本报一版发表题为《放权要落实不走回头路——省厂长、经理研究会会员大会的一封公开信》,公开信指出在放权中,阻力重重,有的放权不放心,有的虚放实揽,有的明放暗收,有的放了又收,造成企业自主权至今还有相当一部分不落实,甚至得而复失。"中梗阻"问题,已成为进一步搞活企业的一大障碍。

1985年8月14日本报一版报道省委领导在批评放权不落实时指出:该放的不放,要追究领导责任。

为了把"松绑"放权落到实处,省委、省政府决定 1986 年 6 月 25 日召开 55 位厂长、经理第三次座谈会。会议围绕支持改革这个主题,提出了许多好建议。会上摆出一个值得重视的问题:少给厂长、经理打问号,多给他们帮助和服务;会上强烈反映会议表报繁多,企业难以应付,希望上级机关和主管部门精简会议,减少表报,让企业厂长、经理集中更多精力抓好生产和内部改革;要推进改革深入发展,关键的问题是上下改革要同步,内外改革要配套。本报在一版连续作了报道,并从 1986 年 8 月 13 日至 11 月初在一版开设"上下改革要同步 内外改革要配套——努力增强企业活力"的栏目,报道深入改革的情况。

本报对"松绑"放权的报道。由于问题抓得准,抓住了城市经济体制改革的关键问题,之后报道又环环紧扣抓住不放,取得了很好的宣传效果,在全国引起关注,原中央体改委主要领导还特地来福建总结经验加以推广。

这一事件 30 年后犹在回响。在福建 55 位厂长、经理为企业"松绑"放权呼吁 30 周年之际,福建 30 位企业家致信习近平总书记,就贯彻党的十八届三中全会决定,加快企业改革发展提出建言倡议。2014 年 7 月 21 日,《福建日报》刊载习近平总书记给福建企业家回信,引起了社会的广泛关注和强烈反响。习近平总书记在回信中说:"30 年前,福建 55 位企业负责人大胆发出给企业'松绑'放权的呼吁,很快在全国上下形成共识,成就了经济体制改革的一段佳话,我对此印象犹深。"习近平总书记的重要回信充分肯定了 30 年前福建省 55 位厂长、经理呼吁"松绑"放权的重要历史意义,肯定了福建企业家敢为人先的胆识和勇气。"松绑"放权呼吁为中国国有企业改革吹响了进军的号角。放权精神也始终激励福建在改革中屡破禁区、大胆创新。

案例评析

1984 年,《福建日报》刊发的报道《五十五名厂长、经理呼吁:请给我们"松绑"》获得全国好新闻特等奖;1985 年,《福建日报》的《二百零五家企业调查半数的自主权不落实》再获全国好新闻一等奖。两年之内因同一新闻事件的报道获得全国最高新闻奖,这在改革开放以来为省级党报仅见,也是福建新闻史上影响较大的经典报道之一。更为重要的是"松绑"放权的系列报道,推动了福建乃至全国的改革从农村向城市经济体制改革转进。虽然获奖作品仅呈现两篇,但相关报道多达200多篇,并贯穿了福建近40年的改革开放史,成为福建精神的重要体现。

一、发现问题

1979年、1980年两年间,福建省人民政府为了推进城市经济体制改革,先后选择了114个国有工业企业进行扩大企业自主权的试点,把长期以来统一在行政部门的许多生产经营管理权交给企业。省人民政府规定,试点企业在生产计划、产品销售、人事任免、职工奖惩、利润分成、资金支配、外汇分成等10个方面都可以比以往拥有更多的自主权。但在改革的过程中,由于认识不一致,改革不配套,一些自主权并没有真正放给企业,虚放实收、明放暗收、放了又收等现象相当普遍。主管部门管得过多、管得过死,像绳索捆绑住企业的手脚。

二、与省委主要领导的良性互动

1981年1月12日,项南同志就任福建省委常务书记,具体主持省委工作。一年后被中央任命为省委第一书记。项南同志到任福建以后,充分发挥党媒的舆论主阵地作用,解放思想,推动改革开放,与《福建日报》形成密切的良性互动。项南同志还身体力行,亲自参与新闻写作,如《有些案件为什么长期处理不下去?》《不许诬告》分别获得1982年和1984年全国好新闻一等奖。我省在农村改革取得经验之后,城市改革也随之展开。《福建日报》在深刻领会中央精神和省委、省政府决策部署的基础上,充分认识到城市经济领域改革与农村生产改革相辅相成,毅然站在了推动城市经济改革的第一线,在宣传城市经济体制改革中,重点突出了"松绑"放权的报道。

三、抓住契机

1984年3月22日,看似普通的福建省厂长(经理)研究会成立大会在福州第二化工厂召开。随着会议进行和讨论的深入,55位厂长和经理就如何搞活企业大胆陈述,他们认为旧体制的条条框框束缚住了企业的手脚,搞活企业必须触碰旧观念、突破旧体制,于是他们给省委领导写了一封呼吁信。他们在信中直抒胸臆,不仅道出渴望放开手脚、投身改革的急切心愿,更是直言提出

"松绑"放权、扩大企业自主权的具体要求。

时任福建省委第一书记的项南接阅这封信以后,认为这是推动福建经济体制改革的重要契机,随即批示《福建日报》次日发表,并亲自拟了标题——《五十五名厂长、经理呼吁:请给我们"松绑"》,并为《福建日报》发表呼吁信亲自代拟导语,称该信"情词恳切,使人读后有一种再不改革、再不放权,就真是不能前进了的感觉"。3 月 24 日,《福建日报》一版头条全文刊登了这封呼吁信。一石惊起千层浪,此信一经发表,就引起社会广泛关注和讨论。

四、追踪跟进推动改革

1984 年 3 月 30 日,《人民日报》全文转载了呼吁信,并在编者按中指出:这封呼吁信提出了体制改革的一个重要问题,旧体制阻碍生产力发展的状况到了非改不可的时候了!可以说,在企业放权让利改革遭遇"中梗阻"之时,这 55 个厂长、经理说出了企业家们的心声。"松绑"放权切中了体制改革的要害,很快在全国上下形成共识,并在全国开启了企业"松绑"的浪潮。

同年 5 月,国务院发布了《关于进一步扩大国营工业企业自主权的暂行规定》,在企业生产、经营、计划等 10 个方面进一步扩大自主权。这是国有企业改革的重大步骤,是对经济体制的一次重大突破。

5 月 12 日,《人民日报》以《请求松绑答应松绑拉开了改革序幕 立志改革勇于改革回厂后即见高低》为题,报道了呼吁"松绑"的厂长、经理回厂后进行改革的情况,并赞扬了 55 位厂长、经理的做法。"松绑"放权搞活了企业,调动了企业和职工的积极性。

围绕着放权,福建国有企业改革迅速在全省展开。当年福州铅笔厂率先进行责、权、利改革,解决了职工吃"大锅饭"的弊病;厦门工程机械厂、福州电视机厂带头建立以厂长负责制为中心的生产指挥和经营管理系统,企业出现了活力;福州电子系统各企业在内部实行各种形式的承包责任制,经济效益大幅度提高。随着改革的推进,福建省工业焕发出新的活力和创造力。到 1984 年底,全省工业总产值首次突破百亿元大关,增长速度跃居全国第二位。

此后两年,《福建日报》持续追踪"松绑"放权成效,刊发了消息、通讯、评论、专栏、专访、来信等,几乎涵盖所有新闻体例的作品,据不完全统计达 200 余篇。这些无可辩驳的事实,从多方面说明,释放活力,改革才有前途。"松绑"放权报道震动全国,为推动中国国企改革打响了"开门炮"。"松绑"放权后的五年,福建国有企业经营业绩突飞猛进,全省工业产值年均增速比前 5 年翻了一番多。福建 55 名厂长的"松绑"呼吁成为推动国有企业改革的典型事件,正体现了福建改革者敢为人先、大胆实践的魄力和精神。当时有经济学家这样评价"松绑"呼吁:这是我国企业改革史上企业经营者第一次吃"螃蟹",第一次向政府要权,是我国解放思想的一大成果。

五、领袖的肯定

2014 年 7 月 4 日,《福建日报》报道本省不同所有制的 30 位企业家向全省各种所有制企业同仁发出倡议书——《勇于改革创新　担起发展重任》,倡议弘扬老一辈企业家"敢为人先"精神,敢于担当,勇于作为,努力提高企业科技创新水平,跨越海峡拓展五洲,在竞争中抱团发展,不断提高企业家自身素质,实现企业治理能力现代化,为加快全省科学发展跨越发展交上一份满意答卷。

7 月 8 日,习近平总书记给福建企业家回信:

企业家同志们:

你们好! 来信收悉。30 年前,福建 55 位企业负责人大胆发出给企业"松绑"放权的呼吁,很快在全国上下形成共识,成了经济体制改革的一段佳话,我对此印象犹深。如今你们作为多种所有制、多种类型的企业负责人,就贯彻党的十八届三中全会决定、加快企业改革发展提出建言倡议,很有意义。

当前,各级政府正在加快转变职能、大力简政放权,目的之一就是让市场更好发力,让企业创新创造源泉更加充分涌流,这是又一次重要的"松绑"放权,也是企业家更好发挥智慧力量的历史新机遇。希望你们和广大企业家一道,深刻领会、深入贯彻党的十八届三中全会精神,继续发扬"敢为天下先、爱拼才会赢"的闯劲,进一步解放思想,改革创新,敢于担当,勇于作为,不断做大做强,促进联合发展,实现互利共赢,为国家经济社会持续健康发展发挥更大作用。

祝大家事业有成!

省委随即召开常委会会议,学习贯彻习近平总书记重要回信精神,研究部署加快企业改革发展工作。7 月 23 日,省委办公厅、省政府办公厅下发《关于认真学习贯彻习近平总书记给我省企业家重要回信精神的通知》,指出,习近平总书记的重要回信,言简意赅、情真意切,内涵丰富、寓意深远,振奋人心、催人奋进,充分体现了对福建企业家群体的亲切关怀,对全省干部群众的深厚感情,对福建工作的重视支持,为我们深入学习贯彻党的十八届三中全会精神、推进全面深化改革指明了方向,注入了强大动力。《通知》要求扎实推动全面深化改革取得新突破,培育一大批勇于开拓奉献的企业家,为企业改革发展创造更好环境。

代表作品

五十五名厂长、经理呼吁:请给我们"松绑"

《福建日报》 1984 年 3 月 24 日

在福州参加省厂长(经理)研究会成立大会的五十五名厂长、经理,三月二十二日写信给省委领导同志,题目是"请给我们'松绑'。"情词恳切,使人读后有一种再不改革、再不放权,就真是不能前进了的感觉。本报记者认为有必要将这封来信公之于众。以下是该信全文:

我们参加福建省厂长(经理)研究会成立大会的五十五个企业的厂长和经理,汇集在福州二化,就如何当好厂长,搞活企业进行了交流和探讨。根据省经委领导介绍,一九八三年我省工业发展速度不快,经济效益落在全国后面,一九八四年要争取两位数,实现三同步。面对这种形势,作为生产经营单位的厂长、经理,我们感到担子很重。我们都想干一番事业,都想为振兴福建贡献一份力量。然而,现行体制条条框框捆住了我们手脚,企业处在只有压力,没有动力,也谈不上活力的境遇。真是心有余力不足。这是我们最大的烦恼。最近,你们在省六届人大二次会议上提出要改革、要放权,要统一思想,狠抓落实,说出了我们的共同心声,给了我们很大的鼓舞。我们认为放权,不能只限于上层地区、部门之间的权力转移,更重要的是要把权力落实到基层企业,为此,我们不揣冒昧,大胆向你们伸手要权。我们知道目前体制要大改还不可能,但给我们松松绑,给点必要的权力是可以做到的。我们认为,目前企业的潜力还是很大的,只要给企业创造一些必要条件,我们的步子就可以迈得大一些。

我们议了一下,目前至少要给以下五条权力:

(一)企业干部管理除工厂正职由上级任命外,副职应由厂长提名,然后由上级主管部门考核任命,其余干部通通由企业自行任免,上面不要干预。企业任命的中层干部,上级主管部门应予承认,并享受与过去上级任命的中层干部同等待遇。

(二)干部制度,要破除"终身制"和"铁交椅",实行职务浮动,真正做到能上能下,能"干"能"工",但可保留干部待遇。

(三)企业提取的奖励基金,企业应有权支配使用,有关部门不要干涉;或者采取与上交税利挂钩的办法,核定合理的税利发奖率,奖金随税利增减而浮动,不封顶,不保底。在企业内部,可根据自己的实际情况,实行诸如:浮动工资、浮动升级、职务补贴、岗位补贴等多种形式的工资制度和奖惩办法。

(四)在完成国家计划指标的情况下,企业自己组织原材料所增产的产品,允许企业自销和开展协作,价格允许"高进高出","低来低去"。

(五)改革企业领导制度,试行厂长(经理)负责制,扩大厂长权力,建议先在参加厂长(经理)研究会的企业中选几个厂进行试点。

有的部门可能担心放权会搞乱了,会出问题。我们认为,应当相信大多数。我们要这些权力,绝不是为了以权谋私,只是想在目前条件下,给企业松松绑,使我们能够在搞活企业,落实责任制,克服"大锅饭"方面有所突破,从而实现提高经济效益的目的。为福建能在"四化"建设中走在全国前头作出努力。如果有人滥用职权,谋取私利,搞违法乱纪,当受党纪、政纪直至国法惩处。

殷切地等待你们的支持。

二百零五家企业调查　半数的自主权不落实

《福建日报》　1985 年 8 月 2 日

我省五十五位厂长、经理呼吁"松绑"放权一年多来,放权落实得怎么样了?最近,省经委对二百零五家企业进行重点调查的结果表明:半数左右企业没有完全落实国务院和省政府规定给的自主权。

在被调查的二百零五家企业中,半数以上企业基本拥有生产经营权、产品自销权、内部机构设置和人员选配权、"五金"提留使用权、多渠道进货和择优供货权、租让多余或闲置的固定资产权。这些自主权的落实,增强了企业活力,对去年全省工业实现"二位数、三同步"增长,今年继续保持好势头,起了重要作用。但是,各地改革放权发展很不平衡,国务院和省府扩权规定在一些地方没有完全落实,即使搞得较好的地方和单位,也还有不少薄弱环节。被调查的二百零五家企业中,半数左右的企业自主权很不落实,其中:人事任免、招工用工权不落实的有一百五十七家,自选工资形式、奖励方式权不落实的有一百四十五家,产品自行定价权不落实的有一百三十六家,发展横向经济联合权不落实的有一百零六家。

调查报告提出,当前在"松绑"放权上存在的主要问题是"三多一少",即:各方面干预多,企业有权难用;任意摊派罚款多,企业合法权益无保障;条条块块规定变化多,企业自主权难落实;"一少"是各主管部门为基层企业服务帮助少。有的搞虚放实揽、明放暗收、放了又收;有的把缺乏经验而出现的某些失误和不正之风,归咎于"松绑"放权;有的公开提出:"放权风头已经过去,现在还要按老规矩办";有的说:"如今强调抓宏观管理,就是要收,还谈什么自主权";有的无视国务院、省府下达的扩权文件,说什么"管你红头不红头,反正我主管部门还没点头";有的主管局竟动用组织手段,对企业自主参加横向联合进行粗暴干预,还说"你有你的自主权,我有我的管理权","不是干预多了,而是干预太少了"。

调查报告在分析产生上述问题时指出,根本原因是"左"的思想影响没有彻底清除。在某些地方,仍然把企业当作行政机构的附属物。有的主管部门没有适应企业扩权需要,加快自身的改革步伐,把工作重点转到为基层服务上,而是机构臃肿,人浮于事,会议多,文件多,表报多,检查验收多,企业穷于应付。有的行业只有六个厂,也成立一个行政公司,养一批人,公司经理、书记配了九个,大事定不了,小事又不管,截留企业自主权,每年还向企业收回百分之二的管理费。厂长、经理普遍认为:"左"的影响要清除,上下改革要同步;扩权规定要落实,搞活企业才有保证。

壮丽 70 年　奋斗新时代

福建省广播影视集团

案例简介

　　2019 年,为打造献礼新中国成立 70 周年的精品力作,在省委宣传部的指导、支持下,福建省广播影视集团新闻中心于 2019 年 9 月 16 日至 25 日,连续 10 天推出大型融媒体特别节目《壮丽 70 年　奋斗新时代——八闽起宏图》。

　　作为福建新闻媒体为庆祝新中国成立 70 周年策划实施的规模最大的一次新闻行动,此次特别节目由福建省广播影视集团联合全省 9 个设区市和平潭综合实验区广播电视机构,以融媒体形式,全方位、立体式展示新中国成立 70 年特别是党的十八大以来,福建发生的翻天覆地的变化。节目突出呈现习近平总书记在福建工作期间领导福建改革,并进行前瞻性、战略性的理念创新和实践探索,以及福建人民牢记嘱托,奋力前行的生动实践。

　　该节目每集时长 30 分钟,每天 12:00 至 12:30 在东南卫视、福建综合频道、福建新闻频道以及各地电视台等主流电视平台并机直播,并在福建网络广播电视台网站、海博 TV 客户端、央视移动新闻网以及新闻中心“福建广播电视新闻中心”官方微博、“福建新闻联播”头条号等新媒体平台同步直播。初步统计,“八闽起宏图”10 期特别节目的网络直播视频、精编短视频总点击量和微信微博全网阅读量,累计超过 3000 万次。

一、主题宏大,献礼新时代的精品力作

　　毛主席在《水调歌头·游泳》中写道:“风樯动,龟蛇静,起宏图。一桥飞架南北,天堑变通途。”这首诗词表达了中国人民改变山河、建设祖国的豪迈气概和对未来的美好憧憬。“八闽起宏图”作为此次特别节目的主标题,展现的正

是在习近平新时代中国特色社会主义思想指引下,以新时代、新起点正在出发的豪迈气度,坚持高质量发展的不懈追求。

特别节目走遍全省九市一区,每个地市单独成篇,通过寻找八闽大地上最能体现时代主题的大工程、大项目、大发展,从普通人的点滴生活中,看一城一村的巨大变化;在日新月异的日子里,看福建干部群众追逐梦想的不悔执着;在砥砺奋进的时代里,看震撼人心的福建成就,抒发福建干部群众爱拼会赢、努力追梦的奋斗情怀。

节目中,观众可以重温新中国 70 年奋斗历程——三明钢铁厂用福建省第一炉铁水凝铸出的铁块、新中国第一个地下水电站古田溪水电站,以及福建曾经的唯一出省铁路鹰厦线的今昔变化……都展现了共和国建设者们勠力同心超越艰难、栉风沐雨跨越险阻的前行足迹。

节目中,更展示在习近平新时代中国特色社会主义思想指引下取得的壮丽成就。比如宁德上汽新能源汽车生产线的直播报道,切题"山海梦圆",凸显在习总书记带领下干部群众接续奋斗、苦干实干、久久为功的精神;在《平潭篇》,平潭海峡公铁两用大桥建设的直播报道,展现平潭从偏远海岛向改革开放前沿"华丽转身",凸显福建为两岸"路通人通心通"、为打造台胞台企登陆的第一家园作出的不懈努力。

节目中还展示了许多普通人的"中国梦"。在霞浦,两位小伙子靠拍摄赶海短视频成了"网红";定居泉州的外国人、外省人和泉州人一起中秋博饼,共享"新光明之城"的和谐生活;在南平,4 位新老科技特派员分享自己奉献"三农"的人生经历;在福州,外卖小哥、创业者和退休老人,讲述各自的幸福感……

节目还重视在变化对比中,凸显时代跨度,既充分展示福建各地 70 年历史跨越的动能蓄积、能量爆发,还在每集篇尾设置各地市主要领导为当地"打 call"的环节,推介所在地发展亮点,畅谈发展蓝图,表达了不断创造新精彩、实现新跨越的愿景,升华了"不忘初心、牢记使命"的主题,契合"起宏图"意旨,给人信心与激励。

二、形式创新,紧跟时代的精良叙事

传统媒体常常以"政绩框架"来报道事实、传递信息,而新媒体环境则强调适应人民群众对于其自身利益的关注。本次特别节目作为一次大型主题宣传,也体现了这一创作理念的革新,在传播的方式上不断向亲民发力。

《八闽起宏图》突破了传统的表现方式,采用鲜活生动的直播手段,与地方电视台一道,实现了对全省各设区市的海陆空全景式拍摄,给观众带来前所未有的视觉震撼和身临其境的即时体验,极大地增强了新闻节目的声画冲击力和艺术感染力。

1. 立体声势。新闻中心联手全省各市县电视台、融媒体中心,合力打造这档特别节目,并邀请当天所报道地市的电视台主播同台主持报道,与一线记者互动连线,发挥了省台聚合能力和"领头羊"的优势。节目推出前的宣发,正式直播时的网、台联动,多媒体推送等,也体现出策划、准备、执行的强大推动力。

2. 手段先进。特别节目强调直播形态,首次在大型节目中尝试 5G 视频连线、接续直播、直升机航拍直播等手段,如带观众实时探秘漳州制造的全球最强起重机、全国首个大黄鱼深海养殖装置、28 届中国金鸡百花电影节颁奖典礼举办地等,并增加大屏幕网友实时互动等环节,实现了技术上的创新突破。

3. 形式新颖。灵活借鉴新媒体创作手段,有一镜到底的开场短视频《这里是宁德》、跑酷视频《RUN IN 福州》、下党乡乡村振兴志愿者的自拍 Vlog 视频《我和我的下党乡》、拟人语态的短视频《一块镍矿石的宁德奇幻之旅》《一根毛竹的南平的"变身"之旅》,还有群众性活动《武夷山青年"快闪"献礼新中国 70 年华诞》……新颖时尚的表达形式令人耳目一新。

4. 品质上佳。这档大体量特别报道有现场有数据,有访谈有述评,有消息有特写,体现出精良的制作能力和水平。尤其是景观镜头,画面既有平视视角又有空中俯瞰,多角度多视野全景展示,镜头大气恢宏。

三、平台多元,全媒体时代的精准传播

习近平总书记强调:"全媒体不断发展,出现了全程媒体、全息媒体、全员媒体、全效媒体,信息无处不在、无所不及、无人不用,导致舆论生态、媒体格局、传播方式发生深刻变化,新闻舆论工作面临新的挑战。"

此次特别节目是媒体融合背景下的一次突破尝试,尤其在县级融媒体中心加速整合的背景下,特别节目对媒体融合方向起到引领、带动的作用。通过整合不同媒体的传播方式和方法,本次节目在互联网新媒体平台收获多屏共

振的良好传播效果。

除电视媒体播出外,本次节目推出网络直播、微信、微博、短视频等各类新媒体产品。

1. 网台互动发力主战场。新闻中心"福建广播电视新闻中心"官方微博、"福建新闻联播"头条号持续生产新媒体产品,在福建网络广播电视台网站、海博 TV 客户端也同步推出,每天午间 12:00 的网络直播点击量均在 100 万以上。直播结束后,网站编辑将直播节目的精彩视频拆条,进行二次传播。

2. 借力主流新媒体平台。在省网信办支持下,10 期节目的节目精编微信图文、短视频在全省主流微信公众号矩阵集体转发,同时打通央视移动新闻网,在央视新媒体平台上进行加热。

3. 借助商业平台。发起"壮丽 70 年·奋斗新时代"微博话题,并与微博官方联动共推此次"八闽起宏图"网络视频直播,已获得上千万阅读和近万次互动讨论,这些网友评论还在电视直播中直接体现在屏幕上,达到网上网下联动互动的效果。

4. 创新出精品,合作谋双赢。节目的精巧创意得到全省各设区市的主动响应,地方电视媒体热情高涨,踊跃参与。这有效整合了全省电视的新闻资源与采制力量,探索出一条由省台新闻中心牵头、各地市电视台携手合作的新模式,形成了自上而下一体化联动、多屏共振、全媒体发力的良好态势,提升了节目的关注度和影响力,为新中国成立 70 周年的宣传报道增添了浓墨重彩的一笔。

案例评析

重大主题报道一直是主流媒体报道的重点内容,也是不断创新的难点所在,多年来的实践已经证明,小切口、大主题这一"以小见大"的方法手段是不断改进和创新主题报道的一条有效途径。2019 年,为打造献礼新中国成立 70 周年的精品力作,在省委宣传部的指导、支持下,福建省广播影视集团新闻中心于 2019 年 9 月 16 日至 25 日,连续 10 天推出大型融媒体特别节目《壮丽 70 年　奋斗新时代——八闽起宏图》。这档节目前所未有地把镜头更多地对准了老百姓,以现实发展中的小故事、小人物、小感动观照普通人的变化、发展和情感,好看甚至有点"好玩",堪称近年来福建省内电视重大主题报道创新发展的一个新标杆。这档特别节目获得 2019 年度福建新闻奖专题类一等奖。

《八闽起宏图》采用大型主题新闻直播与新闻短片穿插的表现形式,生动展示了 70 年来福建省社会经济发展取得的辉煌成就和巨大变化。节目受到全省各地市媒体的主动响应和热情参与,有效整合了全省电视的新闻资源与采制力量,探索出一条自上而下携手合作的新模式,拓展了传播渠道,形成了一体化联动、多屏共振、全媒体发力的良好态势,提升了节目的关切度和影响力。

主题性电视报道如果给人一种居高临下的说教感,不仅对于现在的年轻观众很难有吸引力,就是以往电视的主流忠实观众也会逐渐失去兴趣。融合媒体时代,如何准确把握受众的主体地位和心理需要,不断创作出广大观众喜闻乐见的报道已是一个无法回避的问题。《八闽起宏图》充分汲取近年来"走转改"、践行"四力"活动的丰富经验,秉持平实的姿态,以"小视角、大情怀"为基调,明显减少一般性的成就报道,尽可能把近年来各地经济社会的大手笔、大变化、大发展转化为现实生活中与百姓生活有关的小故事、小获得、小进步,从受众的普遍体验来考虑,以小见大,见微知著,节目全景式呈现了时代和社会的巨变。

一、发现的视角

围绕相关主题,以发现的视角挖掘与当地老百姓日常生产、生活紧密相关,同时兼具新闻价值和社会意义的鲜活小故事,这样的短片在《八闽起宏图》各篇中随处可见。这些小故事的主题虽然都很重大,但无一例外舍弃了宏大叙事的传统和说教味道浓厚的毛病,充分利用各种电视手段把影像故事说得有料、有趣、有味,容易让人记得住;加之以短视频模式在新媒体平台广泛传播,受众的覆盖面和影响力也显著提升。

1. 内容新鲜

例如,《宁德篇》中选取了即将投产前的宁德上汽基地进行直播"揭秘",这是宁德上汽生产线首次通过电视直播向受众进行展示,智能化的高科技汽车组装平台和量产车样车第一次进入公众视线,切题"山海梦圆";在《平潭篇》,平潭海峡公铁两用大桥建设的直播报道,展现平潭从偏远海岛向改革开放前沿"华丽转身",凸显福建为两岸"路通人通心通"、为打造台胞台企登陆的第一家园作出的不懈努力。上述题材虽然都是大项目、大建设的主题报道常见题材,但是以直播的形式,带着未知的悬念切入,并且选取特殊的视角呈现变迁或者成就,采访和同期声也被赋予了更多"揭秘"的韵味,于是让这些大主题与百姓的生活变得更加息息相关,吸引力和可看性更强。

2. 表达有趣

《宁德篇》开篇就推出了精心设计的"移步换景"短片《这里是宁德》,全景介绍宁德社会经济发展的成就,枯燥的数据用比喻的形式呈现,1 分多钟里,记者穿梭于十多个极具代表性的不同场景中,并且在转场中采用了巧妙的衔接设计,让人耳目一新、印象深刻。《福州篇》中的跑酷视频《RUN IN 福州》也采用了更加年轻化的表现形式,让福州城市建设之美与蒙太奇之美融合呈现。《宁德篇》和《南平篇》采用拟人语态的短视频《一块镍矿石的宁德奇幻之旅》和《一根毛竹的南平的"变身"之旅》,化物为人,让受众能够更加直观了解循环产业链的运作模式。这些短片反映的都是各地相关领域最新的发展和变化,可谓以小见大,剑走偏锋,出奇制胜。

3. 编排新颖

《八闽起宏图》每篇都按 4 个大段落,容纳 8 条左右的新闻短片,每个大段落的转场间隔用精心编辑的航拍景观镜头作为分隔,也作为下一段落的预告。例如《宁德篇》分别从"金娃娃""山""海"以及市委书记"打 call"紧扣"滴水穿石、山海梦圆"的主题,片尾还采用历史资料与现在实景镜头的对比 MV,进行主题升华,让主题报道同样能够用心用情打动受众。这些小故事多方位、多角度展示了新福建的活力与气质,充分体现了习近平总书记视察福建时提出的要求——"机制活、产业优、百姓福、生态美"的发展目标。不难看出,《八闽起宏图》明显在策划阶段就格外强调全篇故事的筛选和构成,没有盲目追求题材的"高大上",而是把是否接地气作为一个重要的选择标准,反映节目受众意识的显著增强。整体而言,《还看今朝》里的小故事大都具有题材别致、视角独特、叙事朴实、表达新颖、形象生动等特点,被赋予了浓浓的烟火味,淡化了主题报道的宣传色彩,符合当下观众的审美需求,硬观点实现了"软着陆"。

二、变化的视角

新闻因有了故事而生动,故事因为人物而变得鲜活。用故事来架构新闻,人物则是故事的核心所在。把更多的镜头对准人,尤其是基层的各种小人物,用普通人的故事讲述生活的变化,用小人物的变化反映时代的变迁,这是重大主题性报道《八闽起宏图》另一个突出的特点。

1. 从基层看变化

《宁德篇》中,选取了下党乡乡村振兴志愿者叶琳虹的 Vlog《我和我的下党乡》,一分多钟的时间,以新媒体的手法、短视频的形式讲述了一个"90 后"女孩子眼里下党乡近几年发生的变化,这是第一次抛开传统主题报道模式,呈现在习近平总书记挂念和关怀下,下党乡的基础设施和百姓生活发生的翻天覆地的变化。《新时代的赶海人》讲述的是在霞浦,两位小伙子靠拍摄赶海短视频成了"网红"和"北漂"夫妻返乡创业经营网红民宿的故事,把闽东特有的山海特色展示得淋漓尽致,更把新时代"靠海吃海"的新生活方式作了生动的诠释。

2. 呈现人物的时代背景

科技特派员制度是习近平总书记在福建工作时大力倡导推进的一项十分重要的农村工作机制创新。《南平篇》中的短片《我是科技特派员》,选取了 4 位新老科技特派员以第一人称的口吻讲述不同时代科技特派员的责任与使命,4 位人物的选取经过精心设计,有第一代科技特派员,也有当下在南平绿色发展中服务转产转业的新科技特派员,也有跳出"一产"服务"三产"的年轻科技特派员,更有"老外"科技特派员在互联网上宣传福建的农产品。在《福州篇》,外卖小哥、创业者和退休老人讲述各自的幸福感,反映城市发展带来的生活变迁,这样的人物设定,让受众看着新颖、亲切,并为之动容。

3. 多元化的人物设定

福建省是我国最早实施开放的省份之一,也是对台交流合作的"桥头堡"和台胞台企登陆的第一家园。《八闽起宏图》有意选取了多位外国友人、台胞代表来讲述他们在福建工作生活的故事。例如《泉州篇》讲述了定居泉州的外国人和泉州人一起中秋博饼共享"新光明之城"的和谐生活。《南平篇》中的"老外"、《平潭篇》的台籍公务员,这些人物的加入,让节目想要呈现的"开放的福建"主题润物细无声般铺展开来。

三、权威的视角

在《八闽起宏图》的具体创作中,主创团队一致认为,要想让这个高端、大气、有分量的主题式成就报道真正走进观众心中,引发思想共鸣,产生集体情感的共振,就必须遵循习近平总书记重要讲话精神,坚持党性和人民性相统一的创作原则,"俯下身、沉下心,察实情、说实话、动真情"。

为此,《八闽起宏图》创作团队通过大工程、大项目、大数字看各地的大变化、大成就、大发展,同时把直播镜头对准现实生活中的小故事、小人物、小感动,从而折射出一个时代的精神风貌,抒发人民群众的家国情怀。在每一个小故事的讲述中,镜头里的百姓幸福满满,获得感溢于言表;动情之处,电视前的观众如沐春风,同理心油然而生。

同时,带有历史眼光的讲述让新中国成立 70 年的成就报道显得更加凝重深刻。在《宁德篇》,从新中国第一个地下水电站到宁德核电,展示了闽东能源产业从无到有、从有到强的奋斗历程。在《南平篇》,昔日熙攘的来舟火车站如今冷冷清清让人有些唏嘘,而这个山区城市四通八达的高铁网则令人感叹建设者、奋斗者的豪情。这样的今昔对比在各篇节目中比比皆是。《八闽起宏图》每期节目既有相同的主题,立意高远,又各自独立成篇,相得益彰,集纳荟萃了福建 70 年来的辉煌成就,共同谱写了"五位一体"总体布局在全省的成功实践,描绘了新时代新福建全方位推动高质量发展超越的崭新画卷。

每篇篇末,是对当地的市委书记的专访。与以往的谈执政理念、发展思路不同,这个段落被命名为《我为××城市"打 call"》,一个新鲜的网络用语,立刻拉近了市委书记与受众的距离,让地方主官不失威严却更接地气。主政一方的领导会怎样形容和推荐他的城市,观众们是多么想要知道……

在新媒体时代,传统的新闻编排模式已不足以应对新媒体用户对新闻内容的要求,突破传统的新闻编辑模式与表现形式是必要措施。

四、视听语言的创新需要新技术的支撑

《八闽起宏图》各篇的拍摄和制作,几乎运用了所有最新的电视技术手段来为节目形态和视听语言的创新服务,SNG 卫星直播与 5G 直播相结合让直播信号可以穿山越海无处不在;无人机航拍与载人直升机提供了大量云端视角;斯坦尼康和手持稳定器让镜头调度不再一成不变;单反照相机、OSMO 和高清摄影机的结合运用让摄影师有了更大想象空间;AR 技术和追踪字幕,让数据呈现不再枯燥乏味。

从这些我们可以看出,编辑可以有效利用现代信息技术,增强新闻内容的表现力,提高新闻的趣味性。新闻编辑需要突破传统的编辑思维定式,利用新

兴的科技手段进行创新构想,最大限度地强化新闻编辑效果。信息技术的不断发展使得新闻媒体形式发生了重大的变化,新闻编辑也需要进行创新发展以适应新媒体时代。新媒体时代的到来虽然给传统媒体造成了冲击,但是同时也为传统媒体带来了新的发展机遇。新媒体时代的快速发展也就意味着网络技术的快速发展,网络技术的独特优势可以为媒体新闻编辑提供强大的制作技术支持,也能极大地发挥传播优势。

五、结语

优秀的电视作品往往离不开故事、人物和情感这三大元素。《八闽起宏图》就是如此。接地气、有新意、聚人气,这是重大电视主题报道《八闽起宏图》在内容生产方面给观众的突出印象。无论故事,还是人物,或者感动,都以普通百姓为关注点,挖掘出不少闻所未闻或没有留意到的人、事和细节,化大为小,以小成功体现大作为,抒小情怀展示大格局,讲述了真实、精彩的中国故事。

代表作品

壮丽 70 年　奋斗新时代

——八闽起宏图·宁德

福建省广播影视集团新闻中心　2019 年 9 月 16 日

【字幕】

这里是宁德。

【正文】

这里是宁德,中国"黄金海岸"中段。1046 公里的海岸线,福建最长。

这里是中国大黄鱼之乡,全国每 10 条大黄鱼中就有 7 条来自这片海域,还有 600 多种水产品,"海上鱼仓",名不虚传。

宁德的茶业产量占全福建的四分之一。这里还是中国白茶的发源地,在福鼎,56.88 亿元的茶业年总产值让近 40 万茶农的人均年收入超过 12000 元。

56 个民族 56 朵花,这里还是全国畲族人口最为集中的地区。

这里更是习近平总书记早期开展扶贫实践的地方,也是他寄语要走出一条具有闽东特色的乡村振兴之路的地方。

滴水穿石,久久为功,宁德的贫困人口从 20 世纪 80 年代中期的 77.5 万下降到 2019 年初的 193 人,超过 40 万人成为造福工程搬迁的受益者,2.4 万连家船民上岸定居。

站在新起点,如今的宁德是福建经济发展速度最快的区域之一,2018 年地区生产总值与 1950 年相比增长 419.7 倍。

越来越多的"金娃娃"项目在这里落地,2019 年上半年地区生产总值实际增速名列全省第一。

从老区到黄金新城,这就是宁德,这里每天都在发生着你意想不到的新变化。

【演播室】

女:壮丽 70 年,奋斗新时代。欢迎收看庆祝新中国成立 70 周年大型融媒体特别节目——《八闽起宏图·宁德篇》,从今天开始,我们将连续 10 天带您走遍高颜值、高素质的新福建,第一站,我们将来到宁德。我是福建省广播影视集团新闻中心主持人田菲。

男:我是宁德电视台主持人苏武英。很高兴带大家去看我们宁德的新气象。

女:欢迎武英来到我们的演播间,今天节目正在东南卫视、福建电视综合频道、新闻频道以及海博 TV、微博、今日头条等新媒体平台直播,欢迎大家为节目留言、为宁德点赞。说起宁德,因为工作的机会我也曾经到宁德采访过几次,可以说给我留下了非常深刻的印象,提起宁德我们就会想起宁德的海鲜,像大黄鱼,还有福鼎的白茶,以及素有"海上仙山"之称的太姥山,最近,我听说宁德还有个非常红的网络热词叫"金娃娃",这个是什么意思?

男:那我现在就给大家介绍一下"金娃娃"。"多上几个大项目,多抱几个'金娃娃'",这是习近平总书记对宁德的殷切希望。一些个头大、颜值高、有潜力的大项目、好项目,目前纷纷落户宁德,这就是现在我们宁德人引以为豪的

"金娃娃"。

女：我懂了，就是一个"金娃娃"做龙头，往往能带来一整个产业集群，让上下游企业唱起"大合唱"。

男：接下来，我们要带大家去看的就是其中一个"金娃娃"——宁德上汽，经过17个月的建设和调试，宁德上汽基地马上就要正式投产了。

女：据说这个巨无霸项目，即将第一次在公众面前展示它的生产线。新车什么样？我们的直播团队正在现场，马上来连线我的同事洪亮，请他来给我们介绍一下，洪亮，现在把时间交给你。

【连线】

记者马洪亮：两位主持人好。我现在所在就是中国东南沿海最大、集群化程度最高的新能源汽车产业基地——宁德汽车城。通过镜头来感受一下它的规模，整个汽车城有6879亩，相当于10个天安门广场的大小，其中三分之一都是属于宁德上汽基地的。再过12天，也就是9月28号，宁德上汽就将竣工投产了。今天我们带大家来先睹为快。大家看，在我身旁这辆车就是宁德上汽为测试生产线的稳定性而生产的通线车。问题来了，这辆车很漂亮，那么它的性能究竟怎么样呢？我们请专家来做一个解读。您好，金总。

金蔚丰：大家看到的就是我们"宁德制造"了，这台车是我们上汽SUV新平台上开发的一台新能源汽车，它的百公里加速达到7秒以内，百公里的油耗达到1.2 L的超低油耗，这是一个非常惊人的数据。更重要的是，这台车的地产化和国产化已经达到了非常高的标准，其中三电产品核心产品已经完成了地产化的生产，同时这款车也能满足C-NCAP5星的碰撞要求，后续随着这台车在国内的投产，我们也将在英国、澳大利亚、泰国同步完成投产。

记者马洪亮：我们也希望我们的消费者能尽快开上我们宁德生产的新能源汽车。据我们了解，我们的宁德上汽基地仅仅是一期达产之后，就可以年产24万辆新能源车，这意味着平均不到一分钟就可以有一辆新能源汽车组装下线了，这是一个非常惊人的组装效率。这究竟是怎么达到的呢？我的同事杨扬此时正在上汽的生产线上，请她为我们做一个介绍。

记者杨扬：好的，就像刚才洪亮所说的，平均不到一分钟生产出一辆汽车，不是神话，靠的是实打实的高科技。我现在是在车身焊接生产线，这里的自动化和智能化程度达到了 99.8％,大家看到我身旁黄色的机械臂,它看起来是不是特别像我们在《变形金刚》里看到的大黄蜂? 这样的机器人在这个车间总共布置了 511 台,但是只需要很少的工程人员就可以实现整个流程的全操作。这是怎么做到的呢? 我们请来了高级经理李琪,请他跟我们介绍一下。

李琪:(我)现在所处的位置是车身车间的侧围区。我们用到很多的七轴机器人,它除了做焊接之外,还能兼顾一些搬运功能,能更好完成生产的协同工作。另外,我们数字化平台的建设,从产品开发到设备规划选型和客户需求;从计划生产排产到供应商设备物料的准备,直至生产现场,生产过程的控制,产品质量(包括设备监控、能源控制)等,衍生了一系列配套的数字化平台。各个业务链之间端对端、点对点用数字化的互联互通,后台通过大数据进行决策,最终真正实现产品全生命周期的智能制造。

记者杨扬:好的,谢谢您的介绍,其实速度惊人的不仅是造车。从项目的招商洽谈到项目正式投产只用了不到 19 个月时间,造就了上汽"宁德速度"。同时还带动超过 30 个配套厂商也陆续来这里落户投产,首次实现汽车制造配套产业链的提前规划以及提前落地。一个产业繁荣一座城,宁德上汽这个"金娃娃"的生机勃发,已然为宁德的高质量发展嵌入了新动能。好的,演播室两位主持人,这就是我在宁德上汽基地的一个简单介绍,把时间交还给演播室。

【演播室】

女:好的,谢谢杨扬、洪亮和前方报道团队为我们带来的直播报道。让我们看到了宁德上汽造就的宁德速度,也让我们看到了一个充满朝气、不断奋进的宁德。

男:如今的宁德,一业兴、百业兴。但曾经的宁德,经济总量全省倒数第一,俗称"闽东老九"。

女:那时的闽东,交通不便、观念落后,是全国沿海唯一的贫困地区,一度被称为"黄金断裂带"。

男:1988 年至 1990 年,习近平同志任宁德地委书记。在宁德工作期间,他提出"弱鸟先飞"理念,倡导"滴水穿石"精神,创造性地开展扶贫实践。30多年来,宁德干部群众始终坚持久久为功,一代接着一代干,特别是在习近平同志精准扶贫、精准脱贫方略指引下,宁德脱贫攻坚工作取得明显成效,贫困人口累计减少超过 77 万人,"脱贫致富路"越走越宽广。

【字幕】

福鼎赤溪村:"中国扶贫第一村"焕新颜。

【解说】

您现在看到的是位于宁德福鼎市的"中国扶贫第一村"——赤溪村。1985年,全国范围的大规模扶贫开发工作就是在这个小山村拉开大幕。从造福搬迁到精准扶贫,从"输血"到"造血",这个普通小山村的变迁正是中国乡村振兴的缩影。

【字幕】

屏南龙潭村:山村里的"文艺范"。

【解说】

现在我们来到的是屏南县的龙潭村,在这里,100多座明清时期的古厝构成了一幅古香古色的隽永画卷。书吧、咖啡吧和民宿在这里和谐混搭,画家和音乐人更是把这里当成绝妙的创作空间,这种文艺与风土的碰撞,红了村子,富了村民。

【字幕】

福安下岐村:连家船民新生活。

【解说】

您现在看到的是位于福安的下岐村,整齐的房屋商铺、宽敞笔直的街道,这里是闽东最大的连家船民集中安置点。上无片瓦、下无立锥之地,曾经是他们漂泊生活的真实写照。习近平同志曾两次到下岐村调研,创造性地提出实施搬迁造福工程,让渔民上岸居住。如今,下岐村发生了翻天覆地的变化,2018年,渔民人均年收入达到20740元,村财从0增长到63万元,还培养出了220名大学生。

【演播室】

男:看到今天的变化,真的是令人振奋和激动。习近平同志在福建工作期间,曾经"三进下党",想方设法帮助那里的老百姓摆脱贫困。今年 8 月 4 日,总书记给下党乡的乡亲们回信,希望乡亲们继续发扬"滴水穿石"的精神,持续巩固脱贫成果,走出一条具有闽东特色的乡村振兴之路。

女:总书记的殷切期望让下党的干部群众鼓足了干劲。这不,村里有位年轻人制作了一则短视频来介绍下党乡的变化,一起来看。

【字幕】

我和我的下党乡。

【正文】

我叫叶琳虹,大学毕业我就来到了下党乡,成为一名乡村振兴志愿者。8 月 4 号,习总书记给下党乡回信以后,好多外地的同学、朋友还有许多不知道姓名的网友纷纷来问我,下党乡究竟是什么样子?

走,我带你们去看下党乡吧。

下党乡以前很远,这条海拔 1000 多米的山路是连接外界的唯一通道,7.5 公里,要走上 2 个多小时,村里老人们说,以前猪都不敢养太肥,不然可抬不出去。

"车岭车上天,九岭爬九年"说的就是这里。当年习近平同志就是从这里一路走到下党的。

1991 年,公路通到了下党乡,那些崎岖破碎的石阶梯慢慢成了回忆。下党乡,现在很近。

(老照片对比:这是 30 年前的下党村,但是现在它已经完全变了样。)

2015 年,下党乡启动了古村的修复,近 50 栋老宅子修旧如旧,重获新生,在这些老房子里,开了 16 家民宿。

幸福茶馆的主人王光潮,现在可是村子里的红人。他是给习总书记写信的六位村民之一。

(王光潮:真的没想到总书记那么快给我们回信,现在我生意更好啦,每天那么多人,就是有点忙,哈哈哈!)

明秀哥是我们全村年轻人的偶像,2014 年他返乡创业,开垦了 680 亩定制茶园,茶农们辛辛苦苦种出的茶叶有了好销路。

(王明秀:原来一亩茶青只卖 2400 元,现在能卖 6000 元。)

只卖茶园不卖茶,现在有几十家企业在我们这定制茶园,明秀哥的茶厂一年产值能有 600 多万元,100 多户茶农跟着富起来了。

(来尝尝,这就是我们下党的味道。)

【字幕】

当年"三进下党"的场景,我至今还历历在目。经过 30 年的不懈奋斗,下党天堑变通途、旧貌换新颜,乡亲们有了越来越多的幸福感、获得感,这生动印证了"弱鸟先飞""滴水穿石"的道理。

——习近平总书记 2019 年 8 月 4 日给下党乡乡亲们的回信

【演播室】

女:确实,从短片中我们可以看到琳虹对家乡的热爱。听说琳虹还特地从下党给我们捎来了这些"下乡的味道",是这些吗?听说这些农产品富含锌和硒等微量元素,对身体很有好处,今天借此机会,在这儿我们也为我们的扶贫产业做一个推介,为咱们的扶贫产业加把力。

男:说了山,咱们再来看看这里的海。宁德的海,不仅让您有口福,也让您饱眼福。

【字幕】

霞浦:中国最美滩涂,让霞光流淌。

【解说】

您现在来到的是有着"中国最美滩涂"之称的霞浦滩涂,霞是天空,浦是大海,这里一年四季的滩涂都会呈现出不同的风韵和别致的地域特色,似乎所有的霞光都在这里流淌。"渔模"成了当地渔民的新职业,在休渔时节,撑着渔网,摆摆造型,一年还能多挣几万元。

【字幕】

三都澳:新型渔排,海上牧场。

【解说】

您现在看到的是宁德三都澳的海上养殖牧场,明黄色的网箱是宁德正在推广升级改造的新型渔排,这种渔排不仅更加环保,抗台风能力也更强。现在,宁德市已经完成 18.3 万口渔排的升级改造,清退近 13 万口禁养区渔排。海洋环境有了明显改善,"海上大熊猫"——中华白海豚在三都澳销声匿迹 30 年后,如今又回来了。

【导语】

女:都说靠山吃山,靠海吃海。以前居住在沿海地区的宁德人,世世代代以讨海为生。滩涂、礁石是他们养家糊口的依靠。

男:同样是靠海吃海,现在的宁德人耕海牧渔有了新花样。下面,我们通过一个短片去认识他们。

【字幕】

新时代的讨海人。

【同期】

网红视频制作人"渔戈兄弟"刘位明:大家好我是"渔戈兄弟"小明,今天跟兄弟几个又来赶海了。好几只,看这边好几只。

【同期】

网红"渔戈兄弟"刘位明:小时候我们就感觉抓鱼是一件挺好玩的事情嘛,后来看见父亲如此辛苦,我们心里会有一些难过。

【同期】

网红"渔戈兄弟"刘涛:最好的在抖音上面有 3000 多万的浏览量。

【同期】

网红"渔戈兄弟"刘位明:很多内陆的网友说,你知道吗,我们内陆的人看到你们海边的人抓一些鱼虾蟹,对我们来说是一件非常奢侈的事情。现在我们有一定的流量了,尽量用我们自己一些微薄的力量,把霞浦一些美好的东西推出去。

【同期】

刘位明的父亲刘书方:他们两个小时候,一年当中我有200天左右都是在外面,都在海上睡,都为了一家人生活。他也是算渔民,现在的渔民比我们那时候舒服得多了。

【字幕】

从靠大海生活,到靠大海致富,2018年"渔戈兄弟"在淘宝、抖音、头条、爱奇艺、哔哩哔哩等平台上,制作网络爆款视频,推广霞浦海产品,实现每月人均收入过万元。

【字幕】

霞浦县三沙镇东壁村"拾间海"民宿。

阿曼,霞浦渔村女孩。在北京打拼十多年后,她和丈夫回到霞浦,办起了民宿"拾间海"。

【同期】

民宿主人阿曼:这个石头就是在建这个房子的时候,挖地基的时候挖出来的,我们还是想尽量让这个院子原有的东西保留下来。

【同期】

民宿主人刘忠民:它的日落像彩霞般的那种,是很少地方能看到的,对于我老婆来说,海,其实就是她的归宿一样。

【字幕】

"拾间海"开业2年多,每年接待游客超过1万人次。如今霞浦县已有各类民宿100多家,床位2000多个。2018年全县旅游总收入突破25亿元。

【演播室】

女:很有意思,讨海讨出了新花样,真的让我大开眼界。

男:在宁德,新鲜事还有很多呢。大家都知道,宁德盛产大黄鱼,就在一个多月前的 8 月 11 日,宁德被中国渔业协会授予"中国大黄鱼之都"称号。

女:习近平同志在宁德工作时曾经针对大黄鱼产业提出要充分利用,集中资源进行科研攻关。在他大力推动下,大黄鱼人工养殖成功,大大增加了当地渔民收入。

男:对,现在大黄鱼养殖更加"高大上"了。中国首座深海大黄鱼养殖装备很快就要在福鼎海域投放,马上连线记者王松婷,一起去见识一下这个养鱼用的"大家伙"。

【连线】

记者王松婷:主持人,我现在是在浙江舟山,大家看镜头里这个像宇宙飞船一样的庞然大物,就是马尾造船厂正在建设的中国首个深海大黄鱼养殖装置——"海峡一号"。我现在就在"海峡一号"的最高点,这里距离地面有 14 层楼高,我脚下的大圆盘,未来加上养殖网箱以后,面积比两个足球场加起来还要大。现在,"海峡一号"的主体结构已经完工,再过一个月左右,它将由福鼎海鸥水产公司拖回到福鼎海域。不过,不是在近海,而是在距离秦屿镇 70 公里的深海上。为什么要造这么大一个装置、到那么远的海域去养大黄鱼呢?我们来请教一下建造方的陈安林工程师,他为我们的节目专门赶制了这样一个等比例的简易模型。您通过这个模型直观地帮我们讲解一下好吗?

马尾造船厂工程师陈安林:这里是我们的"海峡一号"养殖水体,它的养殖水体达 15 万立方米。大家可以想象,大黄鱼的活动空间非常大,它就不容易生病,肉质、口感也更接近野生大黄鱼。当然,更重要的是,深海养殖比近海养殖更加环保。

记者王松婷:我还知道"海峡一号"的工程名称是单柱半潜式装置,半潜式是什么意思? 您帮我们解释一下。

马尾造船厂工程师陈安林:就是可以实现整体的上升和下潜。遇到台风的时候,我们就往底下的水舱里注水,整个网箱就再下潜 12 米左右,台风天只有中心柱体露在水面上,我们这个渔场可以抵抗 17 级的强台风。

记者王松婷:我比较好奇的是,渔场是在深远海,鱼儿都是养在水下,我们怎么知道这鱼养得好不好、有没生病?

马尾造船厂工程师陈安林:在中心柱体顶上是"海峡一号"的指挥中心。

我们会在养殖水箱的区域,安装一整套水下监测系统,比如发现含氧量低了,我们就会查找原因,是不是养鱼密度太高了? 从而对我们后续的养殖计划作出调整。

记者王松婷:好的,谢谢您的讲解。"海峡一号"据说一年能出产150万尾深海大黄鱼,说不准在不久的将来,它就可以被端上我们老百姓的餐桌。宁德的大黄鱼"不断搬家换新房",也让我们看到了70年来宁德海洋产业的不断发展变革。我这里的情况就是这样,把时间交还给演播室。

【演播室】

女:好的,谢谢松婷。一个现代化的深海渔场可以说是宁德海洋产业加快发展的印证。

男:不仅要发展世界级的海洋产业,宁德现在正在发展世界级的产业集群,老项目迅速扩大规模,新项目接连不断,过去的东南沿海黄金断裂带,如今已经成为先进制造业争相投资的"香饽饽"。

【字幕】

古田溪水电站:新中国第一个地下水电站。

【解说】

您现在看到的是新中国第一个地下水电站——古田溪水电站。20世纪50年代初,中央在制定第一个五年计划时,将古田溪水电站列为全国第"101"个重点建设工程。古田溪水电站开发建设前后历经20多年,为我国建设梯级水电站积累了丰富经验,培养了大批水电建设和管理人才,被誉为新中国水电人才的摇篮。

【字幕】

宁德核电站:福建电网走进"核时代"。

【解说】

现在我们来到的是宁德核电站。宁德核电站是国家核电中长期发展规划颁布后,开工的第一个核电项目,也是目前我国自主化、国产化程度最高的核电站。它的建成,让福建电网迈入了清洁、安全的"核时代"。

【字幕】

宁德时代新能源:从零起步到世界第一。

【解说】

您现在看到的是全球最大的动力电池公司——宁德时代。依托强大的技术研发、市场拓展和资本运作实力,从零起步到世界第一,这家企业只用了不到 7 年时间。

【字幕】

青拓集团:福建省首家千亿民企。

【解说】

现在我们来到的是青拓集团。2018 年,这家企业的产值达 1008 亿元,成为福建省首家年产值超千亿的民营企业。这里生产的镍铁和不锈钢可能让你有些陌生,但如果告诉你苹果手机的 LOGO、欧米茄手表的外壳、迪奥香水的弹簧甚至百威啤酒的瓶盖都是在这里生产的,是不是瞬间就亲切起来了?

【演播室】

女:现在的宁德培育形成了锂电新能源、新能源汽车、不锈钢、铜材料四大主导产业集群。曾经的"弱鸟"现在羽翼日渐丰满,正要展翅高飞。

男:更可贵的是这四大主导产业形成了一个产业链闭环。接下来,我们就跟着一块镍矿石去产业链闭环里走一走,去看看它在宁德的奇幻之旅。

【字幕】

一块镍矿石的"奇幻之旅"。

【解说】

一艘大船,漂洋过海来到中国,停靠在宁德福安的码头。我和我的小伙伴是来自东南亚的红土镍矿。说起来没人相信,我在宁德走上一圈,工程师爸爸就能把我从泥土变成汽车！这条全世界最长的传送带呼呼地把我送到了5公里外的材料工厂。

在这里，一些小伙伴被工程师爸爸做成镍电池向全世界供应，而我先蹦进高炉，烧成很热很热的铁水，变成抗腐蚀且坚硬的钢坯，再加热和滚压，就像是做面包一样，被送进隔壁的工厂。你看，这就是我的新样子。一个闪闪发亮的汽车部件。在组装厂里我和我的小伙伴汇合了，工程师把电池安在了我的身上，接下来我的新爸爸就会带我去旅行，去看美丽的中国。

你以为我的故事讲完了吗？等我周游世界，玩累的时候，还能回到宁德的回收工厂。我又要从汽车变回铁水被循环利用。下一次我要变成什么，我也很期待。

【演播室】

女：真有意思，一块镍矿石在宁德兜了一圈，居然有了这么神奇的变化。

男：是的。我们宁德市在产业集聚的过程中，聚集起强大的发展动能，未来的宁德，发展不可限量。在我们节目进行过程中，不少网友也通过海博 TV 等网络平台，给节目留言。

女：网友"鱼得水"说，宁德上汽就要投产啦！好汽车，宁德造！

男：网友"夕阳红更红"为霞浦滩涂点赞，他说一定要去霞浦看看晚霞。

女：网友"十字路口"是位"吃货"，他最期待的是深海养殖的大黄鱼快快摆上餐桌！

男：我这里还有一位宁德的重量级"铁粉"留言。来，看看宁德市委书记郭锡文怎么给宁德"打 call"。

【字幕】

我为宁德来"打 call"。

【同期】

宁德市委书记郭锡文：宁德是习近平总书记曾经工作过的地方，也是习近平新时代中国特色社会主义思想的重要萌发地，习近平同志在宁德工作期间留下了很多好思想、好传统、好做法。离开宁德之后，他始终关注关心着宁德，可以说这是我们最大的福气和最宝贵的财富。这些年来，宁德经济社会各项事业都取得较大的发展,我认为最根本的一条经验就是我们始终牢记习总书记的嘱托,发扬"弱鸟先飞""滴水穿石"的闽东精神,扎扎实实地干,认认真真地抓,推动各项事业不断取得新的进展。宁德是一个宁安德福的城市,也是一个充满活力、前景广阔的城市,我们衷心希望各界的有识之士跟我们一起来逐梦宁德、圆梦宁德。

【演播室】

女:不忘初心、牢记使命,栉风沐雨、滴水穿石,宁德市的历史性成就,正是福建在党的领导下,爱拼敢赢、奋力赶超的生动写照。

男:我们有幸见证并参与这个伟大的历程,感到无上荣光。新中国 70 周年华诞将至,让我们满怀豪情,为伟大的新时代纵情歌唱。

女:明天《壮丽 70 年　奋斗新时代——八闽起宏图》将走进平潭。感谢收看,再见。

男:再见。

泰宁泥石流紧急救援

福建省广播影视集团

案例简介

2016年5月8日凌晨5时许,三明市泰宁县开善乡发生山体滑坡,造成池潭水电厂1座办公楼被冲垮,1座项目工地住宿工棚被埋压。事发时大部分工友在熟睡,初步统计有35人失联。灾害发生后,时任省委书记尤权和时任省长于伟国第一时间赶赴现场指挥抢救,在2016年5月8日召开的泥石流灾害现场会上,特别要求媒体"第一时间准确发布灾害情况和救援情况",并指示应在当晚立即召开新闻发布会。领导的高位部署,对泰宁泥石流紧急救援的整个舆情处置工作,起到十分关键的作用。省委宣传部即派分管领导坐镇泰宁,指挥泰宁泥石流事件舆论引导与处置工作。

2016年5月8日早上8:00,福建新闻广播接到泰宁突发泥石流灾难的新闻线索后,立即向当地电台和消防救援部门核实信息,随即根据突发事件报道预案,启动报道工作。按照省委宣传部"做好信息公开和舆论引导"的部署,福建新闻广播准确发布相关数据,失联人数、死亡人数、住院人数等均来自权威的政府部门。同时,福建新闻广播把镜头、话筒更多地对准救援现场一线人员,并突出报道党中央、国务院心系灾区、关爱民生,报道省委、省政府的有力指导和部署安排。

2016年5月8日晚,得益于省委宣传部启动的应急响应机制,新闻发布会迅速召开。新闻发布会全面准确、公开透明地传递了救援信息,使前方记者在报道时有了"充足弹药",争取到了舆论主动权,最大限度地挤压了谣言空间。当救援工作进入尾声时,信息通报会再次召开,报告抢险救援最新进展和善后处理安排,给受灾群众和遇难者家属吃下了"定心丸"。

　　在持续两天的直播节目中,福建新闻广播牢牢把握正确的舆论导向,贯穿"天灾无情人有情"这条主线,报道了许多大灾大难中冲锋在前、勇挑重担、舍生忘死的基层典型,见证了许多感人时刻。比如,记者在高速公路的官洋服务区遇到武警交通部队,带队党员干部向战士下达命令说:"没有时间吃饭,大家抓紧时间买点东西在路上吃,赶紧出发。"在现场救援时,有位厦门消防战士的家就在集结点外 150 米处,但他只能偶尔抬头看看家的外墙,不敢打电话给父母,怕他们担心。经过暴雨中通宵救援,官兵们和搜救犬一起浑身泥泞站立不稳,而泰宁县公安局民警连续几昼夜坚守各个危险路段,指挥交通。

　　福建新闻广播记者李泰曦、开哲在前往泰宁的高速公路上一边行进,一边发回现场报道。赶到泰宁后,现场风大雨急,山体多处塌方,采访车无法继续前行,只能徒步向受灾核心区进发,一走就是 3 公里。沿途的山路脚下,都是没过脚踝的泥水;路的一边是陡峭的山壁,连日降雨让山体水分早已饱和,随时有可能再次出现塌方;山路另一边是一条波涛汹涌的泥黄色大河。2 位记者就这样踩着乱石到达受灾核心区,第一时间发回现场报道,向外界展现政府救援的强大行动力。

　　福建新闻广播不仅开启大时段直播,还在《福建新闻》等重要新闻节目中对救援最新动态和感人事迹进行充分报道。在每个整点的《今日重点关注》栏目,分别播发"习近平对泰宁开善乡山体滑坡抢险救援工作作出重要指示,要求全力组织搜救,尽最大努力减少人员伤亡,尤权、于伟国第一时间赶赴现场指挥救援""中国华电集团泰宁池潭水电厂工地因山洪暴发引发泥石流,截至 5 月 9 日上午 11:00,现场已经发现 14 具遇难者遗体,失联人员为 25 名""今明两天福建西部北部地区仍有暴雨,闽江上游部分支流发生超警戒水位洪水,三明泰宁、南平武夷山、邵武等景区今天暂时关闭,各地仍需防范地质灾害"等重要信息,不断更新最新动态。从 2016 年 5 月 8 日到 5 月 11 日,播出文字消息、录音新闻、连线报道、微信号外等超过 2000 条次。先后在中央人民广播电台《新闻和报纸摘要》《全国新闻联播》《新闻晚高峰》等重要新闻栏目播出"福建泰宁山体滑坡 41 人失联,救援行动持续""福建泰宁山体滑坡救援持续,伤员正全力救治"等 20 多条报道,并和全国多家省级电台协作,连线报道最新救援消息。值得一提的是,通过与腾讯大闽网合作,实现主流广播媒体重大突发事件通过门户网站进行视频直播,事发当晚有超过 33 万受众在线观看。中国之声、《人民日报》《新京报》《中国日报》、中国新闻网等国内多家媒体都通过官方微信、微博,转发福建新闻广播在新媒体端的报道和图片。来自救援现场的感人故事和救援场面通过音视频、图文等形式传播,在社会上引发巨大反响。一些企业和个人纷纷致电福建新闻广播新闻热线,希望捐款出力,为救援行动和受灾群众奉献爱心。福建新闻广播在第一时间联系指挥部,提供来自爱心企业和个人的爱心物资支援信息,为搜救及安抚工作提供实质性的帮助。

福建新闻广播《泰宁泥石流紧急救援》直播节目,先后参评当年度福建新闻奖和中国新闻奖,分别荣获福建新闻奖一等奖和中国新闻奖一等奖的荣誉。作品选取事发当天深夜半小时的直播片段,为抢险救援工作营造了积极、正面的舆论氛围,也充分呈现了广播融媒体直播的魅力。中国新闻奖评委评价该直播作品题材重大,报道及时,第一时间向外界展现了政府积极救援的强大行动力;直播流畅,细节丰富,挖掘了救援中的典型,见证了救灾中的感人时刻;主持人的驾驭能力、记者的新闻素养、前后方的配合协调均有上佳体现;同时,该作品两个"舆论场"并重,多渠道传播并举,扩大了宣传的社会影响力,切实履行了习近平总书记对党的新闻舆论工作"尊重新闻传播规律,创新方法手段,切实提高党的新闻舆论传播力、引导力、影响力、公信力"的要求。

可以说,福建新闻广播对"5·8泰宁泥石流紧急救援"突发事件的直播,体现了主流媒体的社会责任与担当。福建泰宁泥石流舆论引导与处置工作得到中宣部和国务院新闻办充分肯定,国务院工作组在听取福建省工作汇报时,也肯定了此次灾害的信息发布和舆论引导。福建新闻广播奔赴受灾一线采访的 2 位记者受到福建省委宣传部的表彰,荣获"泰宁泥石流报道先进个人"的称号。

案例评析

"不断增强脚力、眼力、脑力、笔力,努力打造一支政治过硬、本领高强、求实创新、能打胜仗的宣传思想工作队伍。"这是习近平总书记在新形势下对宣传思想工作提出的具体要求,蕴含着新时代新内涵,为新闻工作者锻造本领、提高能力指明了努力方向。

"泰宁泥石流紧急救援",是福建新闻工作者在省委宣传部的有力领导下,在突发事件报道中践行"四力"的典型案例。这一报道突发灾难救援的作品,弘扬了主旋律,传播了正能量,形成在灾害面前提振士气、鼓舞人心的共鸣共振。

一、增强脚力,建立快速反应机制,形成突发报道"首发效应"

增强脚力,就是要迈开腿,俯下身。打动人心的作品一定出自记者深入基层的采访,记录下群众带着欢笑、含着泪水的真情实感和鲜活语言,才能让报道充满烟火气。面对突发事件,新闻人必须第一时间赶赴现场,展开报道,形成"首发效应"。

重大事件发生后迅速介入是媒体的责任以及媒体传播力和影响力的重要体现。在重大突发事件面前,主流媒体更应做到先人一步,先声夺人,以"首发效应"挤压负面信息、错误观点的影响空间。

随着网络和新媒体的高速发展,人们可以轻松获得海量信息。突发事件发生后,受众的关注度与突发事件的烈度成正比。在开放、虚拟的网络空间里,非理性声音或者偏激的情绪宣泄极易被传播放大,形成突发事件的负面舆情。如果主流媒体不及时发出权威报道加以澄清,负面舆论就会甚嚣尘上甚至引发舆论危机。因此,提升和加强主流媒体在突发事件中的舆论引导力就显得尤为重要。

泰宁发生泥石流灾害后,福建省委宣传部迅速启动应急响应,协调泰宁及时发布信息,要求省内各媒体所属新媒体第一时间全力推送,滚动发布灾害情况和救援情况;在快速反应传递信息的同时,力求信息发布的准确无误。为此,省委宣传部协调泰宁当地有关部门统一信息发布出口,对失联人数、死亡人数、住院人数等重要数据,指定专人负责向媒体提供。福建新闻广播在事发当天早上8点多接到新闻线索后,立刻与泰宁电台、三明消防联系核实消息,派出记者、安排主持人,联合腾讯大闽网并打破常规,从9:40开始进行持续两天的融媒体直播。通过第一时间的快速反应和报道,传递出党和政府的救援动态和部署,有效引导了舆论。

二、增强眼力,主动设置议题,做有温度的突发事件报道

增强眼力,才能透过现象抓住本质,准确把握时代脉搏。穆青曾说:"记者要善于发现美好的东西,把它挖掘出来奉献给人民。"新闻工作者就是要用敏锐的眼光,在群众生产生活中找新闻点,发现真善美,弘扬主旋律,传播正能量。

在"泰宁泥石流紧急救援"报道中,省委宣传部、省委网信办加强分析研判,针对社会公众关注的问题,第一时间解疑释惑精准引导,做到有关切就有回应、有质疑就有解释。媒体着重报道救援现场和救援人员,大力传递党中央、国务院心系灾区、关爱民生以及省委、省政府的有力指导和部署安排。

对于突发事件的报道,新闻媒体不能盲目追求"轰动""吸睛""独家",而应充分考虑事件的社会影响。在及时传递信息的情况下,通过主动设置议题,有效引导舆论。福建新闻广播在直播中,牢牢把握正确的舆论导向,报道许多典型事例,这些充满正能量的事例,通过直播传递出去,把受众的关注焦点引导到各方如何齐心协力救援上,引导到对一线救援人员舍生忘死、无私奉献精神的赞叹上。通过有效的议题设置,也向全社会彰显了党和政府的救援决心,体现了主流媒体在突发事件报道中的权威作用。

三、增强脑力,用多元角度、多样素材,拓展突发事件报道的广度

增强脑力,就是要以人民为中心,心中装着群众、胸中怀有大局,善于发现问题、分析问题、回答问题。

突发事件直播关注度高,一个重要原因在于受众可以通过直播第一时间了解到现场正在发生什么,从而满足受众对突发事件的知情权。广播直播中,要满足受众知情权,就要让报道做到客观真实,从新闻的叙事角度上避免"全知全能视角"。应当努力丰富叙事视角,通过不同角度的讲述,增强直播叙事的客观性和真实性,从而展现直播报道的广度。"泰宁泥石流紧急救援"直播借助于记者视角、亲历者视角、救援者视角、受众视角等多元视角,客观讲述、立体呈现党和政府以及社会各界对灾害的高度关注以及紧张救援的真实状况。在表现手段上,该直播不仅通过大量的现场连线,还通过对灾害亲历者连线的回放、交通部门抢通道路的录音报道、直播间互动等形式,丰富了直播元素。多元的叙事视角、多样的报道素材,最大限度地保证突发事件直播的客观真实,从而拓展了突发事件直播的广度。

四、增强笔力,融合创新,提升突发事件报道的传播力

增强笔力,不仅需要扎实的政治素养和专业素养,还要有创新意识。广播直播"泰宁泥石流紧急救援"就在传播手段和传播方式上不断创新,通过与门户网站的合作,用新媒体手段开展融合报道,并且在直播中加强与受众的互

动,从而提升了这一突发事件报道的传播力。

十九大报告提出要"高度重视传播手段建设和创新,提高新闻舆论传播力、引导力、影响力、公信力"。这指明了新闻工作的努力方向。广播作为传统媒体,要扬长避短,要善于借助新媒体的传播手段来提升自己的传播力,有了传播力才有引导力、影响力,让广播直播不仅能听得到,还能看得见,动起来。泰宁泥石流灾害发生后,福建新闻广播快速反应,第一时间携手腾讯大闽网组织起融合新媒体的现场直播,直播过程中听众、网友与直播间形成了良性互动。

互动性强是新媒体传播的一个特质,这与广播的传播特点有着天生的契合。在突发事件直播中,要善于发现并充分挖掘听众、网友的"共振点",与听众和网友适时互动。比如"泰宁泥石流紧急救援"的直播中,在连线参与现场救援的消防干事后,主持人播出听友和网友的留言,有向消防战士致敬的,也有叮嘱"战友注意安全"的,还有听友给出救援建议。这些温暖互动为抢险救援工作营造了积极的舆论氛围,充分体现广播融媒体直播的魅力。

五、结语

践行"四力"、提升"四力",需要我们始终不忘新闻舆论工作初心、始终站在媒体融合的前沿思考问题,并将"四力"要求贯穿于媒体融合发展全过程。新闻人要到现场去,到群众中去,把群众当作最好的老师,"俯下身、沉下心、察实情、说实话、动真情",把话筒和镜头对准实现中华民族伟大复兴中国梦的创新实践,"努力推出有思想、有温度、有品质的作品"。

主流媒体在突发事件报道中,要让来自党和政府的权威发布、来自现场的客观报道、来自社会各界的守望相助成为主流声音,这是主流媒体的职责与担当。突发事件报道,考验的是媒体人的综合素质,从新闻资源、素材的统筹调度、一线记者的采访报道,到主持人的直播应对、新媒体的融合运用,这些环节缺一不可。我们正处在信息融合传播的时代,媒体的生产方式、传播格局都在发生着历史性变革,这种变化将随着科技的发展始终持续。新闻人要有敏锐的洞察力和学习力,勇于变革、敢于创新。总之,无论传播载体如何变化、传播生态如何发展,不变的是人民群众对优质文化内容的切实需求,不变的是主流价值对公众精神世界的引领作用。

泰宁泥石流紧急救援

福建新闻广播《1036 新闻现场》 2016 年 5 月 8 日

【演播室】

好,各位听众,欢迎继续收听福建新闻广播"泰宁泥石流紧急救援"特别直播,我是主持人赵星。

泰宁县委、县政府今天晚上就泰宁池潭电站滑坡事件举行的新闻发布会在 9：30 左右已经结束。刚刚我们也对这场发布会进行了实时的广播和视频直播。我们从发布会上了解到,今天早晨的 5：00 左右,泰宁县池潭水电厂在建工地发生 10 万方以上的大型自然灾害泥石流,泥石流冲毁池潭水电厂扩建工程施工单位的生活营地,同时也冲毁池潭水电厂的厂区办公大楼。截至目前,泥石流灾害的失联人数已经增加到了 41 人,其中属于中国水利水电十六局的有 35 人,中国水利水电十二局的 6 人,失联人数比之前报道的增加了 6 人。灾情发生之后,中共中央总书记、国家主席、中央军委主席习近平立即作出重要指示,要求福建省和相关部门迅速组织力量开展抢险救援,全力搜救被困、失踪人员,尽最大努力减少人员伤亡,并妥善做好伤员救治、伤亡人员亲属安抚等善后工作,加强监测预报,注意科学施救,防止发生次生灾害。省委书记尤权、省长于伟国一早就赶往受灾现场,并徒步挺进灾区,指导救援工作。我们通过连线发布会现场记者开哲了解到,目前武警消防部队已经组织了 580 多人的救援力量,三明市泰宁县当地也是组织了 300 多人的抢险救灾队伍,整个抢险救援队伍人数已经接近 1000 人了。可以说,从早上 5：00 到现在,来自全省各地的救援力量、救灾物资不断向泰宁集结,救援一刻不停。

福建新闻广播关注这一救援行动的直播也继续进行,我们还携手腾讯大闽网进行视频直播,听众朋友可以发送关键词"救援"到本台官方微信平台,就可以看到前方和直播间的视频直播信号。我看到此刻在线观看我们直播的网友人数已经达到 30 万人,也欢迎听友和网友通过微信平台和我们进行实时互动。

好,接下来,我们要继续连线仍然在滑坡现场采访的福建新闻广播记者李泰曦,了解一下救援的最新情况。

【连线】

赵星:泰曦你好!

泰曦:你好,赵星。

赵星:嗯,现在现场的最新情况来给我们介绍一下。

泰曦:好的,刚刚在跟栋柠保持连线的时候,我们说到现场是一阵的骚动,大家都翘首以盼,期待着有生还者被救。但是就在大概 15 分钟之前,现场的医护人员已暂时从现场撤离到外围。据我了解,当时的情况是武警官兵用生命探测仪发现,下面有微弱的生命信号,随即挖掘机就停止工作,人工来进行清理。但又发现通过生命探测仪这个微弱的、一点点的生命信号已经消失。此时此刻,据我了解是可以用肉眼能够看到下面确实有遇难者的遗体,至少有两具,数量还不清楚。现在救援官兵用人工的方式,希望能够把这些遇难者的遗体清理出来。为保持对遇难者最大的尊重,他们也是小心翼翼地、一点点地靠人工的方式探明还有没有被困人员。目前现场的情况就是这样,赵星。

赵星:嗯,你在现场看到的整个救援方式,能不能给我们简单地描述一下?比如有多少的大型设备,除生命探测仪之外还有其他什么设施设备可以用得上?

泰曦:好的,今天下午我们连线时候有说到,进入事发现场的一座小桥被洪水冲毁,目前这个小桥已经交给当地的公路部门来负责修理。一些大型的救援设备实在没有办法等待小桥修复,所以绕路来到事发现场,可能要比预计的到达时间要再多出 2 个小时。现在现场的情况和我在今天下午大概 5:00 左右到达现场的救援情况基本上是一致,还是仅仅在这个塌方面上只有一台的挖掘机在进行工作。这台挖掘机是在今天下午那座小桥还没有冲毁之前就率先进入现场。它是现在救援的一个主力,这台挖掘机仍然在不停地工作。根据现场武警水电部队官兵介绍,现在"人停机不停",意思就是官兵可以轮班倒,但机器始终保持 24 小时在黄金救援期不间断作业。我们最大的希望,就是能够更多地把生还者救出。我们仍然继续期待这个奇迹发生。赵星。

赵星:我了解到你上午接到任务,马上就进发泰宁。整个过程是不是特别艰难,能不能跟我们简单地来回顾一下?

泰曦:是的,我们从福州出发走的这段高速情况还好,但是到达三明境内就不断有暴雨。我们下高速从泰宁县城赶往事发地点,30公里路是非常非常难走,旁边不断有垮塌的山体痕迹,道路已经被救援力量打通,唯一堵塞就是刚刚那座小桥,也是救援的一个关键点。此时此刻肯定有很多的听众在关注我们的节目,大家肯定会问,现场需不需要社会力量,需不需要志愿者?我可以告诉大家,第一,在目前现场,我还没有从现场指挥部了解到需要社会力量进入现场的号召。第二,路确实不太好走。刚才我提到了,路上不断有塌方体,从泰宁县城到事发现场这段路,山体、水土是什么情况不得而知。相关部门已经在做实时监测,这一路非常危险,我们要保证自身的安全。刚刚开哲也提到现场的救援力量充足,然后路不太好走,很有可能会造成仅剩的那一条小路出现拥堵,所以不太提倡大家到事故现场进行帮助或志愿服务。赵星。

赵星:嗯,另外刚刚跟开哲连线的时候,他也说现场救援力量相当之多,将近1000人。据你观察,整个后勤的保障是怎么来保障的,然后保障的情况又是怎么样?

泰曦:根据我的观察,目前后勤保障还是充足的。因为我今天晚上8:00可以看到消防官兵在轮番休整。但现在天色已经晚,睡觉可能是一个比较棘手的问题。消防官兵从今天凌晨接到任务,到现在一直不停救援,后续赶来的力量还有一些武警官兵也是不停赶路,非常地劳累。但现场我能看到4顶帐篷。这些帐篷全部用作指挥部工作使用,没有地方供官兵睡觉。现场全部都是泥,根本没有可以落脚的地方,大家坐在地上能尽量地休息会儿还是尽量地休息会儿,以保持充足的体力投入到新的战斗中。在塌方面上作业的官兵还是比较辛苦,因为这个塌方面非常非常难下去,不是简单轮换,一旦下去一拨人之后他们就要在下面工作很长的时间。路也很难走。大家铆足劲儿,希望能够有奇迹发生,能够更多地把被困人员营救出来。我们也是一直在期待着这个奇迹的发生,赵星。

赵星:嗯,好的,谢谢泰曦从现场给我们发回的报道,你在现场也要注意安全。

【演播室】

从今天早晨5:00灾难发生之后,救援到目前已经持续了十几个小时,我们的直播也持续了十多个小时,我们还联合腾讯大闽网正在进行多路的视频直播,前方救援以及直播间的情况大家都可以通过视频直播看到,听友可以发送关键词"救援"到本台的官方微信平台,了解我们全媒体直播三明泰宁电站山体滑坡的最新救援进展。

微信平台上,听友"HYL39"说:"一直在关注1036的直播,去年在家,我们的小县城也被淹了,今年人在外地依旧牵挂着故乡福建,希望泰宁那边能平平安安的。"

网友"花花世界胃口好"说:"看视频直播,救援人员辛苦了,前方的记者也很辛苦,点赞!"

还有"e切都是好的"说:"我人在江苏,天佑福建,希望救援人员能够注意安全。"

另外,"边走边看之埃里克"说:"加油!加油!"

非常多的网友都在表达对救援的关注,让我们一起为被困人员和救援人员加油,祝福他们平安!希望救援能够更加顺利,救出更多的被困人员!

接下来,我们继续连线福建新闻广播记者开哲。我从前方视频上看到,他已经回到了泰宁县医院,我们来连线他,看看伤员救治方面有没有新的情况。

【连线】

赵星:开哲你好。

开哲:主持人好。我现在刚刚从新闻发布会的现场赶到泰宁县医院,据泰宁县医院相关负责领导介绍,在今天发布会举办过程当中,又新增两名被救工友送到泰宁县医院。医院里面总共收治的伤员人数是15人。15人中有1人伤势比较轻,最后送到医院的这名工友名字叫张建国,现在他就在旁边。据我们向他了解,他是在今天早上遭遇泥石流,随后自己走了出来,他也在现场帮助相关的工作人员进行失联名单整理,对其他的工友进行救助等等。我们现在看到他躺在病床上,依然穿着当时在现场的外套,两个裤腿上面是沾满黄泥,可以想象得出当时的现场是多么的混乱不堪。张师傅,您好。

张师傅:您好。

开哲:您现在感觉怎么样?

张师傅:感觉比以前好一点了。

开哲:身体现在哪里会感到不舒服吗?

张师傅:背上有点痛。

开哲:为什么你最后一个才到达这个医院呢?

张师傅:我以为今天下午不疼了我就不来了,今天下午后来感觉到很疼我才过来的。

开哲:你在现场都忙些什么呢?

张师傅:在现场整理现场的遗物还有名单。

开哲:能不能告诉我们泥石流当时的情况?

张师傅:从来也没有遇见过这么大的泥石流,当时都睡着了,就听见"轰隆"一声,房子整个跟着水就漂了,都冲跑了。当我们起来的时候,啥也看不见,整个一片全部都废墟了。

开哲:在发生的时候你是还躺在床上吗?

张师傅:嗯,躺在床上啊。

开哲:你的房间有多少个人?

张师傅:我的房间就两个人。

开哲:那随着房子是一起往前冲了一段路?

张师傅:对,冲了十来米。接着就没有声音了,我们就从那旮旯里边爬出来,爬到后山上。爬到后山上啥也看不见,后来看见了以后我们就下来叫人来救援。

开哲:那当时这个房屋有倒塌吗?

张师傅:房屋整个成废墟了,早就塌完了。

开哲:有东西压到你身上吗?

张师傅:所有的床板,全部都砸下来,砸在身上了。

开哲:现在护士过来换药以及做进一步诊疗,我们现在也不方便继续打扰他。据我们了解,现在医院方面也是准备好床位以及相关医疗人员,其他包括省里面还有三明市以及周边县市的一些医院的医疗力量也都来到泰宁县医院进行支援。医院方面表示说,这15名伤员目前体征都正常,没有生命危险。我们也祝福他早日康复,赵星。

【演播室】

好,谢谢开哲。刚才开哲连线时候,我也通过视频看到了张建国师傅。张师傅躺在床上,精神看上去还不错。刚才张师傅的讲述让我们特别感动,在从灾难当中逃生后,张师傅和几位工友第一时间想到的是救人。在救援人员抵达之后,张师傅又让出生命通道给伤势比较重的工友,坚持留下帮忙统计失联人员名单,做力所能及的工作。在这里,我们也祝愿张师傅能够早日康复。

今天早上突如其来的滑坡,让很多在睡梦当中的工友猝不及防。今天下午的直播当中,我的同事小薇也曾经连线一名自行逃生的,在医院救治的工友。他是来自莆田市城厢区西黄村的吴廷贵师傅。我们来听一下当时的连线录音。

【连线】

小薇:吴师傅你好。

吴师傅:你好。

小薇:吴师傅,您有没有受伤啊,现在人好吗?

吴师傅:我们出来7个人有3个受伤,我们4个人基本轻伤,像我们有几个只有一点皮外伤。

小薇:当时逃生的过程,您还能回忆得起来吗?

吴师傅:凌晨4:30左右,听到声音响了一下,然后整栋房子都盖掉了。

小薇:您人有没有被盖住?

吴师傅:一个很大的石头刚刚溜到我那个床铺边上给它挡住了。

小薇:听到响声之后石头挡了一下,所以说是这个石头帮助你们逃生了?

吴师傅:对对。

小薇:逃生的时候,您一个人还是和工友一起的?

吴师傅:我们有5个人一起。

小薇:出来之后,你们看到了什么样的情形?

吴师傅:一整片房子都被泥石盖掉了。

小薇:家人都报过平安了吗?知道你们的消息了吗?

吴师傅:都给家人报了平安了。

小薇:失联的工友们,您有特别熟悉的吗?关系特别好的吗?

吴师傅:有啊,还有几个还在里面,现在还没有得到他们的消息。

小薇:您在这个工地上干活多久了?

吴师傅:差不多去年11月份过来到现在。

小薇：工地所在位置在滑坡之前，它离山有多少距离？

吴师傅：可能有三四十米。

小薇：三四十米。

吴师傅：大体可能差不多那样。

小薇：雨持续下了几天了？

吴师傅：下了好几天了，可能是昨天晚上比较大嘛。

小薇：之前大家有担心过这方面的安全问题吗？

吴师傅：之前没有担心过这个事情。

小薇：大家都没有想到哦。您现在情绪平复了吧？那一刻是不是大家也都吓坏了？

吴师傅：是啊。

小薇：嗯，好的，打扰您了吴师傅，您保重。

吴师傅：没事，谢谢你。

小薇：嗯，好，再见。

【演播室】

各位听众，这里是福建新闻广播正在直播的"泰宁泥石流紧急救援"特别节目，本台联合腾讯大闽网正在进行多信号的视频直播，救援现场以及直播间的情况，大家都可以通过视频直播看到，听友可以发送关键词"救援"到本台的官方微信平台，了解我们全媒体直播三明泰宁电站泥石流灾害的最新救援进展。

微信平台上，"栖夏秀秀"说："爸爸也是在工地，能理解他们家人有多担心，保佑！"

"牧羊人1188"说："企望老天爷保佑，希望一切平安，亲人等待你们的归来！"

"落雪无痕"说："上午就听你们的直播，晚上打开收音机还在做直播，你们辛苦了！支持1036！"

感谢"落雪无痕"的支持，相信此刻很多听友网友都在关注着我们的直播，说起辛苦，奋战在一线的救援人员更加辛苦，让我们一起为他们加油！

下面我们连线三明消防宣传干事李彬。李彬从今天早上进入灾害现场就一直跟我们保持连线，他在现场坚守了十多个小时，也是目前唯一一个能够从救援核心区为我们做连线报道的人。考虑到安全因素,刚刚救援指挥部已经让现场记者们都撤离出来了,只留下消防、武警等救援力量。现在夜已经深了,救援现场此刻是怎样的? 救援又有没有新的进展? 我们来连线李彬。

【连线】

赵星:李彬你好。

李彬:你好。

赵星:现在您已经是唯一在救援核心区能够给我们做这个报道的宣传干事,说一下现在你看到和了解到的情况。

李彬:我们根据现场指挥部安排,消防官兵负责现场的照明和警戒工作,负责进行挖掘的是武警水电部队,他们正在现场进行挖掘,准备了一些担架,还有其他的一些救生设备,做好接应工作。搜救小组也在外面进行待命,现场如果有条件允许的话,随时进现场,再次搜救。目前情况就是这样子。

赵星:进入夜间,整个救援难度有所提升,尤其是在大型设备没办法及时地跟上的情况下,是吗?

李彬:对,现场只有一部挖掘机进行作业。水电部队的官兵也在现场密切地关注这个救援进展,看下能不能发现被埋压的人员。

赵星:嗯,那没有更多大型设备的情况下,我们的这个救援具体是怎么来展开?

李彬:现场有可能随时发生坍塌,所以不能有太多的官兵进来。人太多有可能会造成很大的危险,所以目前只是允许一些消防官兵、水电部队进入到现场。目前现场的人数差不多在 30 名左右,人数也不是特别多。

赵星:稍早前我还听到消息,现场传出生命探测仪探测到微弱的生命迹象,现在有更进一步的消息吗?

李彬:先前有了解到,水电部队说有发现 3 处有生命迹象。据我目前观察,两处先前有发现信号现在已经搜寻不到了。目前仅剩下一处比较微弱的信号,他们正在确认,看是否还有被困的人员,他们也在现场进行紧张施救工作。

赵星:能不能跟我介绍一下消防尤其是救援的这些官兵们,他们有没有一个休息的轮班制呢?

李彬:有的,按照指挥部的安排,车辆统一撤离到距离事发现场几公里的开善小学,是乡里面的小学,统一把车辆停在那边。然后进行一个轮班休整。目前事故现场只保留部分核心的救援人员和一些随时待命的官兵,有什么情况的话,或需要休整的话,再进行安排。我们现场的救援力量是保证充足的。

赵星:嗯,今天上午,我们了解到池潭水电站有泄洪。泄洪和救援会有冲突吗?

李彬:有的!因为洪水的那个行洪的区域,河流刚好就是我们水电站被冲垮的区域,就在河流旁边。万一现场发生二次垮塌,救援官兵被直接冲到河里面去,非常危险。因为现场都是些碎石落石堆起来,地质条件很不稳定,万一发生灾害,消防官兵所营救的这个区域很不稳定很不安全。

赵星:现在泄洪已经停止了是吗?

李彬:现在还在泄洪,通过现场电话也能听得到水流非常湍急。

赵星:真的是很危险!今天晚上救援有没有一个大致计划呢?

李彬:按照指挥部安排,我们可能还会在救援现场做照明和警戒工作吧,也会做好接应工作。万一有发现人员,我们会第一时间去进行救援,我们也在密切关注挖掘进展。

赵星:嗯,现在当地的天气怎么样?

李彬:现在天气好转了,现在没有下雨,从那个晚上到现在没有下雨了。

赵星:好的,谢谢李彬,辛苦了,也希望你能够保重。好,谢谢李彬。

【演播室】

刚才我们连线的是三明消防的宣传干事李彬,从他的讲述当中我们可以知道,滑坡现场旁的河流由于上游水库泄洪,水流湍急,极有可能造成次生灾害,所以救援人员在现场救援也是非常危险的。不过好消息是现在雨停了,这给救援带来了一个有利的条件。

微信平台上,好多听友在给我们留言。

听友"眨星沐雨"说:"现在夜深了,电站里面有探照灯,可以拉出来使用。另外小河深不深,是否可以用大型涵管填起来?"感觉"眨星沐雨"有工地施工的经验呢,他给出了这样的一个救援建议。

而听友"黄诗龙7158"说:"向消防战士们致敬!"

"郭宇阳这个耿"说:"增援的战友请注意安全!"想来郭宇阳也一定是消防人员,在为战友叮嘱祝福!

还有"聆听心海声 LYY"就说了:"你们永远是最棒的,加油! 平安回来!""小棠菜 2011"也说:"注意安全,平安归来!"

大家的留言都特别的温暖,相信奋战在救援一线的消防和武警部队的官兵一定能感受到大家的祝福和支持。我们也希望前方的救援能够再顺利些,能够出现救援的奇迹,生命的奇迹!

【演播室】

各位听众,这里是福建新闻广播正在直播的"泰宁泥石流紧急救援"特别节目,我是主持人赵星。今天,本台联合腾讯大闽网正在进行多信号的视频直播,救援现场以及直播间的情况大家都可以通过视频直播看到,听友可以发送关键词"救援"到本台的官方微信平台,了解我们全媒体直播三明泰宁电站泥石流灾害的最新救援进展。

刚刚我们连线了在核心救援区的消防干事李彬,了解了最新的救援情况。那么除了在滑坡现场的救援人员,来自交通、公安、卫生、电力、通信等各个单位的工作人员都在为救援抢险无私奉献。

1036 记者刘学今天从省交通运输厅了解到,交通运输厅已经紧急向三明下拨 100 万元,支援泰宁等重点灾区的公路抢通;指派省公路局公路抢险专家和技术骨干,会同三明市交通部门组成工作组调度抢险救灾,防范次生灾害;启动交通运输与武警交通抢险联动协作机制,调用武警交通驻闽应急部队参与抢险,第一批侦察组和第二批救援组已经于今天上午开拔,第三批增援组今天晚上出发,连夜行军赶赴灾区。今天下午 5:30 左右,三明公路部门调运的 2 座应急钢桥设备,已经运达泰宁县下渠乡重灾受毁点和池潭水电厂扩建工程泥石流灾区的外围道路,连夜开展搭建。到今天傍晚 6:00,泰宁县境内受阻的国省道基本抢通,通村公路的抢通工作正在抓紧推进。现在我们最盼望的就是进入池潭水电厂的道路能够抢通,这样就能够让大型机械入场作业,加快救援的步伐。

有关道路抢通方面的情况,我们来听泰宁台记者宁水蓉今晚稍早时发来的报道。

【录音】

在抢修现场,记者看到,溜方地段已经基本完成清除,救护车、消防车等救援车辆正不断赶赴事发地点。

池潭公路站站长吕孙汉:5:00差不多就到了现场,从泰宁到池潭这边有大约二十处溜方,基本上抢通,就说还有池潭到万全的路还没抢通,正在抢通。

现场指挥人员告诉记者,因为暴雨还在持续,他们将加派机械人力不间断对路面障碍进行清除,确保救援工作顺利开展。

现场道路抢通指挥人员范锋:下雨还在持续,路上随时可能还会塌方,现在我们局里领导也从附近将乐、建宁都有在征派铲车过来,保证这条生命通道不会拥堵,随时保持畅通。

【演播室】

另外,我们还了解到,暴雨和泥石流灾害已经导致泰宁电网几十处线路发生故障。在发生山体滑坡灾害的开善乡池潭村,泰宁农电分公司第一时间派出抢修人员支援,借助应急发电机保障山体滑坡灾难现场指挥中心的用电。

这样一个不眠的夜晚,还有许多人在一线奋战着,他们在打通救援的生命通道,他们在保障救援的顺利展开,我们要为所有奋战在抢险救灾一线的工作人员点赞,感谢他们的奉献和守护!

福建新闻广播"泰宁泥石流灾害"特别直播仍然在继续,这次我们也是首次联合腾讯大闽网推出了多路视频直播,前方现场以及直播间的情况大家都可以通过视频直播看到,听友可以发送关键词"救援"到本台的官方微信平台,了解我们全媒体直播三明泰宁电站泥石流灾害的最新救援进展。也欢迎大家在微信平台上留言互动,一起为救援加油!我是赵星,稍后我们将继续连线前方记者和救援人员,关注泰宁泥石流灾害的最新救援情况和抢险进展。

一分钟，福建会发生什么

福建省广播影视集团

案例简介

2018 年 3 月，《人民日报》为迎接十三届全国人大一次会议，策划制作了微视频《中国一分钟》，讲述中国改革开放 40 年发生的巨大变化和取得的成就。视频发布后迅速刷屏全网，成为"大爆款"。随后《人民日报》与中央网信办联合策划"中国一分钟·地方篇"，其中，福建篇《一分钟，福建会发生什么》由中央网信办和福建省网信办指导，《人民日报》和福建网络广播电视台（海博TV）联合制作。

《一分钟，福建会发生什么》于 2018 年 10 月 26 日在《人民日报》微信公众号、海博 TV 客户端首次刊播。作品以"一分钟"为时间刻度，全方位展示改革开放 40 年来，福建省在保护青山绿水的同时，实现快步发展的辉煌成就，反映改革开放给人民生活带来的切实变化。

在项目策划阶段，主创团队对于如何在短短 3 分钟的视频里全方位展示福建特色、福建发展成就等做了大量的讨论和资料查阅，最终筛选形成覆盖旅游、经济、美食、生态、产业的文案，经多方修改最终定稿。文案中既有武夷山、湄洲岛、三坊七巷等美景，又有闽菜美食，还有体现福建经济成色的主要经济数据和外贸、电子商务、交通等产业发展状况。隽永的文案、直观权威的数据成为这条视频的一大亮点。

在视频画面的选择上，更是做到精益求精，不仅要求画质清晰、画面唯美、还要有充分的代表性。3 分多钟的成品，是创作团队从 200 多千兆的素材中精挑细选而出的。剪辑上更是下足苦功，背景音乐、音效、节奏、卡点上都呈现较高的水准，最终形成这条刷屏的《一分钟，福建会发生什么》。

微视频一经推出,很快刷爆了朋友圈,在福建全网引起转发点赞热潮。《人民日报》微信公众号在 7：04 分发布后,仅 1 个小时 10 分钟,阅读量即突破 10 万,文末的网友留言前列点赞量达数万。福建网络广播电视台客户端海博 TV 也仅用 5 小时阅读量突破 10 万。新浪微博上,《人民日报》的这一单条视频播放量达 73 万次。秒拍视频中仅计算 2 个大号转发的这条微视频播放量合计就达到 524 万次以上。新浪视频、腾讯网、搜狐网、人民网、爱奇艺等网站纷纷转发。《福建新闻联播》《现场》《F4 大搜索》等福建电视王牌栏目都在当天播出该视频,福建各地市主要官方媒体公众号、自媒体大号也在当天纷纷转发。此外,《人民日报》还发布了《一分钟,福建会发生什么》英文版,在海外传播次数达到 2000 万次。

据了解,"中国一分钟·地方篇"刊播结束后,《人民日报》在客户端、微信公号等平台发起网友投票活动,经过激烈角逐,最终《福建一分钟》在各省(区、市)的微视频和微信图文稿评选中位列第五。

在 2018 年度福建新闻奖评选中,《一分钟,福建会发生什么》获媒体融合作品一等奖。

案例评析

采写"有思想、有温度、有品质"的新闻,是新时代向新闻工作者提出的时代课题,也是践行"走转改"、彻底改变作风文风的时代要求。大型主题报道是主流媒体宣传策划的特色产品,在当下传播生态与传播语境中,越来越多喜闻乐见的主题宣传更加接"地气",冒"热气"。对新闻宣传工作者来说,在大型主题报道中,要自觉承担起使命任务,克服"本领恐慌"。"一分钟"系列就是一个非常好的选题,也是对一线宣传工作者践行"四力"的一次考核。

"不断增强脚力、眼力、脑力、笔力,努力打造一支政治过硬、本领高强、求实创新、能打胜仗的宣传思想工作队伍。"在全国宣传思想工作会议上,习近平总书记所强调的"四力",为新闻工作者提高本领能力指明了努力方向。只有发扬"脚板底下出新闻"的好传统,深入基层、深入实际、深入群众,才能抓到更多的"活鱼";只有从火热社会实践中发掘素材,从群众生产生活中发现选题,才能采写出更多沾泥土、带露珠、冒热气的文章。以"脚力"不断深入、以"眼力"见微知著、以"脑力"深思熟虑、以"笔力"表达呈现，创作出更多弘扬主旋律、传播正能量的新闻作品，形成爱国报国强国的共鸣共振，这对于我们一线的新闻工作者而言，是本分所在，也是职责所系。

"一分钟"系列，是比较特殊的题材，《福建一分钟》是人民日报社新媒体中心与中央网信办合作推出"中国一分钟·地方篇"系列微视频之一。它是关于福建本土的故事，涉及经济文化等各个层面。但又不能把眼光仅仅局限于省内，因为这是一个全国系列的选题，需要和各省的新闻作品一起做比较。拿到这个选题后，我们做了多次的策划讨论，从立意到文案、从画面选取到内涵表达、从全片风格到新媒体化的表达。

70年壮丽征程，在翻天覆地的变化里，镌刻着福建人民攻坚克难的历史足迹。这样的足迹正是我们要去捕捉和呈现的，唯有走进田间地头、乡村社区、学校医院、工厂车间，把镜头对准基层一线、广大群众，用小切口呈现大主题、用小故事反映大变化、用小视角折射大时代，才能生动讲述好福建故事、中国故事。在行进中感受八闽大地巨大变化，要练就勤快的脚力。记者的新闻采访、短片拍摄，绝对不是端坐在办公室就可以完成的。"脚下有泥，心中有光"。互联网时代，信息满天飞。只有沉下身子，扎扎实实地调查研究，用足了脚上功夫，才有可能写出有温度、有深度、有鲜活度的新闻报道。"一分钟"里面所有的素材，都是摄像记者一步一步地用脚去丈量福建的山河日出、人民劳作、车水马龙之后才有的素材，每一帧都是脚力的体现。

作为一线记者，我们所要接触的新闻题材和社会层面非常之宽广，那么如何通过我们的镜头选取。要有敏锐眼力，要有双"千里眼"，才能从纷繁复杂的现实生活中发现有意义的人和事，捕捉有价值的闪光点。一线记者要勤观察、多用心，日积月累，方能练出"火眼金睛"。这样的好眼力，没办法一蹴而就，是要慢慢地在新闻事件当中去锻炼的。

要练就善思的脑力。如果说眼力是外在表现，那么脑力就是内在源泉。新媒体时代的记者不仅要"讲好故事"，还要给人以启迪，让读者明白新闻背后的缘由。如果只是单纯的好看画面的堆砌，那这样的片子并不具备足够的意义。如何去用脑力让你的作品在新媒体端以及传统端都可以脱颖而出，关键在于你所想所思。构思策划是成片以前最为重要的一环，也是主心骨，画面和文案的表达可以修改，但是脑力的立意决定了视频的成败。我们常常会被习惯性的思维所局限，在策划以前就下意识地进行自我的束缚。在策划这条片子的时候,已经有一个定性的条件限制,就是一分钟。"一分钟"是本片的表达形式,我们要在有限的一分钟形式中去做文章,为此先后推翻了数十个脚本和角色,进行了一场又一场的脑力测试。

要练就独特的"笔力"。记者这个行业,非常流行的一句话是"我不在新闻现场,就在赶往新闻现场的路上"。诚然,新闻发生之时就是"出发之时",事发现场就是采访现场,记者要熟练掌握写作规律,锻炼倚马可待、行文自如、水到渠成的功底。在该片的创作中,因为形式的限制,文案有着极为简短的字数规定,对笔力的要求很高。

《福建一分钟》的成片效果还是较为理想,这也是对我们创作过程中践行"四力"的一种肯定。实践表明,只有真正沉下去,才能练就强劲脚力,才能更好增强眼力、脑力、笔力,把真实而又平实的故事挖掘出来。

代表作品

一分钟,福建会发生什么

陈佛烘　颜亦阳　刘广旻　廖　潇

《人民日报》微信公众号、海博 TV 客户端　2018 年 10 月 26 日

一分钟 24 人流连武夷九曲　尽享自然风光
一分钟 17 人驻足鼓浪屿　感受万国建筑之美
一分钟 11 人登上湄洲岛　领略妈祖文化魅力
一分钟 22 人游览三坊七巷　探访千年古韵
一分钟 曲艺家可吟唱 16 拍南音经典名曲

一分钟 860 千克茶叶飘香海内外

一分钟 12 万立方米闽江水奔流入海

一分钟 水产品产量 15.3 吨

一分钟 植树造林 2.5 亩　打造天然氧吧

一分钟 112 辆车穿过厦门海沧大桥

一分钟 57 人从福建机场起飞

一分钟 214 平方米福耀汽车玻璃销往世界

一分钟 电子商务交易额 270 万元

一分钟 外贸进出口 221 万元

一分钟 沿海港口吞吐 989 吨货物

一分钟 实现 GDP615 万元

一分钟 驻足山水　呼吸负氧离子

一分钟 邂逅美食　品味闽菜清鲜

一分钟 触摸土楼　感悟历史韵味

一分钟 指尖轻舞　玩转数字生活

一分钟 情系两岸　携手同胞共进

一分钟 发出邀请　走进清新福建

福建一分钟　海丝魅力

"一都很忙"系列报道

福州日报社

案例简介

　　新闻界前辈穆青曾说:"没有资料,没有历史背景,新闻就很难写深入,很难有真知灼见。"这句话揭示出新闻与历史相通、与广阔的社会生活图景息息相关的道理。

　　福州日报社"一都很忙"系列报道,是 2020 年 3 月在疫情防控进入常态化、各行各业亟待复苏的时代背景下,福州日报社记者践行"四力"要求,对社会重大事件在民生经济领域引起二级影响的一次深度探究。

一、紧跟时代　精心策划

　　2020 年春节前夕,一场突如其来的新冠肺炎疫情,成为搅动中国经济和社会的最大变量。旅游、餐饮、娱乐等线下消费基本停摆,商业零售收入锐减。受到"封城""封路"以及延迟开工的影响,农产品销售、工业生产制造等第一、第二产业均受到了严重影响。

　　在做好战"疫"宣传报道的同时,新闻工作者理应对国家经济领域的新变化、百姓日常生活的新需求,投入更多思考与关注。当全国新增确诊新冠肺炎病例和疑似病例连续逐日回落,疫情防控进入常态化时,我们开始思考,亟待重启的中国经济将以何种面貌回归,能否延续之前平稳发展的主基调? 种种问题不断进入记者视野,迫切需要寻找一个新闻落脚点,以小角度折射宏观大背景。

　　我国是传统农业大国,相比起第二、第三产业,农业是立国之基、民生之本。以农业产业作为观察对象,从某种意义上更能凸显新冠肺炎疫情冲击下中国经济增长的韧性。

基于以上思考，福清市一都镇，进入了我们的选题视野。一都镇是我国枇杷的主产区之一，这里种植了5万多亩枇杷，年产枇杷约3万吨。2018—2019年，在福州日报社组织策划下，福州（福清）枇杷旅游文化节举行。宣传报道的强大攻势让一都枇杷声名大噪，也打开了一都农文旅产业融合发展的大门。

3月下旬，正是枇杷上市的时候，往年枇杷还没成熟，外地经销商就蜂拥而至，但2020年受疫情影响，上门收购的经销商寥寥无几。此前，疫情已导致全国多地不同程度出现农产品滞销。一都枇杷会不会也出现滞销？一都人现在在忙什么、愁什么？新闻媒体又能为一都做些什么呢？

另一方面，一都枇杷的采摘期从3月持续到6月。关注一都枇杷怎么卖，或许就能见微知著，看到中国经济如何突围。综合考虑后，报道团队决定将报道选题锁定一都枇杷。

二、提升"四力" 锤炼精品

确定选题后，福州日报社立即组建了由总编辑带队，骨干记者、青年记者参与，以老带新的采访团队。

初到一都，采访团队就看到了一幅幅忙碌的画面。一都镇党委、政府很忙，忙着举办线上枇杷节，忙着对接直播平台、电商平台、物流平台等各种资源，打通线上销售、线下发货的各个环节；一都的果农很忙，忙着开网店、当微商、当淘宝店主，忙着学习怎么打包才更结实，好把枇杷发到全国各地；物流公司很忙，忙着加班加点发货，忙着办培训班，向村民普及电商基础知识……

一都忙碌的复工复产气息，积极向枇杷电商转型的浓郁氛围，深深感染着我们。我们决定把"一都很忙"作为此次系列报道的主题。新闻报道则分为主、副两条线索展开：一条是从3月至6月不同品种枇杷成熟、采摘、上市的时间线；另一条线，关注一都的枇杷销售新渠道、新模式。两条线索穿插行进，力求灵活、真实地还原整个一都枇杷采、产、销全过程。

就这样，报道团队在50多天里13次深入一都采访。我们走进枇杷林，走进果农家，走进交易市场，走进物流中心，走进冻库，走进加工厂，走进展览馆，走进培训课堂；去过一都所有种植枇杷的乡村，探访与一都枇杷有关的那些人、那些事、那些场所，总行程超过1000公里。

由于整个系列报道跨度长、时间久,除了在一开始拟订报道计划外,团队还定期召开碰头会,根据事态发展确定每一期报道的主题,每篇稿件的"诞生"都经过了反复思考、探讨、打磨。这期间,不仅我们的脚力得到了前所未有的锻炼,眼力、脑力、笔力也在一次次采访、一次次讨论、一次次写稿中得到了提升。

我们用眼力寻找一都发展枇杷电商产业所发生的各种新鲜事,从 3 月 27 日到 5 月 17 日,接连推出 11 篇报道。

我们加入了一都新成立的枇杷物流服务微信群,发现这个群异常活跃,400 多位群友有果农、经销商、电商、物流客服、镇村干部等,有答疑解惑的,有交流经验的,有分享资讯的,从早到晚都很热闹。我们采写了《忙碌的一都微信群》,这热闹的微信群,不正是一都枇杷积极转型的缩影么?

我们关注一都的"直播热",采写了《把一都"播"出去》《直播课堂进村寨》《"解放钟"上了,"带货王"来了》等报道。"直播"给一都枇杷带来的,不仅是销售量的提升、知名度的打开,更重要的是,它冲击着、改变着一都人的观念。许多一都年轻人开始尝试自己直播带货,卖完自家的,帮邻居卖,收入有了明显增长。

我们发现一都诞生了"新职业"——家庭电商。在一都的物流服务中心,我们经常遇到五六十岁的老人前来发货。原来,他们的子女在外地工作,子女负责发朋友圈或开网店,在线上宣传、推广、接单,父母则在一都负责采摘、包装、寄货。一都镇新引进的智慧物流系统,让这种隔空合作成为可能,也让一都诞生了新的销售模式。我们的采访对象陈宪云、陈秀平一家,2020 年收成的 7500 公斤枇杷全都是以家庭电商的方式卖出的,远销黑龙江、内蒙古、吉林等地。

同时,我们也在开动脑力,思考分析一都枇杷产业为什么这样"甜",一都的乡村振兴之路有哪些经验值得推广?

我们总结出了以下几个关键词,写在了特稿《一都枇杷为什么这样甜》中。"坚守",一都人 30 多年心无旁骛发展枇杷种植产业,守住生态底线,守住绿水青山,换来了金山银山;"转型",靠着主动求变、积极转型,一都枇杷闯过了一道道难关,走出了自己的新路;"融合",一都发展枇杷种植、枇杷加工、枇杷文化游,一二三产有机融合,延伸了产业链,提升了价值链;"借力",一都枇杷的"甜",是农业部门、专家、媒体等社会各界合力浇灌出来的。

我们坚持用鲜活的语言,打磨这组情境式、追踪式报道,用真实的笔触,记录一都枇杷从初上市到鲜果售罄的全过程,用持续的关注,为一都枇杷在逆境中突围加油鼓劲。

三、传播有力 助民增收

从 3 月 27 日到 5 月 17 日,报道团队接连推出 11 篇"一都很忙"系列报道,每篇都在千字以上,并配发相关图片,有效实现了跟踪式、行进式报道的目标。其中,有 5 篇刊发在头版,给予一都枇杷充分的曝光度。

在这期间,福州日报社旗下的《福州晚报》"这里是故乡"助农平台,不仅参与了线上枇杷节的策划,而且第一时间加入助销队伍,累计销售一都枇杷约 3000 公斤,展现了主流媒体的担当。

福州新闻网、《福州日报》微信公众号、"掌上福州"APP 等福州日报社融媒体矩阵也投入力量开展形式多样的宣传。"一都很忙"系列报道已不是单个采访团队的新闻作品,而是举全报社之力打造的现象级新闻作品。

在系列报道和全媒传播的推波助澜下,中央、省级主流媒体也向一都投来了关注的目光。其中,《人民日报》于 2020 年 5 月 18 日刊登《拓开新空间 就业更多元》,关注一都镇景点讲解员陈小丽直播带货卖枇杷的故事;《福建日报》于 2020 年 4 月 3 日刊登《第三届福州(福清)线上枇杷节举行》、4 月 19 日刊登《春日里的"枇杷盛宴"》、5 月 15 日专版报道《"我们家的枇杷都卖完了"》,关注一都枇杷销售情况。腾讯新闻、今日头条、大闽网等也纷纷转载"一都很忙"系列报道,让一都枇杷声名远扬。

"一都很忙"系列报道,进一步提升了一都枇杷的知名度,帮助一都枇杷打开销路,成为一都枇杷在疫情中"突围"的强大助力。一都枇杷鲜果在 2020 年 5 月底就基本售罄,在枇杷销售季战绩显赫,远超同期的其他枇杷产地。数据显示,一都枇杷 2020 年销售总额达 5.16 亿元(含一产、二产),同比增长 9.1%,全镇农民增收约 4300 万元。与此同时,一都镇打造电商联盟、开展电商培训、邀请"网红"上门带货、打造完整的物流配套体系等经验,也为其他地区农业发展提供了借鉴。

案例评析

2018年8月,习近平总书记在全国宣传思想工作会议上强调,宣传思想干部要不断掌握新知识、熟悉新领域、开拓新视野,增强本领能力,加强调查研究,不断增强脚力、眼力、脑力、笔力。

增强"四力"既是目标要求,又是工作方法,是新时代新闻工作者履行担当使命的重要法宝。增强脚力,要求我们迈开双腿,走出办公室,走向基层,走向人民的生产生活实际;增强眼力,要求我们眼观六路,发现事件,看清真相,参透本质;增强脑力,要求我们开动脑筋,分析研判,勤于思考,善于总结;增强笔力,要求我们转变文风,用生动鲜活、深入浅出的语言书写精品、讴歌时代。

下面,结合增强"四力",剖析总结福州日报社"一都很忙"系列报道带给我们的启示。

一、行进式跟踪式报道——践行"四力"让新闻"活"起来

习近平总书记说:"基层跑遍、跑深、跑透了,我们的本领就会大起来。""基层干部要接地气,记者调研也要接地气。"

"一都很忙"系列报道中,我们首次采用了行进式跟踪式的报道方式,在50多天时间里,将一都镇各个村庄跑遍,把一都枇杷产业跑深、跑透。

从2020年3月27日到5月17日,报道团队接连推出11篇"一都很忙"系列报道,平均每5天推出1篇。

3月27日(以下时间均为见报时间)《一都很忙》——车辆驶入一都境内,道路两侧的枇杷树连片映入眼帘。山坡上枇杷树密密匝匝、蔚为壮观,果农们穿行其间,采摘熟果……到处都是围着枇杷忙碌的人们。

3月29日《忙碌的一都微信群》——随着一都枇杷陆续上市,"福清一都枇杷物流服务群"一天比一天热闹起来。这个春节后才拉起来的微信群,有400多名群友。记者在群里"蹲点",直击一都枇杷网销的背后故事。

4月1日《一都成立电商联盟》——一都镇下起了毛毛雨,但镇里的枇杷物流(交易)中心,来寄枇杷的人依然络绎不绝。来自各村的10多个新晋电商代表也冒雨从四面八方赶到这里,参加一都新零售家庭电商联盟的第一次大会。

4月3日《把一都"播"出去》——上午10:00,福清一都镇东山村细雨绵绵,

远处雄伟的东关寨,和近处漫山遍野挂满果实的枇杷树,仿佛梳洗打扮了一番,盛装等待第三届福州(福清)线上枇杷节直播活动的开启。上午10:12,直播正式开始。副市长严可仕作为代言人,为一都枇杷现场带货。

4月7日《"家庭电商"卖货忙》——下午5:30,距离福清市一都镇枇杷物流(交易)中心集中发车还有半小时,大厅内挤满了前来寄货的农户。一对"爷孙"特别显眼。爷爷忙不迭地卸货搬货,小孙子则径直走向运单打印机,掏出一张身份证放在感应区。不一会儿,27张快递运单接连从打印口"吐"出来。

4月12日《物流企业云集一都》,4月16日《直播课堂进村寨》,4月19日《福州晚报助力一都枇杷销售》,4月24日《"解放钟"上了,"带货王"来了》,5月2日《"五一",一都被"抢鲜"》……

5月17日《一都枇杷季顺利收官》——"最后一批枇杷已发出,让我们来年再相约!""枇杷鲜果已售罄,枇杷膏、枇杷罐头新鲜上市,欢迎选购!"进入5月中旬,记者在微信朋友圈里接连看到一都的枇杷种植户发布鲜果售罄的消息。

一篇篇"带露珠、冒热气、接地气"的报道接连"出炉",不仅见证了一都枇杷产业在疫情中"脱胎换骨"的蜕变,更帮助当地产业发展探索总结出一条全新路径。

跑遍、跑深、跑透,锻炼了我们的脚力、眼力、脑力、笔力,为我们的系列报道,提供了丰富的素材。在"一都很忙"系列报道中,采访团队将宏大的叙事主题融入一个个具有现场感、可读性的小故事、小场景,让读者能够身临其境,切身感受到农村百姓、基层政府迎难而上的智慧和胆识,看到社会主义新农村发展的蓬勃生机和向上之力。这样的新闻,有思想、有温度、有品质,才更加鲜活生动。

二、发掘"枇杷电商""家庭电商"新业态——从一都枇杷探寻乡村振兴密码

面对基层纷繁的见闻,如何挑选、鉴别出最合适的新闻素材?这需要我们练就一双看得清、看得透、看得远的"慧眼"。

2020年初以来,受疫情影响,多地农产品滞销。一都人却异常忙碌。靠的是什么?带着这个问题,采访团队深入一都寻找答案。

原来,早在2020年春节,一都镇就提前布局,谋划枇杷销售向电商转型。镇村干部带头转型。镇长俞强把自己忙成了"网络达人",海报怎么设计、直播怎么做、抖音视频怎么拍、电商怎么当,他学了个遍。他说:"今年主打线上销售,我们乡镇干部必须紧跟形势、及时'充电',才能帮果农化解危机。"

培育枇杷电商,一都镇下了不少功夫,镇党委书记林雪枫称之为"养蚂蚁"。他们引进了几只"大蚂蚁",有抖音、淘宝等自带流量的大平台,也有永辉、朴朴等本土知名电商,还有"果之道"这样的农产品供应链服务商;培育了一批"小蚂蚁",也就是一都本地的小电商。通过"大蚂蚁"带动"小蚂蚁",一起"搬空"一都的枇杷。

"小象美食"平台是"小蚂蚁"中的优秀代表。平台负责人陈雄是一都的返乡创业青年,不仅打造销售平台卖枇杷,还发起成立了一都新零售家庭电商联盟。"我们的目标是,不仅要把枇杷卖出去,还要卖出好价格,提升一都枇杷的品牌价值。"陈雄介绍,电商联盟制定了枇杷的选果标准、甜度标准、表皮标准,分级分品销售,把一都枇杷销售推向标准化、精品化。

为了给"小蚂蚁"创造最优成长环境,一都镇全力打通各个环节:村民没有电商经验,镇里请来专业人士授课;村民年纪大了填单不便,镇里引进"果之道"智慧物流系统,只需刷身份证,就能自动导入后台订单信息,将枇杷发往全国各地;村民不懂直播带货,镇里举办为期一周的直播节,请专业团队驻扎一都,手把手教大家拍视频、开网店、做直播……

在这样的氛围影响下,一都出现了新的销售业态——农村"家庭电商"。一都镇还掀起了"直播热",不仅有政府官员、网络达人来一都直播带货,镇村还开起了直播课堂,昔日只会种枇杷的果农、返乡助销的年轻人都成了"带货主播"。

一位转型从事"家庭电商"的种植户告诉我们:"以前枇杷能卖什么价,收购商说了算。现在,我们直接对接客户群,定价权掌握在自己手里。像我们这样卖精品枇杷的,单价比较高,收入也超过去年。"最后的销售数据也证明,一都镇不仅在两个月里卖光了枇杷鲜果,还实现销售额、农民收入双增长。

疫情倒逼转型,转型带动突围。采访团队用敏锐的眼力捕捉到这些关键细节,将报道聚焦"家庭电商""直播带货",通过加强舆论报道,让老百姓真正认识它、了解它、运用它。

坐等收购的传统农户,成了会种植、会宣传、会销售的新农民。从中我们也感受到,只有激活农民的积极性,才能从根本上唤醒乡村活力,推动产业转型升级,实现乡村持续振兴。

反观新闻记者本身,只有善于观察、勤于思考、脚踏实地、接地气,把记者的触角和人民群众的喜怒哀乐紧密相连,才能挖掘出群众喜闻乐见的新闻素材,成为真正的"人民记者"。

三、跨界融合直播带货——主流媒体转型发展的有益尝试

作为地方主流媒体,福州日报社不仅认真打磨"一都很忙"系列报道,用持续的关注,为一都枇杷在逆境中突围加油鼓劲。报社旗下的福州晚报社参与了一都线上枇杷节的策划,还当起了电商,开辟"这里是故乡"助农平台,加入助销队伍。无论是纸媒还是新媒体,"一都很忙"系列报道每篇稿件的文后,都配发了"这里是故乡"助农平台二维码,方便读者扫码购买。

福州晚报社"这里是故乡"助农平台团队,一边对接农户,保证产品质量,一边对接物流,确保运输质量,同时还要对接消费者,提高服务水平,并拓展各种线上、线下渠道,帮果农拓宽销路。他们把枇杷礼盒引入到餐饮店,开展跨界合作,发起"充值送枇杷""餐饮助农计划"等等。该团队累计销售一都枇杷约3000公斤,展现了主流媒体的担当。此后,该团队还陆续在"这里是故乡"助农平台上架了福州乃至省内多地农产品,助力农产品销售。

一都的直播带货热潮也给了我们许多启示。在复工复产复商复市的大潮中,福州日报社扛起了主流媒体的责任与担当,发挥媒体平台优势,汇聚各方资源,跨界融合促进消费复苏。

2020年4月中旬,福州启动"惠聚榕城消费季"活动,福州日报社第一时间与相关部门对接,制订了系列宣传报道方案,运营部门马上行动开展全行业动员策划。纸媒策划组织了"旅游消费在福州"特刊;新媒体以图解、小视频、H5等形式,全方位解读"惠聚榕城消费季"的各项活动,共同为复商复市、促进消费造势。

福州日报社还与福州各县市区联手策划系列直播带货活动,如鼓楼区的"区长直播逛商圈"系列活动,闽侯县的"买车折上折""县长云逛车城"系列活动,马尾区的"全球海鲜'马'上品"直播活动等。

其中,"鼓楼区长带你逛 go 东街口"活动,在饿了么、口碑平台上开播12小时,东街口核心商家销售1664.59万元,环比上月增长38.9%;客流量19.06万人次,直播两天客流环比上月增长51%;参与直播的18个餐饮品牌,线上下单交易额相对上周同期增长295.1%。

每一场区县直播活动,都结合了融媒体宣传手段,得到了各个合作区县的点赞,实现社会效益、经济效益双丰收。

福州晚报社新媒体团队则受今日头条抖音团队邀请,共同参与全国百家媒体援鄂公益直播活动。在没有经验、技术、设备和主播的情况下,晚报新媒体团队从零开始学习。没有主播,晚报新媒体负责人和编辑就自己上,前往专业直播公司自费学习;没有设备,团队成员就自己凑钱买了一套直播架和耳麦。从脚本写作到流程设计,再到现场控制、化妆场务,他们全部独立完成。

5月16日,《福州晚报》抖音号开启直播,将湖北当地特色产品推向全国。当天是周六,福州风雨大作,团队全员主动加班,3小时的直播,共获得"10万+"点赞、"5000+"观看、"2000+"音浪、"120+"下单的成绩。据今日头条公关人员介绍,在当天带货媒体中,晚报的GMV(成交金额)和UV(访问人数)名列前茅。

媒体参与直播带货,作为融媒创新以及媒体经营的转型尝试,具有积极意义。未来,随着5G技术的深入发展,直播形态还将会更加多元和自由,会有更加丰富的场景体验,媒体在这波大潮中会有更多机会。

与此同时,我们也清醒地认识到,在具体实践中,主流媒体在开展经营活动时,必须坚守媒体的社会责任,保持主流媒体的"四力"属性,这是底线,也是边界。媒体人要始终不忘初心、牢记使命。

四、在实践中"传帮带"——打造高质量新闻人才队伍

任何一项事业的发展兴旺都离不开传承。优质作品是团队共同努力的结果。

"一都很忙"系列报道,由福州日报社总编辑带队采访,成员有一半是"80后"记者,一半是"90后"记者。50多天,1000公里,数十次的选题讨论,数十遍的打磨修改……团队深入一都田间地头、果农家中,通过主编一线指挥"传帮带"的"作战"方式,指导采访团队在一个个新闻实践中增强观察眼力、开拓思考脑力,全方位提升团队笔力。

"脚下沾满多少泥土,心中就有多少真情。"在资深记者的带动和指导下,青年记者不惜脚力,俯下身子,深入一户户果农家中,走遍一个个示范果园,踏访一个个快递点和物流中心,同基层群众拉家常、话增收,获得了真实而宝贵的第一手资料,为后续写出精品稿件打下扎实的基础。

青年记者还需要提升眼力,练就一双慧眼。在行进式跟踪式采访中,一个个关于产业发展和农民增收的问题浮现在采访团成员的脑海中。在资深记者的启发下,青年记者从身边案例出发,在表象中洞察本质,在争议中明辨是非,

疑惑和问题随即迎刃而解。

　　练就笔力,是记者的基本功,更是全体新闻工作者的制胜之道。脚力、眼力、脑力,最终都反映在笔力上,笔力是宣传思想工作者履职本领的集中体现。在此次系列报道采写过程中,采访团成员均为文字功底较强的记者,但一篇1000余字的稿件,往往也需要经过五六遍"打磨",直至"淬炼"出高质量的精品。

　　习近平总书记指出,好的新闻报道,要靠好的作风文风来完成,靠好的脚力、眼力、脑力、笔力得来。"四力"绝非天生,也无法一劳永逸、一蹴而就,而是在持之以恒的知识更新、实践锻炼中练就的。

　　"一都很忙"系列报道,是疫情之下地方产业转型突围的缩影,是乡村振兴大潮中一朵美丽的浪花。很高兴,通过这组报道的磨炼,我们离"少一些结论和概念,多一些事实和分析;少一些空泛说教,多一些真情实感;少一些抽象道理,多一些鲜活事例"的要求更近了一步。我们深切感受到,作为一名记者,一定要去鲜活的基层现场,亲吻基层芬芳的泥土,呼吸基层新鲜的空气,以更快、更深入的脚力换来冒着"热气"的稿子。

　　只要脚下有路,就能眼里有光,只要心中有梦,就能笔下生花。接下来,我们将不忘初心、牢记使命,继续深入生活、扎根人民,做一名"一头汗、两脚泥"的学习型记者,在实践中不断增强"四力"、锤炼精品,用心用情用功书写伟大时代。

代表作品

【"一都很忙"系列报道之一】

一都很忙

陈滨峰　杨　莹　张笑雪　钱嘉宜

《福州日报》　2020 年 3 月 27 日

编者按:

　　三月枇杷黄。在"枇杷重镇"福清市一都镇,第一批"早钟 6 号"枇杷已经成熟上市。受新冠肺炎疫情影响,近段时间,各地不同程度地出现了农产品滞销现象。往年一直畅销的一都枇杷,今年还好不好卖?好收成能不能给果农带来好收入?福州日报社记者驻点一都,持续关注进展,今起推出行进式系列报道。敬请关注。

一都是福州福清的一个农业重镇,这里盛产枇杷。往年每到三月,枇杷开始上市,今年的情况如何?记者 26 日到一都一探究竟。

车辆驶入一都境内,道路两侧的枇杷树连片映入眼帘。山坡上枇杷树密密匝匝、蔚为壮观,果农们穿行其间,采摘熟果;村路上,满载枇杷的农用三轮车繁忙穿梭;街道两侧,许多人家老少齐上阵,将枇杷装箱装盒……到处都是围着枇杷忙碌的人们。

上午 10:00,记者走进一都镇东山村的一处枇杷林。村民何明生和他的女儿何雅珍,一个在采摘,一个在装筐。

"今年枇杷卖得怎么样?"

"在朋友圈卖了 20 来天,平均一天出货 300 多箱,今早 7:00 就来了。"何雅珍笑着回答,装枇杷的手一直没停。

一都镇种有枇杷 5 万亩,年产枇杷约 3 万吨。往年,枇杷还没成熟,经销商就蜂拥而至,但今年很不一样,受疫情影响,坐等上门收购变得不太现实。"幸好,还有网销这条路。"何雅珍说,她的微信里有 3000 多名客户,每天发货,够忙上个把月的。

中午时分,记者在一都镇政府遇到风尘仆仆的镇长俞强,只见他鞋子和裤脚沾满了黄泥。"刚刚陪省农科院的专家跑了两个果园,看枇杷的收成情况,还没来得及清洗。"

忙是俞强最近的常态。他把自己忙成了"网络达人"。海报怎么设计、直播怎么做、抖音视频怎么拍、电商怎么当,他学了个遍。受疫情影响,今年一都镇把一年一度的枇杷节搬到了线上。"今年主打线上销售,我们乡镇干部必须紧跟形势、及时'充电',才能帮果农化解危机。"话音刚落,俞强就接到了抖音平台对接人的电话。半个多小时的通话,双方进一步敲定了下周直播带货方案的细节,其中有"解锁枇杷吃法""跳琵琶行舞蹈"等趣味配套活动。

下午,果农们采摘的枇杷,从四面八方陆续送抵一都枇杷物流(交易)中心。10 多名工作人员小跑着进出库房,抱出一捆捆纸箱,帮助村民装箱打包、粘贴物流单。"现在物流恢复了,我们才敢大胆采购。"从宁德赶来一都的微商蔡依娜说。

为了打通物流"最后一公里",今年,一都镇引进了专业从事农村电商配套服务的福建省果之道供应链有限公司。该公司在镇里一共设了 5 个揽收点,服务果农就近寄货。

傍晚时分,集中到物流中心的枇杷,经过一一清点,装车发货。果之道公司相关负责人陈海滨说:"今天一共收到 2100 多箱枇杷,销往北京、云南、海南、内蒙古、甘肃等地,收件数比前几天翻了一番。"

晚上 7:30,忙完采摘、发货的果农们,又陆陆续续来到设在物流中心的临时课堂,参加枇杷电商孵化培训。如何在淘宝、京东开店,如何用好枇杷销售奖励政策……大家聚精会神地听着,按老师的示范,在手机上模拟操作。

眼下,除了"早钟 6 号",其他品种的枇杷正在陆续由青转黄。四月,一都将迎来枇杷上市和销售旺季,也将迎来更多挑战。

"前阵子,不管是果农还是镇村干部,大家都在担心疫情影响销路,心里非常没底,但是经过这段时间引电商、引物流,办线上枇杷节,大家对今年的销售还是很有信心的。"一都镇党委书记林雪枫说。

【"一都很忙"系列报道之五】

"家庭电商"卖货忙

陈滨峰　杨　莹　钱嘉宜

《福州日报》　2020 年 4 月 7 日

6 日下午 5:30,距离福清市一都镇枇杷物流(交易)中心集中发车还有半小时,大厅内挤满了前来寄货的农户。

他们中,一对"爷孙"特别显眼。爷爷忙不迭地卸货搬货,小孙子则径直走向运单打印机,掏出一张身份证放在感应区。不一会儿,27 张快递运单接连从打印口"吐"出来。

"依伯,你这些枇杷都卖去哪儿呀?"记者有些好奇。

"全国各地!这都是我女儿今天接的单,她人在山东呢,交代我一定不能出错。"爷爷回答。

"山东？隔这么远也能卖货？你们是怎么配合的？"记者问。

"怎么不能？现在物流方便得很！收货人地址、电话那些信息,她在后台都弄好了。我们只要带身份证来就能取单。"爷爷笑着说。

谈话间,爷爷告诉记者,他叫陈宪云,今年65岁,在一都镇善山村种了20多亩枇杷林。从今年3月15日算起,他家收获的2500多公斤"早钟6号"枇杷,全是靠这种"子女接单、父母发货"的"家庭电商"模式卖出去的。

记者跟随陈宪云来到他家,只见客厅里几堆枇杷按照大小分类摆放,一旁是摞得老高的包装盒。"往年批发商上门收购,都是一大筐一大筐运走。现在不同了,女儿说电商讲究品质,要保证每颗枇杷的质量,才有回头客。"陈宪云指着几堆枇杷介绍,"像这样,大果小果要分开,小的基本不放进礼盒。再根据成熟度,九分熟的放一堆、七八分熟的放一堆。之后还要给枇杷剪枝,包上网格状泡沫棉,最后才能装箱。"

说话间,陈宪云的女儿陈秀平打来语音电话,又有顾客加单了。见妈妈打来电话,9岁的严永麒十分兴奋,抢着询问自己拍摄的小视频质量如何。

"自从我3月24日离家到山东滕州复工,拍视频的任务就落在他身上了。他积极性很高,每天都要给我传四五段小视频、几十张照片,自己还变着花样配上'搞笑'的吆喝,在我朋友圈挺受欢迎的。"陈秀平告诉记者。

说起今年别样的枇杷销售经历,陈秀平很是感慨:"我原本以为今年的枇杷要砸在手里了,没想到却走出了一条新路。"她说,往年因为家里的枇杷不愁卖,她并没有特地经营"朋友圈",今年情况特殊,大家都在网上找销路,也逼得她好好钻研起了"电商事业","以前枇杷能卖什么价,收购商说了算。现在,我们有了主动权,而且像我们这样包装精致的,单价上去了,收入还比之前高。"

在一都镇,像陈宪云家这样"全家总动员"干起"家庭电商"的还有许多,不少在外务工的年轻人都兼职卖起了枇杷,"父母摘、子女卖、物流送"成为一都这个季节一道独特的风景线。

"我们引进专业物流平台,助力'家庭电商'发展,不仅提供农产品销售'从地头到案头'的解决方案,还减少中间商赚差价,帮助农户增收,调动了农户的生产经营积极性。"一都镇镇长俞强说,未来,一都镇还将牵头对接,不断优化物流服务水平,扶持农户探索电商销售市场,进一步打开一都枇杷的"云市场"。

一都枇杷季顺利收官

——今年增产近两成,种植户普遍增收

陈滨峰　钱嘉宜　杨　莹

《福州日报》 2020 年 5 月 17 日

"最后一批枇杷已发出,让我们来年再相约!""枇杷鲜果已售罄,枇杷膏、枇杷罐头新鲜上市,欢迎选购!"进入 5 月中旬,记者在微信朋友圈里接连看到一都的枇杷种植户发布鲜果售罄的消息。

16 日上午,记者再次驱车来到一都,只见漫山遍野的枇杷树基本采摘完毕,沿途商铺只有零星几家还在售卖鲜果,商家们纷纷把枇杷膏、枇杷罐头、枇杷蜜等摆在显眼位置。

"经过镇政府摸底,目前一都种植户手中的枇杷基本清空!"一都镇镇长俞强高兴地告诉记者,今年一都枇杷季顺利收官,"增产近两成,虽然均价比去年略有降低,但从整体看,种植户收入普遍上涨"。

今年的成绩单,让为一都枇杷销售奔忙近三个月的俞强松了一口气。"在社会各界的关心和帮助下,一都枇杷打破传统销售模式,转变营销策略,从而顶住疫情冲击,也为未来'怎么卖'探索了新路径。"俞强介绍,最近,镇里新成立电商临时党支部,鼓励优秀的党员电商从业者,通过结对帮扶,带动更多农户拓展线上销售渠道;省农科院果树所的专家工作站、枇杷产学研基地等也有望落地,为一都枇杷增添技术支撑。

虽然枇杷鲜果基本售完,但一都人并没有就此闲下来。为迎接即将到来的旅游旺季,他们开启新一轮忙碌。

在一都镇区中心地带,镇政府工作人员陈清加紧布置新落成的一都枇杷展示馆。步入展馆,循着蝉鸣蛙叫和潺潺水声,一棵棵结满硕果的仿真枇杷树映入眼帘,让人仿佛置身真实果园。一都枇杷的种植历史、品种分布、产业发展、文化故事等,通过图文并茂的展板、憨态可掬的文创产品一一呈现。"这是我们为宣传一都枇杷文化精心打造的展馆,将与东关寨、后溪漂流、罗汉里、状元街等景点,以及枇杷生态园等连成一线,打造农文旅融合的特色乡村游路

线。"陈清说。

政府大手笔投入,一都农户也开动脑筋,开发枇杷深加工产品,准备趁旅游旺季再赚一笔。

"来尝尝我家的枇杷膏,口感很好哦!"记者在善山村遇到正在叫卖的村民张秀忠。今年,他家共采摘约 6 吨枇杷,大果、中果已卖完,剩下的小果,被他做成枇杷膏。

"小果的收购价不高,今年我花了 5 万元买来专业熬浆机,自己学做枇杷膏,客户反馈还不错,已经卖了 500 多瓶!"张秀忠给记者算了一笔账,从枇杷果到枇杷膏,枇杷的身价能涨三四倍。

年轻人则"玩"出新花样。返乡创业青年陈雄与加工厂合作,推出枇杷干产品。"5 公斤枇杷果能做 1 公斤枇杷干,出厂价约每公斤 100 元,市场售价约每公斤 200 元。"陈雄告诉记者,经过调试,枇杷干已进入标准化生产阶段,市场推广成功的话,将大大提升枇杷的附加值。

"枇杷姐妹花"陈小清和陈小丽,则针对儿童群体,做起枇杷棒棒糖、枇杷果冻等新产品。"往年我们依赖收购商上门收果,没有议价空间,利润偏低。今年,在政府引导下,我们学着开网店、直播卖货,越过收购商,直接对接市场和客户,收入比去年翻了一番!我们还学到很多新技能、得到很多新启发,只要大胆发挥创意,就不愁没有销路!"对明年的枇杷季,陈小清很有信心。

采访手记:从"一都很忙"看乡村振兴

3 月 27 日至今的 50 多天里,我们持续关注疫情下的一都枇杷销售。我们看到,在这个山区小镇里,电商联盟成立、物流企业云集、"家庭电商"兴起、直播带货红火……我们记录了这段时间在一都诞生的新业态、发生的新变化,见证了一都枇杷从初上市到鲜果基本售完的全过程。

疫情是危机,也是考验。在这场考验中,一都人以变应变、积极转型,"忙"出一身新本领,"忙"出实实在在的销量,"忙"出种植户的欢喜,"忙"出枇杷产业发展的新方向。

从一都的忙碌中,我们窥探到乡村振兴最重要的两个要素——"产"和"人"。只有不断与时俱进、融合创新,才能切实提升产业抵御风险的能力,保持产业蓬勃的生命力;只有产业兴旺,乡村才能"引得来人""留得住人";只有创造良好的创业兴业环境，充分激发"人"的内生动力，才能培育出爱农村、懂技术、善经营的新型农民，乡村振兴之路才能越走越宽。

【深度报道】

一都枇杷为什么这样甜

陈滨峰　杨　莹　钱嘉宜　张笑雪

《福州日报》　2020 年 6 月 7 日

　　6 月，初夏，本是枇杷下市、果农休整的时节，但福清市一都镇一都村的种植户方培凤，却在自家的枇杷果园忙得不亦乐乎。原来，园子里嫁接的枇杷新品种"白蜜"和"香妃"已经抽枝 20 多厘米，正是管护的关键期。

　　"前几年在外面打工，一整年收入还没有在家种枇杷赚的一半多。现在啊，我就一门心思把枇杷种好、种精。"方培凤说。

　　枇杷是一都的主打产业，全镇像方培凤这样的枇杷种植户有 3640 户，约占一都人口的九成。近年来，一都枇杷发展势头强劲，即便遭遇疫情冲击，依然逆势上扬。一都镇政府的统计数据显示，一都枇杷今年销售总额达 5.16 亿元（含一产、二产），同比增长 9.1%，全镇农民增收约 4300 万元。

　　一都枇杷为什么这样"甜"？记者前往一都一探究竟。

"甜"的历程：从不为人知的"扶贫果"到声名远播的"亿元品牌"

　　一都镇位于福清西部山区，邻近水源地。交通不便和生态红线，决定了这里与工业化无缘。多年来，一都心无旁骛发展农业，枇杷种植规模达 5 万亩。

　　今年 48 岁的方培凤，是一都枇杷产业从无到有的亲历者和见证者。

　　20 世纪 80 年代末，一都镇利用上级拨付的扶贫资金购买枇杷果树苗，无偿分给村民，发动家家户户种枇杷。方培凤回忆道："那时，我们家一口气种了 20 亩枇杷，大人小孩都要上山帮忙。种下后，天天盼着结果子。"靠着种枇杷、卖枇杷，方培凤家的生活条件逐步改善，从破木屋搬进了小楼房。

　　一都人尝到种枇杷的甜头，枇杷树成了"脱贫树"。可没过多久，由于缺乏整体规划，一都枇杷陷入僵局。"一方面，国内其他枇杷产区迎头赶上，推出新品种,一都枇杷跌价了,最低时每公斤收购价才 4 块多;另一方面,隔一两年就遇到霜冻,种植户损失惨重,包括我在内,很多人都种不下去了。"2013 年,方培凤把 20 亩枇杷林"托付"给村里人,携家带口前往南非务工。

枇杷产业"不甜"了,一都镇党委、政府看在眼里、急在心里。"怎么打响品牌、打开销路? 如何让种植户重拾信心? 我们一路探索,一路寻找答案,终于在 2018 年出现转机。"一都镇党委书记林雪枫介绍,随着美丽乡村建设的推进,一都绿水青山的后发优势愈发凸显,"我们依托一都的自然优势、人文优势,开发了 3 个旅游景区,与福州晚报社的工作人员合作举办一都枇杷节,文旅农融合,把一都的名气打了出去"。

旅行社来了,游客来了,一都枇杷供不应求,鲜果价格翻了一番。一都镇党委、政府趁热打铁,提出"枇杷强镇"的发展战略。"我们办了 3 件大事,一是在市农业农村局的帮助和支持下,邀请省、市专家加入一都'智囊团',为枇杷种植提供强大技术支撑;二是打造具有统一标识的一都品牌,获得国家农产品地理标志认证;三是在全省率先推出枇杷'气象指数保险',一棵枇杷树果农只要出一元保费,就能得到保障,就算遭遇气象灾害,也不会白忙活。"林雪枫说。

看到一都枇杷又"甜"起来,方培凤十分动心。2018 年底,他回到一都重新打理自家的枇杷园。"2019 年,我家种枇杷收入近 15 万元,是在外打工收入的两倍多。今年收入比去年更多。"方培凤喜滋滋地说。

一些外地人也循着"甜味"来到一都承包枇杷林。来自贵州毕节的涂祥华去年承包了近 6 亩"大红袍"枇杷。"今年小品种热卖,扣去成本,净赚五六万元。"涂祥华说,"种枇杷有奔头,来一都,我选对了。"

"甜"的秘诀:政府牵头"养蚂蚁"以大带小"搬"枇杷

今年初以来,受疫情影响,多地农产品滞销。一都镇却成功突围,不仅在两个月里卖光了枇杷鲜果,还实现销售额、农民收入双增长。一都枇杷甜蜜"逆袭"的秘诀是什么?

"我们提早布局,用'养蚂蚁'的方式,向枇杷电商产业积极转型。"林雪枫用一个形象的比喻揭晓答案,"我们引进了几只'大蚂蚁',有抖音、淘宝等自带流量的大平台,也有永辉、朴朴等本土知名电商,还有'果之道'这样的农产品供应链服务商;培育了一批'小蚂蚁',也就是一都本地的小电商。通过'大蚂蚁'带动'小蚂蚁',一起'搬空'一都的枇杷。"

"小象美食"平台是"小蚂蚁"中的优秀代表。平台负责人陈雄是一都的返乡创业青年，不仅打造销售平台卖枇杷，还发起成立了一都新零售家庭电商联盟。"我们的目标是，不仅要把枇杷卖出去，还要卖出好价格，提升一都枇杷的品牌价值。"陈雄介绍，电商联盟制定了枇杷的选果标准、甜度标准、表皮标准，分级分品销售，"不一样的品质卖不一样的价格，特大果、大果打品牌，小果拿来做活动、当赠品，从而拉开档次，把一都枇杷销售推向标准化、精品化。"据了解，今年有电商联盟成员把枇杷卖出每公斤 30 元的高价，是往常的 3 倍左右。

为了给"小蚂蚁"创造最优成长环境，一都镇全力打通各个环节：村民没有电商经验，镇里请来专业人士授课；村民年纪大了填单不便，镇里引进"果之道"智慧物流系统，只需刷身份证，就能自动导入后台订单信息，将枇杷发往全国各地；村民不懂直播带货，镇里举办为期一周的直播节，请专业团队驻扎一都，手把手教大家拍视频、开网店、做直播……

由此，一都诞生了一批不受地域限制、可以隔空合作的"家庭电商"——在外地工作的子女，通过发朋友圈或开网店，在线上宣传、推广、接单，父母则留在一都负责采摘、包装、寄货。

在山东工作的陈秀平，与在一都的父母配合默契，今年通过"家庭电商"模式卖出 7500 公斤枇杷。"本以为今年枇杷要砸在手里了，没想到走出一条新路。我家枇杷卖到黑龙江、内蒙古、吉林等地，一些客户已经和我预订明年的枇杷了。"陈秀平说，"以前枇杷能卖什么价，收购商说了算。现在，主动权掌握在我们手里。像我们这样卖精品枇杷的，单价比较高，收入也超过去年。"

"今年是一都枇杷向电商转型的第一年，接下来我们将认真总结经验、寻找不足、补齐短板，为明年的电商销售做准备。"林雪枫透露，一都将从"小蚂蚁"中择优扶持，培育自己的"大蚂蚁"，打造一都枇杷的新业态新品牌。

"甜"的融合：一二三产融合全产业链发展

"枇杷鲜果已经下市，但大家还可以尝到好吃的枇杷食品哦！"上周末，一都镇东关寨景区，讲解员陈小丽将一拨又一拨游客迎进游客服务中心。只见农产品产销体验馆内，枇杷蜜、枇杷膏、枇杷罐头、枇杷酒等枇杷深加工产品琳琅满目，水杯、抱枕、公仔等围绕一都吉祥物"嘟嘟"设计的文创产品精致可爱，引得游客们争相购买。

"枇杷鲜果的采摘期一年只有两个多月，如果只卖鲜果，产业就过于单一，缺乏后劲,抗风险性也比较差。2018年以来,我们以全国农业产业强镇示范建设为契机,围绕一都枇杷,发展枇杷种植生产、枇杷深加工、枇杷文化游,推动一二三产深度融合,延伸了产业链,提升了价值链,促进农民稳步增收。"一都镇镇长俞强介绍。

枇杷深加工方面,一都引进了专门从事枇杷原浆生产的天海东方食品集团有限公司。"每年枇杷尾季,我们都会在一都兜底收购枇杷。今年5月以来,有3000多吨一都枇杷在这里变成原浆,陆续加工成枇杷汁、枇杷露、枇杷膏等,销往全国各地。"公司负责人李辉吉说。

勤劳的一都人也没闲着,今年不少一都种植户自购设备,开始"研发"枇杷深加工产品。

善山村种植户张秀忠今年采摘了约6吨枇杷,卖剩的小果被他做成枇杷膏。"小果的收购价不高,今年我花了5万元买来专业熬浆机,做了2000多瓶枇杷膏,客户反馈还不错。"张秀忠给记者算了一笔账,从枇杷果到枇杷膏,枇杷的身价能涨三四倍。

年轻人则把枇杷加工"玩"出新花样。"小象美食"平台负责人陈雄与加工厂合作,推出枇杷干产品。陈雄说:"5公斤枇杷果可以做1公斤枇杷干,枇杷干出厂价约每公斤100元,市场售价约每公斤200元。""枇杷姐妹花"陈小清、陈小丽则做起了枇杷棒棒糖、枇杷果冻等,"周末一摆出来,就被小朋友们抢光了"。

枇杷加工"各显神通",一都枇杷文化游也风生水起。到枇杷主题展览馆,了解一都枇杷的"前世今生";到东关寨,饱览古堡建筑的气势磅礴;到后溪,体验漂流的清凉畅快;到罗汉里,追寻闽中游击根据地的"红色足迹",成为许多福州人周边游的经典线路。

"随着疫情阴霾散去,一都旅游业日渐回暖,最近每到周末都要接待一二千名自驾游游客。"俞强说,一二三产融合,是一都枇杷的"二次创业",成效非常明显,已连续两年带动农民增产增收,枇杷产业附加值大大提升,"下一步,一都镇将继续深挖拓展,加快全产业链发展进程,为乡村振兴注入新动力。"

"甜"的守护:各界聚力浇灌"甜蜜"

一都枇杷的"甜",是一都人用勤劳的双手、智慧的大脑拼出来的,也是社会各界的关心关爱"浇灌"出来的。

"看!像这样,用手把多余的砧木嫩芽去掉,再用小刀刮平,以免抢夺养分。"日前,在一都枇杷种植示范园,省农科院果树首席专家郑少泉一边示范,一边向果园管理人员讲解白肉枇杷的嫁接养护要点。

郑少泉是"枇杷界"的领军人物,多次获得国家级科技奖项。他研发的白肉枇杷系列品种,不仅口感香甜细嫩,还能将采收期延长一个多月,价格也是普通品种的 3 倍至 5 倍。

"早年推广'早钟 6 号'枇杷时,我就常来一都,发现这里的农民勤劳淳朴、十分好学,当地政府对枇杷产业也是鼎力支持。"郑少泉说,两年前,当福州农业部门找到他,提出想在一都推广种植枇杷新品种时,他欣然同意,加入这个充满激情和战斗力的"枇杷军团"。

今年春节,郑少泉在一都住了整整一周,手把手指导白肉枇杷新品种的嫁接。在郑少泉团队的定期上门指导下,一都镇按下枇杷品种更新的"快进键"。全国最大的二代杂交白肉枇杷新品种示范点、国家科技重点研发课题项目实践地、全省首个大棚枇杷母本园……最新最优的品种在一都孕育成长,为一都枇杷的未来蓄积无限能量。

枇杷种得好,还要销得好。4 月 2 日,福州市副市长严可仕来到一都枇杷园,通过抖音直播平台,向全国网友推介一都枇杷。"果大、皮薄、肉多、汁甜""枇杷润肺,多吃有益""产自绿色基地,买它买它"……接地气的吆喝,引得网友纷纷下单。

随后的一个月,成了一都的"直播月",多位政府领导、多名网络红人、多支直播团队轮番登场。他们中,有的现场直播带货,创下 8 小时直播销售 2.5 万公斤枇杷的佳绩;有的化身"直播导师",向农户传授视频拍摄、剪辑技巧,带出一批会文案、懂直播、精营销的一都新农民。

福州晚报社是一都镇三届枇杷节的重要合作伙伴。今年,枇杷节从线下转战线上,晚报的项目团队也开启了另一种忙碌。"我们的'这里是故乡'助农平台第一时间加入一都枇杷的助销队伍。"项目负责人黄君薇说,为了选果,团队几乎跑遍一都所有的村子,行程超过 1200 公里,累计销售枇杷约 3000 公斤。

"社会各界的关心和帮助,提升了一都枇杷应对风险和挑战的能力,让一都枇杷在转型升级中不断累加'甜度'。"林雪枫说。

放眼一都,漫山遍野的枇杷树依旧绿意浓浓,阳光下恣意舒展着,仿佛在为明年的丰产积蓄养分。30 多年来,一都人始终坚守枇杷产业,走出一条乡村振兴之路,这片绿水青山,已然化作金山银山。

数字福州·新时代新生活

福州广播电视台

案例简介

　　党的十九大报告对建设网络强国、数字中国、智慧社会等提出了明确要求。福建是践行习近平总书记信息化建设重要思想和重要理念的先行省份，是习近平总书记关于数字中国建设重要思想的孕育地、发源地。2018 年 4 月 22 日至 24 日，首届数字中国建设峰会在福州举行。这是经中央批准，由国家网信办、国家发改委、国家工信部和福建省人民政府等单位共同主办，福建省数字办、福建省网信办、福州市人民政府等单位承办的一次高规格的盛会。中央决定在福建福州举办首届数字中国建设峰会，具有重要意义。福建省委宣传部高度重视，提前策划，周密部署，浓墨重彩做好峰会宣传报道。

　　按照省委宣传部的部署安排，福州广播电视台《福州新闻》在峰会举行前夕，积极创新形式，推出五期《数字福州·新时代新生活》融媒体特别策划。报道创新节目形式，以"一镜到底""无缝剪辑"等创新手法展现数字福州建设成果在日常生活、民生保障、政务服务、城市管理、农业生产等方面的成功运用。

　　该系列报道充分发挥电视媒体在声画方面的优势。在题材上，选取和百姓生活联系最为密切、最受关注的方面，比如智慧小区、电子支付、网上办事、数字城管、大数据医疗、VR 教育等，由点及面，展现数字福州为大家带来的便利新生活；在表现形式上，语言通俗易懂，配乐清新舒缓，画面构图精美；在镜头拍摄上，精心设计运动路线，用一个长镜头完整记录全程，实现"一镜到底"；在场景转换上，巧妙利用物体全遮挡、前景遮挡、相似场景、运动镜头、数字合成技术等转场方式，让主持人"移步换景"，在举手投足间实现时空转换，趣味性十足；在特效包装上，该节目利用数字技术，将镜头之间的剪辑点"隐藏"起来,实现"无缝剪辑",同时充分运用三维动画跟踪技术,立体动态地展现图表、数据,更直观形象地传递信息,一目了然,引人入胜。

党的十八大以来,习近平总书记发表了一系列关于党的宣传思想工作和新闻舆论工作的重要讲话,作出重要指示。他强调,要通过理念、内容、形式、方法、手段等创新,使正面宣传质量和水平有一个明显提高。《数字福州·新时代新生活》融媒体特别策划正是记者对这一重要指示的深入实践。从创意策划到拍摄实施,从编辑包装到多渠道分发,这一系列创作过程都为"数说"类新闻节目提供了实践总结和理论思考,成为传统媒体对融合报道的有益尝试,对做好党的新闻舆论工作,提升正面宣传质量和水平有积极意义。

该系列报道从策划拍摄到剪辑包装总耗时一个多月,生动展现了福州牢记习近平总书记的殷殷嘱托,在数字化建设方面的有益尝试与显著成效。节目制作过程中,导演要精心设计镜头的调度流程,摄像记者要精准走位精心构图,出镜记者要牢记解说词、路线、手部动作,现场工作人员则配合做好场务等,每个镜头的拍摄都多地踩点、多次演练,这些都对电视人的职业素养提出新的更高的要求,也为记者编导创作媒体融合产品积累下宝贵经验。节目播出后,获得社会各界广泛好评。节目还被制作成短视频,在今日头条、优酷、腾讯视频、福州新闻网、福视悦动等手机客户端、微信公众号和门户网站播发,阅读量、转发量迅速上升,在短时间内引发广泛关注。"央视新闻""央视新闻+"等客户端也整合采用视频内容,让该作品影响力在全国范围持续发酵,全网播放量超百万次。

案例评析

按照福建省委宣传部的安排部署,福州广播电视台《福州新闻》创新形式,推出5期系列新闻视频《数字福州·新时代新生活》(以下简称《数字福州》),展示数字福州建设在日常生活、民生保障、政务服务、城市管理、农业生产等方面的成功运用。

《数字福州》采用"一镜到底"的拍摄手法,精心设计场景转换,通过"无缝剪辑"让出镜记者"移步换景",举手投足之间穿越时空,带大家身临其境领略数字智慧给福州带来的便利新生活,并运用特效包装手段立体动态地展现图表、数据，更直观形象地传递信息。这个灵感，来源于央视制作的《数说命运共同体》。《数说命运共同体》开创了全新的数据新闻报道样式，展现了最新的视频制作技术、多样性的表达手法、生动丰富的视听语言和强大的数据技术支持。

《数字福州》既是媒体融合报道的有益尝试，也是向前辈学习、向经典致敬的实践。摄制组做了一些尝试、积累了一些经验、摸索了一些规律，切实感受到"一镜到底"和"无缝剪辑"的摄制手法，对导演场面调度、出镜记者功底、摄像师技艺和体力等方面的极高要求。

一、"一镜到底"的拍摄技巧

"一镜到底"，指拍摄中没有停机，运用一些技巧将作品一次性拍摄完成，打破蒙太奇的规则，没有镜头切换，没有正拍反拍，一个镜头贯穿始终，完整记录整个事件的发生过程。传统"一镜到底"所耗费的精力和财力是巨大的，全程不停机拍摄、没有"无缝剪辑"、不使用后期制作技术，实打实地通过调度完成一个超长镜头的录制。随着数字技术的发展，许多电影开始尝试精准设计和控制镜头的起幅、落幅，掩盖剪辑的痕迹，或者运用各种后期制作手法使剪辑点不易察觉，形成天衣无缝的视觉体验，以此达到"一镜到底"的效果。

《数字福州》采用的是分场景拍摄多个长镜头，再通过"无缝剪辑"把他们缝合在一起的"一镜到底"。无论是传统的"一镜到底"拍摄手法，还是现在经常运用的前期拍摄长镜头后期"缝合"的"一镜到底"摄制手法，都比普通拍摄手法难度大很多，观赏性和艺术性也更强。

1.挑选合适的拍摄设备。要拍摄运动镜头，首先要让拍摄设备稳定地运动起来。在挑选设备方面，一般有三种搭配方式：第一种是广播级大摄像机搭配斯坦尼康稳定器，成本投入高、操作难度大、画质最好；第二种是单反相机、微单相机搭配大疆如影、魔爪 AIR 等手持云台稳定器，成本投入适中、操作难度中等、画质中上；第三种是选用灵眸等小巧智能的一体化手持云台摄像机，成本投入低、操作简单、画质一般。综合来看，三种搭配方式各有千秋，摄制成本、拍摄难度、影像画质依次递减，都可以拍摄出稳定流畅的影像，可以根据实际情况具体选择。《数字福州》摄制组综合考虑了操作难易度、制作时间、人力成本、传播渠道等因素，采用第二种方式拍摄了 2 期节目，第三种方式拍摄了 3 期节目。

2.选择恰当的拍摄焦段。挑选合适的运镜拍摄设备不容马虎,选择恰当的镜头和焦段同样重要。想要把微视频拍得和常规新闻节目不一样,就要选择与人眼视觉差较大的拍摄手法,比如运用广角镜头拍摄,会让画面产生一定程度透视,呈现出较为夸张的视觉效果。《数字福州》拍摄时选择的焦段大部分在 24 mm 左右,根据不同的场景也会选择使用16 mm 左右的焦段。镜头的焦段越广,画面带来的透视效果越夸张,和人们肉眼看到的景象差别越大,视觉上的新鲜感越强。但是有一点要注意,摄像师构图时切忌把画面主体放在边缘,因为画框边缘的畸变效果会比中心强很多,人物在这里会被过度扭曲。

3.改变拍摄的视线高度。改变拍摄的视线高度,同样可以提升视觉的新鲜感。适当降低摄像机高度的仰拍、适当提高摄像机高度的俯拍以及高空超高角度的航拍等方式都是不错的选择。《数字福州》政务篇的开头,采用航拍机边下降边靠近出镜记者的拍摄方式,给受众一种马上开始的降临感,起到引人入胜的"带入"作用。《数字福州》的结尾一般会采用航拍机边上升边远离出镜记者的拍摄方式,画面短时间内从窄视角变为广视角,起到升华情绪的效果。

4.设定合理的运动路线跟拍。运动摄像和拍摄新闻有较大区别,新闻画面讲究四平八稳,以固定镜头为主,运镜则讲究画面的动感,要求每一个镜头和镜头里的被拍摄目标都是运动的。在"一镜到底"的运镜跟拍中,关键环节就是设定运动路线。《数字福州》主要采用的运动路线跟拍方式有 4 种,分别是纵向路线、横向路线、环绕路线和复合路线。

第一,纵向路线跟拍,是指摄像机和出镜记者选择适当的间距一起向前或向后移动,这种跟拍方式比较突出拍摄主体,背景环境变化小,影像信息单一,不容易分散受众的注意力,构图时把出镜记者放在画面正中央或者三分之一处,这样在画面的留白处可呈现较多相关数据或概念。《数字福州》民生篇有一个纵向路线跟拍镜头,运镜不到 30 秒,却用后期可视化特效手段,在画面上呈现全国首个心电大数据中心、慢病监测平台、心电血压实时监测仪、接入10000 多家医疗机构、覆盖6 个省份5000 万人、积累 2 亿患者的心电血压数据等一系列的概念和数据,信息量很大。如果这里采用横向路线跟拍,多变的背景环境会分散受众的注意力,降低数据信息的传递效率。第二,横向路线跟拍,指摄像机和出镜记者一起向左或向右移动,这种跟拍方式背景环境变化大、影像信息多元,出镜记者一般处于画面正中央或者三分之一的位置,常运用在需要着重展现背景环境的场景。《数字福州》政务篇中有一个在市民服务中心横向路线跟拍的镜头,一个运镜展示了大厅里方便快捷的办事场景、叫号屏幕上实时有序的排队情况等两方面内容。如果这里采用的是纵向路线拍摄,就没办法在一个运镜中并重展示这两方面内容。第三,环绕路线跟拍,指摄像机以出镜记者为中心,进行圆形或者弧形运动拍摄,这种跟拍方式可以较为全面地展示周围环境,影像信息完整,出镜记者一般处于画面正中央,常运用在空间较为狭小的场景。《数字福州》城市篇中有一个场景是在环境大气超级监测站拍摄的,这个站点的面积只有 15 平方米左右,空间局促,需要介绍的内容又比较多,这时摄制组就因地制宜地采用 360 度环绕拍摄,动感完整地展示了监测站全貌。第四,复合路线跟拍,是指采用纵向路线、横向路线和环绕路线中的两种或两种以上的拍摄方式,这种跟拍方式最为灵动活泼,能较好地展现空间的深度和层次,影像信息多维,因运动路线的多变性,出镜记者可处于画面的多个位置,十分灵活。《数字福州》生活篇中有一个介绍智慧小区的运镜长达一分多钟,这个镜头首先采用了纵向路线跟拍,依次介绍小区里智能路灯、智能消防栓、智能窨井盖等设施,随后采用 360 度的环绕路线跟拍,多层次、全景式地呈现了这个基于窄带物联网建设的智慧小区,让受众得以窥一斑而知全豹。

　　以上 4 种运动路线,各有特色,需要根据不同的场景设计相应的运动路线。拍摄中,要确保每一个镜头都是运动的,每一个镜头中的画面主体也是运动的,可以让画面更具动感,也便于后期制作时以"动"接"动"的"无缝剪辑"。轻易不要变焦,因为人眼不具备变焦能力,所以镜头变焦拍摄出来的画面看起来就不够自然,如果要改变构图,可通过摄像机靠近或远离出镜记者来实现;构图时注意留白,留下足够的"空白"画面便于后期人员制作数据特效。外拍时间尽量选择在上午十点以前、下午四点以后,此时的光线比较柔和,成片效果较好;天气要保持一致,《数字福州》一期节目大概有 10 个场景左右,如果出现晴天、阴天、雨天等多种天气,场景之间的转换会有明显的跳跃感。拍摄会用到一些道具,如政务篇中的文件夹、生活篇中的门禁卡、民生篇中的 VR 眼镜等,工作人员在递道具的时候可以大方入镜,举止得体、言语文明就好,切记不要蹑手蹑脚、畏首畏尾。突然从画面外伸出一双手莫名递上一个道具,这样的场景十分突兀。摄制组不必拘泥于某一种运动路线,而是结合实际设计更多更有创意的运动路线。《数字福州》城市篇中有一个介绍交通诱导屏的场景,摄像师就不拘一格,采用了一种非常有想法的运动路线:他先是沿纵向路线后退跟拍,随后镜头向右侧旋转180度,等被拍摄对象从镜头左侧通过站到交通诱导屏下方的指定位置后,再沿纵向路线后退跟拍完成拍摄。这条跟拍路线不同寻常,显得新意十足。

二、"无缝剪辑"的制作技巧

要实现"一镜到底",除了精心拍摄好长镜头,还要巧妙设计场景转换,制作"无缝剪辑"。"无缝剪辑"是指运用一定技巧或在数字技术的帮助下,镜头与镜头间的剪辑点被"隐藏"起来,形成好似一个镜头拍出来的影像。"无缝剪辑"在《数字福州》中的作用主要是实现流畅的场景转换,有以下五种应用:

第一,物体全遮挡转场。物体全遮挡转场,是指拍摄时利用场景中的人物、工具、道具等实体遮挡物,通过摄像机靠近实体遮挡物或者实体遮挡物靠近摄像机的方式,缩短两者之间的距离,物体在完全遮挡住摄像机镜头后再分开,形成类似闪黑或闪白的转场效果,这种转场效果有较强的视觉冲击力,同时可以制造视觉悬念。《数字福州》农业篇中有两处应用了全遮挡转场。第一处,类似闪黑的全遮挡转场,A场景中,当说到"西红柿通过四季轮种,亩产是传统种植的5倍以上"时,出镜记者配合解说词打开手掌伸出5个手指,随后手掌贴近镜头实现全遮挡黑场,摄像机停拍;到B场景后,出镜记者用手掌全遮挡住镜头,摄像机开拍后,手掌远离镜头完成转场。第二处,类似闪白的全遮挡转场,出镜记者在A场景中用手电筒的光束照向摄像机镜头,并把白色眩光填充满整个画面,摄像机停拍;到B场景后,出镜记者把画面中手电筒的眩光效果调整到和上个画面基本一致,摄像机开拍,手电筒光束离开镜头完成转场。

第二,前景遮挡转场。前景遮挡转场,是指在A、B场景拍摄时分别利用实体遮挡物在镜头前方做相同方向和相同速度的运动,或者摄像机在实体遮挡物后方做相同方向和相同速度的运动,在遮挡物完全掠过镜头后停拍,后期把两个镜头剪辑在一起完成转场。制作前景遮挡转场时,遮挡物掠过镜头时要完全遮挡住被拍摄的主体,摄像机的运动速度、构图大小、色温光圈等要素要完全一致。《数字福州》生活篇中有一个从扫码过闸机的站厅层到乘车的站台层的转场,就是利用一根柱子,作为前景遮挡物完成的。A场景,出镜记者扫二维码过闸机并走到柱子后,摄像机一路跟拍从柱子前掠过,画面中的柱子遮挡住出镜记者,摄像机停拍;B场景,摄像机和出镜记者分别从另外一根柱子的前面和后方,从同样方向、同样速度运动出来,转场完成。

第三,相似场景转场。相似场景转场是指利用A、B场景中大致相同或相似的场景,作为两个镜头之间的连接点,让受众视觉得以延续,实现自然流畅的转场。《数字福州》城市篇中有两处,分别使用天空、地面两个基本相同的场景完成转场。美中不足的是,在使用天空作为相似场景转场时,两个场景的天气一个是晴天、一个是阴天,色调存在一定的反差,尽管后期做了调色处理,但效果还是不尽人意。所以采用相似场景转场时,要特别注意画面中物体形状相近度、位置重合度、快慢速度、色彩明亮度饱和度等要素,避免影响转场效果。

第四,运动镜头转场。运动镜头转场是指利用摄像机镜头往上下左右等方向快速运动来完成场景转换,摄像机的运动要通过人物的手势指引、跟随物体运动轨迹等符合逻辑的方式来带动。这种转场是利用运动过程中产生的模糊效果容易被肉眼忽视的原理而实现的,因其具有运动的惯性,转场效果较为自然。《数字福州》生活篇里,出镜记者在A场景用手部带动摄像机快速向上翻转90度,随后B场景中再用同样的速度把摄像机快速向下翻转90度,完成了从超市内景到外景的转场。

第五,数字合成技术转场。数字合成技术转场是指在后期制作过程中,利用蒙版遮罩、动态跟踪或数字绘景等特效方法,把剪辑点隐藏起来实现场景转换,这样的转场可以把不同时空的人、物、景在同一个镜头中衔接起来,颇具观赏性和趣味性。数字合成技术转场在《数字福州》中有着广泛的应用,比如生活篇中公交站到地铁站、三坊七巷到金鸡山公园的转场,采用了二维码图片和风景照片动态跟踪手机的特效;政务篇中从鼓楼庆城社区到东部办公区,城市篇中从东街口到公安智能交通控制中心,农业篇中从数字化养殖场到企业农产品展示厅等转场,采用了抠像结合蒙版遮罩的特效。

"无缝剪辑"后的剪辑点之所以不容易被察觉,主要是利用了人们的视觉心理和生活经验,实际上是一种"障眼法"。为了更加巧妙地隐藏剪辑点,进一步提高摄制效率,导演事先要前往每一个场景踩点,精准到"秒"地预排好"一镜到底"的跟拍运动路线,精确到"步"地设计好"无缝剪辑"的上下场景转换,还要处理好转场和解说词之间的相互呼应关系,这样才能确保一期节目中转场效果不生硬、不重复、不为了追求转场效果而设置转场;拍摄时摄像师和出镜记者完成动作要干净利落，不拖泥带水；后期制作时，剪辑师要把控好节奏，做到快慢有序，自然流畅。

三、结语

《数字福州》一期节目时长一般在 4 分钟左右，一个镜头长度一般在 30 秒，最长的一个镜头达到了一分多钟，摄制"一镜到底"和"无缝剪辑"，需要精心设计、多方配合和多次演练，拍摄中只要一个小小错误就会前功尽弃，所有人必须从头再来，这些都对电视人的职业素养提出了新的更高要求。当下，媒体融合发展已经进入快车道，电视人只有"不断掌握新知识、熟悉新领域、开拓新视野，增强本领能力，加强调查研究，不断增强脚力、眼力、脑力、笔力"，才能创作出更多更具传播力、引导力、影响力和公信力的融媒体产品。

代表作品

数字福州·新时代新生活

陈建斌　吴敬华　胡志福　林　滟　孙秀娟　邹　炜　钟朝辉　吴国文

福州广播电视台《福州新闻》　2018 年 4 月 16 日—2018 年 4 月 20 日

有福之州　智慧生活

【演播室】

2000 年，时任福建省省长习近平高瞻远瞩，作出了建设"数字福建"的重要决策，成为如今"数字中国"的思想源泉和实践起点。多年来，福州市委、市政府全面贯彻落实习近平总书记当年作出的重大部署，扎实推进"数字福州"建设，取得了显著成效。本栏目今天起推出《数字福州·新时代新生活》融媒体特别策划，为大家展现"数字福州"建设成果。今天我们先来一起体验在福州的智慧生活。

【同期】

记者吴国文：一天的智慧生活我们从这里开始。有了智能梯控设备，扫描人脸，不仅能够打开门禁，电梯还能自动升降到你所住楼层。出门还需要门禁卡吗？

当然不需要！走在小区里，发生危险怎么办？按下路灯下方的警报器就可以。智能路灯为你照亮前路，也是你危急时刻的最好帮手，同时它们还能实时监控小区里的噪音，空气状况。万一发生火灾，消防栓没水怎么办？智能消防栓，自动监控水量、水压、漏损情况，保证救援，不误事儿。这里的窨井盖也很聪明，如果出现下水道倒灌、窨井盖顶出、水位过高等现象，井盖会自己通知工作人员来处理。这就是福州首个基于窄带物联网技术建设的智慧小区。在这里，居民还可以享受 13 项窄带物联网技术带来的便利与安心。在这里，每一个细节都是智慧的，每一项智慧成果都来自福州企业的自主创新。目前在福州，像这样的智慧小区，在建的就有 20 多个，还有数十个老旧小区也正朝着这个方向改造。这样的智慧生活，难道你不向往吗？

数字技术不仅让我们生活更安全更舒适，还能让生活更便捷。公交车要等多久？看看手机就知道。坐公交没有零钱，打开手机用乘车码就好啦！

这种乘车码坐地铁也可以用，刷码进地铁，就是这么简单。

目前，福州已经在地铁 1 号线全线，95％的出租车，200 多条公交线路上实现了移动支付。更别说分布在全城各处的共享单车，共享汽车。在福州，有手机，就可以解决你的一切出行烦恼。

仅仅是出行吗？不。福州作为全国第三个"无现金城市"，移动支付已全面渗透到商超、住宿、餐饮等商业领域及百姓生活的方方面面，覆盖率超过93％。现在，我市不少大型超市已能实现"扫码购"，购买商品只要手机扫一扫就可以完成线上买单，我连收银台都不用去。未来，这种新技术将在我市新零售业态中广泛使用。

今年 3 月底，我市还推出了"e 福州"APP，首创城市公共服务电子支付二维码——福码，可通行福州 9 大支付领域，从交通出行到文化教育，从医疗健康到公共服务，生活中的任何需求都可以交给"e 福州"来解决，真正实现"数字福州·一码通行"。

忙碌了一周，休闲时间如何打发，你可以试着来一场说走就走的智慧旅游。在旅游集散中心，智能机器人能为你提供全面便捷的旅游推荐。打开手机下载 APP 并扫描纸片,生动的 AR 动态实景便跃然纸上。

科技给我们带来的智慧旅游新体验并不止于此。摇一摇、扫一扫,一部手机就可以带你遇见最美的福州。通过微信公众号或是 APP 开启自助游览模式,不用导游,就能让你通晓福州千年历史积淀。目前,三坊七巷、马尾船政、鼓岭等福州知名景区都融合互联网技术,开启了数字时代旅游新方式。

不只是知名景区,市民家门口的公园也因为数字变得更智能。到公园游玩,可以提前知道停车小窍门,行走蜿蜒步道,能畅享快速的免费 Wi-Fi,打开手机,就能实时了解环境空气变化,随时随地听景点介绍。数字时代下的新休闲就是这么自由。

这就是数字福州,在这里居家可以更安全,出行可以更方便,休闲可以更自由。生活因数字而改变,时代因数字而精彩。

智慧城市　你我共享

【演播室】

城市治理和管理不仅是国家治理体系的重要组成部分,也与每一位市民休戚相关。随着互联网、大数据等数字技术的发展,城市治理被赋予了新的内涵和新的要求,我们的城市也因此变得更智慧、更宜居。2016 年、2017 年,福州还连续两年获得"中国领军智慧城市奖"。今天的《数字福州·新时代新生活》融媒体特别策划,就一起来感受福州在城市管理方面有多智慧。

【同期】

记者乔婕:数字技术如何助力城市治理?数字城管会告诉你答案。走在路上,发现城市道路、井盖、路灯等公共设施出现破损、移位、缺失,怎么办?非法张贴的小广告破坏了环境,随意摆放的共享单车影响了出行,该向哪里反映?别着急,打开手机,找到福州数字城管公众号,拍照上传。

很快,这张照片就会出现在数字城管系统上,系统会通知相关部门及时处理。这就是我市依托现代信息技术搭建的"智慧福州"数字城管,目前已覆盖全市。它将原来分散在各部门的城市管理问题集中起来,进行统一受理立案,分类派遣处置,统一监督考核,案件处置最快可缩短至 2 个小时,极大提高了城市管理效率。

目前,数字城管的管理内容已涵盖公用设施、道路交通、园林绿化、市容环境等方面,涉及市县两级处置责任单位 450 多家。2013 年运行以来,系统共受理城市管理问题 348 万余件,其中 2017 年受理 91.45 万件,结案率为99.37%。

信息技术的迅猛发展不仅让城市管理更有效,也让大家的出行更顺畅。这条远洋路是连接二环路和三环路的关键路段。为实现进城车辆提前分流,这里设置了交通诱导屏,用红、黄、绿三种颜色实时发布路况信息,引导机动车提前选择更为畅通的道路通行。这样的诱导屏,在全市关键节点共有 27 面,日均发布诱导信息 100 余条。

当然,你还可以通过手机获取更多路况信息。基于车联网、GPS 定位等技术的"福州市区道路拥堵信息发布平台",会实时向即将进入拥堵区域的车辆发布提示信息,引导驾驶人"智慧出行"。

这样的"智慧出行"是怎样做到的?答案就在公安智能交通控制中心的这个"大数据智能平台"。这里集纳了我市交通路网上的各类海量数据,不仅能为市民提供实时路况、停车诱导、设施查询等服务,还能进一步优化交管部门的交通勤务、信号灯配时、通行管制等工作,同时也能精确研判市区交通堵点,为职能部门制定缓堵措施提供科学依据。

新型智慧城市带来的福利可不止这些。宜居的生态环境一直是福州市民引以为傲的,尤其是频频刷爆朋友圈的"福州蓝"。可你知道吗?这样的蓝天白云也少不了数字技术的保驾护航。

打开手机就可以查看空气质量指数,分散在全市各处的 52 个空气自动监测点,织起了一张大气防护网,让环境监测员随时掌握实时数据。而这个位于金鸡山的大气环境超级监测站,还能对空气进行精准"体检",查出污染原因,对症下药。

同时,我市还在 185 个项目工地安装了扬尘在线监测设备,实时上传监测数据。高精尖的"前线装备",为打赢空气质量保卫战提供了有力保障。2016—2017 年福州市空气质量在全国 74 个重点城市中连续两年排名第五;2018 年 1 至 2 月排名跃升至第二名。

这就是数字福州。在这里,城市管理更高效,交通治理更科学,环境监测更精准。数字技术已在城市治理和民生服务上发挥越来越大的作用,推动福州向新型智慧城市大步迈进。

互联网＋政务　带来发展"加速度"

【演播室】

　　"百姓办事方不方便,政府服务群众的效率高不高",这是建设服务型政府的关键。作为全国唯一的国家"互联网＋政务服务"综合试点,福州大胆创新,在"减"少审批流程的同时,"加"入互联网、数字化应用,真正让"信息多跑路,群众少跑腿"。今天的《数字福州·新时代新生活》融媒体特别策划,就带您一同感受"互联网＋政务服务"为福州发展带来的"加速度"。

【同期】

　　记者文敏:"马上就办、真抓实干"这八个字,相信福州市民都不陌生。它是曾在福州主政的习近平同志留给福州干部群众的宝贵精神财富,已成为这座城市的优良传统。如今,数字福州的快速发展,为政务服务插上了"互联网"这双翅膀,也让"马上就办、真抓实干"进入了数字时代。

　　以前,出门办事,厚厚的文件夹是办事的标配。有了互联网,政务会发生怎样的改变呢?

　　在市行政服务中心,答案随处可见。用中心的官方微信"福州窗",在家就能预约咨询、排队取号,还可以随时了解办事进展……登录"网上办事大厅",提交电子证照等材料。

　　很快,这些材料就会出现在审批窗口,所有的业务在 5 分钟内就可以审批完成。这就是我市在全国率先实行的行政审批全流程电子证照应用。企业通过数字证书和电子签章,就可以在线申报,不用到窗口提交纸质证照材料。目前,我市网上审批系统已经覆盖了 551 个事项 437 类证照,实现了无纸化快捷办理。

　　福州电子政务创下的"全国第一"可不止这些。全国首创的"企业营业执照自助服务终端",企业可以自行操作,2 到 3 分钟,就能打印全套营业执照。在全国率先启动的不动产登记"外网申请、内网审理"试点,市民通过网页、微信就可以随时随地上传材料、申请办证。办事效率不断提升,群众需要跑腿的时间和次数自然下降。福州这扇展现投资软环境的窗口,也被越擦越亮。

电子政务仅仅方便了企业吗？当然不。在市民服务中心，"数字福州"建设带来的高效服务，令每个市民都成为受益者。这里是我省首个为市民独立设置的综合办事中心，专门受理与个人衣食住行、冷暖安危相关的申请事项。目前，共入驻 45 家部门（单位），提供 462 项审批服务。

这里，办事很简单。办事指南、预约取号一样可以交给"福州窗"，还能实时查看排队情况，到了时间，你就可以带上材料到这里直接办理，保证不误事儿。而且，82％的事项都可以当场办结。

错过了办事时间，怎么办？别担心，24 小时自助服务终端机帮你忙。即使夜里 12:00 来这儿，也能办理港澳通行签注、医保社保缴交记录查询、个人征信记录打印等 80 项公共服务事项。临时起意，想去香港来场说走就走的旅行？通行证签注，3 分钟就够了。

便民服务"随时可以办"，还能做到"在哪都能办"。在鼓楼庆城社区，居民在社区里的政务服务综合受理点，就能办理生育服务登记、城乡低保申请、公积金查询等 64 个事项。今年，全市这样的社区受理点已拓展到 130 个，为福州编织起政务公共服务的四级网络，让群众在家门口就能办好事。

这就是数字福州。在这里，互联网与政务的完美融合，让 95.3％的市级政务服务事项，实现了"最多跑一趟"。群众办事满意率达 99.99％。数字新时代下的新政务，让企业发展更无忧，群众办事更方便。

数字技术　为农业插上智慧翅膀

【演播室】

农业是提供支撑国民经济建设与发展的基础产业。而随着物联网、智能控制等新技术的应用，现代农业生产已逐渐告别土壤肥瘦的限制和春夏秋冬的气候影响。今天的《数字福州·新时代新生活》融媒体特别策划，就跟随我去见识，数字技术给我市农业生产带来的翻天覆地的变化。

【同期】

记者韩琳：说起农业，你脑海里浮现的会是怎样的景象？面朝黄土背朝天？满身汗水一脚泥？如果这样想，你就 OUT 了。在这样的智能种植大棚里，没有泥水土块、没有风吹雨淋，蔬菜都种植在最合适的高度，无论种植还是采摘,都是最舒服的姿态。在这里,农业生产者可以和都市白领一样穿着舒适体面,"穿着皮鞋种田"已经变成了现实。

数字时代下的农业当然不只是换上了皮鞋。在大棚里,智能化气候控制系统、水肥一体化灌溉系统,能给作物提供恰到好处的水分、养分和温度,甚至连空气中的二氧化碳含量都能控制。农药、重金属、生长激素?通通不存在。蔬果的品质和产量都能得到大幅提升。比如这里的西红柿,通过四季轮种,亩产能达到 4 万斤,是传统种植的 5 倍以上。

如果有必要,系统还能控制阳光。就像女生会挑剔不同颜色的裙子一样,很多植物也对光的颜色有着独特的喜好。比如经济作物金线莲,就偏爱红光和蓝光,讨厌绿光。在这里,智能化的 LED 光照系统,可以根据金线莲的生长周期,提供最适宜的光谱颜色和光照强度,让它们生长更欢实更强壮。是不是很神奇?

其实,这些大棚里的神奇,都基于物联网技术的深入运用。通过分布在农场各处的传感器,控制中心可以监测所有作物的生长数据,并根据需要调整环境参数。万一遇到了特殊情况,还可以通过网络把系统控制权交给省农科院,农业专家可以通过系统实时帮助农场解决问题。

不仅是种植业,数字时代下的养殖业一样很"智慧"。这样全封闭的新式养鸡场你见过吗?这里安装了目前国内最先进、自动化程度最高的蛋鸡饲养设备,通过分布在鸡舍内的感应探头和电子标识,可以实时监测鸡舍内的温度、湿度,监控蛋鸡的生长状况,并自动生成饲料营养配方,实现精准的环境控制、喂养管理和疾病监测预警。

在这样数字化的养殖场,不难发现,需要人工操作的生产环节非常少。从蛋鸡的饲养、粪便的清理,到鸡蛋的挑选、清洗、打包,甚至是后期蛋品的加工处理,都实现了自动化操作。

每一盒鸡蛋在出场前还被打上了一个这样的"三维码",打开手机扫一扫,鸡蛋的"前世今生"随时可查,让我们获得更多绿色、安全的农产品。

这种类似的追溯码,我市还有很多。在福州最大的海峡蔬菜批发市场,这里每个品种、每个批次的蔬菜经过检测后,都会生成一个追溯码。市民可以方便地了解这批蔬菜来自何方。

这就是我市去年在全省率先建成的"一品一码"全程追溯体系,目前已在蔬菜批发市场、大中型生鲜超市、部分农贸市场等重要流通节点应用,实现了猪肉、蔬菜等的流通可追溯。今后还将应用在更多农产品上,为市民舌尖上的安全增加一道有力保障。

这就是数字福州。目前,全市已设立 2 个"国家数字农业建设试点项目"、3 个"省级现代农业智慧园",拥有"省级农业物联网应用示范点"6 个,"市级农业物联网应用示范点"31 个。数字福州,让农业生产更智慧,农产品更安全。

数字民生红利多

【演播室】

医疗、养老、教育,是最受关注的民生问题。百姓的幸福指数与这三大领域的公共服务能力紧密相连。进入数字时代,大数据、物联网等技术的广泛应用,会给我们的医疗、养老、教育带来怎样的改变呢? 今天的《数字福州·新时代新生活》特别策划,就带您一同感受,数字福州建设带给市民的各项民生红利。

【同期】

记者覃天:数字时代下的医疗是怎样的? 不要觉得陌生,其实它就在我们身边。去医院看病,可以通过手机、网络预约;医生登录医院信息系统,就能直接写出电子病历;化验报告不用特意去取,手机上就可以看到结果。仅仅是这些吗? 不,还有更高大上的。

在街道卫生院、乡村卫生所可以得到三甲医院的诊疗建议? 是的,你没有听错! 居民在这里做的心电、血压等检测,可以第一时间上传到慢病监测平台,如果发现数据异常,心电专家就会及时进行远程诊断。大家再也不用为了做心电、血压等检测特意跑一趟大医院了。

这样的方便,得益于这个全国首个心电大数据中心。这里搭建的慢病监测平台已接入 1 万多家医疗机构,覆盖 6 个省份 5000 万人,积累了 2 亿多份患者动态心电血压数据。大数据技术,唤醒了"沉睡"在医院的信息,让医生可以"把脉"于数据之中,救命于千里之外。而通过这样的一个仪器,中心还可以实时监测患者的心电、血压情况。如果出现意外,中心可以第一时间通知最近的医生进行救助,把握抢救的黄金时间。

作为首批健康医疗大数据中心及产业园建设试点城市,去年,我市在全国率先启动国家健康医疗大数据平台建设。如今，位于滨海新城的中国东南大数据产业园已聚集了 20 多家健康医疗企业，合计投资超 12 亿元。有福之州正在大数据的护航下，跨步迈向"健康之城"。

健康是每个人宝贵的财富，尤其对于老年人来说，健康的晚年生活格外重要。还担心"老无所依""老无所靠"？数字技术引领的智慧养老将助力每个人拥有幸福晚年。

戴上智慧腕表，可以随时查看血氧、体温、睡眠状况等基本健康数据，还能实现实时定位、紧急呼叫、危险预警等功能。通过互联网养老服务平台，在社区居家养老服务中心，随时都能进行健康检测，并从云端直接推送给医生，实时掌握健康状况；老人想要理个发或买点生活用品，打开手机直接下单，服务就会送上门。目前，像这样的智慧社区居家养老服务中心在福州已有 37 个。

老年人生活幸福，老有所养，孩子们的教育也能因数字变得更有乐趣。课本里晦涩难懂的抽象概念怎么理解？如何改变沉闷的课堂环境？不用担心，来试试 101VR 沉浸教室。戴上 VR 眼镜，课本上的主角就跃然眼前，这样超真实的体验不是比白纸黑字的课本有趣得多吗？

不仅如此，利用 101 教育 PPT，老师的备课也变得更加轻松。只要轻点鼠标，就等于打开了一个包含上万种教学资源的授课平台，不仅省去了漫长的资料收集时间，还可进行个性化编辑。未来这样的智慧课堂，也将成为教育的趋势。

这就是数字福州。在这里市民的健康更有保障，老人的晚年更加幸福，孩子的学习更多乐趣。数字科技其实就在我们身边，润物无声地改变着我们的生活，提升着每个人的幸福感。

在战"疫"报道中彰显党报政治优势

厦门日报社

案例简介

自新冠肺炎疫情发生以来,厦门日报社坚决贯彻党中央和省委、市委决策部署,在市委宣传部的领导下,准确把握疫情防控和经济发展形势,实施移动优先的融媒体一体化生产运行机制,始终占据厦门舆论主战场,全媒出击,广泛传播,把稳节奏,宣传报道声势强劲,舆论引导有力有效,舆情化解细雨无声,有力配合了市委工作大局,充分彰显了党报鲜明的政治优势,做到了"让市委有感、与市民共情",多次得到市委、市政府和市委宣传部主要领导的充分肯定及市民受众的广泛赞扬。截至 2020 年 5 月 5 日,厦门日报社累计发稿近 6 万篇(次),开辟专栏专题 10 余个,纸媒刊登有关报道约 6000 篇,近 1800 个版面;新媒体和网站发布相关稿件、新媒体产品近 5 万条,总阅读量超 6 亿;被"学习强国"学习平台采用有关防控新型冠状病毒肺炎疫情稿件超 100 篇。

一、因时因势调整重心,精准把握节奏

一是实行战时机制,反应快速。2020 年 1 月 22 日即成立"厦门日报社应对新型冠状病毒感染的肺炎工作报道小组(而后升格为指挥部)",启动重大突发事件新闻报道应急机制,采用社长、总编辑"双指挥长"模式,全面打通行政架构,全面融合媒体资源,全面进入战时状态。早在 1 月 20 日起就在新媒体开设专栏,并于 1 月 24 日率先省内媒体在报上开辟专版,开设"落细落实落到位 厦门行动"专栏,第一时间开展有力的舆论引导。

二是准确把握形势,转段迅速。始终与党中央和省委、市委部署同频共振,适时迅速调整宣传报道的着力点,每一步都踩在关键节点上发出导向性宣

传。初期及时准确报道疫情发展变化与防控举措,阻断谣言播散,减少恐慌;之后,加强防疫科普,倡议正确防护,推动市场保供。2月7日,开设"援企稳岗抓发展 厦门行动"专栏。2月11日,调整引题为"打赢新冠肺炎疫情防控总体战特别报道",全面调整舆论引导重点。2月27日,调整栏题为"统筹推进疫情防控和经济社会发展",体现疫情防控工作进入新阶段要求,引导公众从全力防控状态向"双线"作战统筹抓的防控状态转变。

二、正确正向引导舆论,激发必胜信心

一是典型引领有力度。及时做好各级政府因时因势精准施策的宣传报道,全面宣传各部门各机构推出的相关防疫抗疫、稳岗暖企举措,相继推出专栏10余个,特刊4期。如"又见特区速度——本报记者新春走基层探访重大项目建设"、"开春话发展"系列访谈、"回暖见商机——记者现场直击""落细落实落到位""援企稳岗抓发展"等专栏;推出《党旗高高飘扬在战"疫"第一线》《战"疫"志愿红》《战"疫"英雄谱》等特刊,浓墨重彩营造全市统筹做好疫情防控和经济社会发展的氛围。同时,结合党建工作、爱心厦门的建设,关注各级各单位党建引领战"疫"的先进做法和经验,报道爱心企业和市民、海外同胞积极捐钱捐物助力防抗的感人故事,宣传先锋企业和基层人员开足马力加紧生产的振奋景象等,陆续开辟"我在战'疫'一线""战'疫'先锋""最美逆行者"等专栏,讲好防疫抗疫和高质量发展的厦门故事,极大鼓舞一线士气。

二是重磅特稿有深度。精心谋篇,深入采访,推出了特稿《一切为了人民的生命安全》《大数据技术助力打赢防控阻击战》,以及新闻述评《蓄力张弓在风中——厦门做好防控疫情和复工复产"两手抓"的观察与思考》等一组重量级深度特稿,围绕市委、市政府防控疫情和复工复产"两手抓"展开观察采写,总结提炼疫情防控的"厦门经验",展现厦门作为先锋城市的作为与风采。这一系列重要文章,在全国地方党报中做到了"先一步""快半拍",被"学习强国"学习平台、新华网、人民网、央视网多次转载刊播,总阅读量近1000万,形成全国影响力。

三是言论引导有高度。在每个防控节点,都及时刊发评论文章,及时引导社会舆论,疏解社会情绪,着力强信心、聚民心、暖人心。共刊发评论文章10余篇,有短、实、新的"马上评论",如《以爱相伴,一道迎向晴好春天》等,鼓舞人心;也有评论员长篇文章,如《统筹两手抓,奋力实现全年目标任务》,振奋士气。

三、网上网下同向发力,凝聚强大正能量

一是移动优先放能传播。按照"先网后纸、移动优先、视频优先"的运作原则,纸媒、微信、微博、"潮前智媒"APP、企鹅号、头条号、网络视频台、厦门网等全媒体矩阵无缝对接,"融合作战、融合传播、融合放能"。报社新媒体主题微信文章有3条的阅读量破百万,相关微博阅读量约1.4亿,"今日头条"APP总推荐量超1亿。产品类型阵容全、形式活,独家原创了包括H5、动漫、短视频、抖音在内的多形式融媒产品。发起的抖音话题挑战"战'疫'有我战无不胜"持续近一个月,总曝光量3.8亿,总点赞数超600万;原创的抗疫歌曲MV《曙光》和《鄂A在厦门的40天,没有被隔离的爱》新闻纪实片被新华社客户端、人民网、《人民日报》全国党媒平台、"学习强国"学习平台等转发或采用,全网阅听量逾800万人次。

二是精品策划入脑入心。在普及防护知识方面,从大年三十起创意设计推送防疫拜年系列海报,广泛张贴全市城乡500多个社区(村);推出闽南话普通话双语播报"大喇叭"喊话式视频,极富地域特色。在青少年引导方面,2月21日,发起厦门市小学生手抄报大奖赛,邀请小学生围绕战"疫"主题或"爱心厦门"建设内容设计版面,收到符合参赛要求的作品12000多件。在稳市场促发展方面,与职能部门联手推出活动,助力市场稳定。3月22日,与市商务局联手合作"百家百日促消费"活动,推动我市消费回补和潜力释放,各大平台机构、购物中心纷纷参与。1月29日联合市发改委、市商务局、市市场监督管理局、市邮政管理局等四家单位,发起《"保供应、稳物价、讲诚信、安民心"联合倡议书》,得到多家保供单位和相关商户、企业积极响应。

三是舆情专报提供参考。组建舆情分析组,对疫情防抗、物资供应、民生保障、市民呼声进行全面的梳理、研判,为市委、市政府和市应对疫情指挥部的决策提供参考并提出建议。

案例评析

抗击疫情的战场,正是增强"四力"的实战课堂。厦门日报社以高度的政治自觉,充分发挥党报独特的政治优势,坚持构建正确正向的舆论导向体系,

努力践行"四力",检验"四力",着力营造强信心、聚民心、暖人心的舆论氛围,激发干部群众防疫抗疫和高质量发展的必胜信心,积极为打赢疫情防控的人民战、总体战、阻击战提供强有力的舆论支撑。厦门日报社由于在抗疫宣传报道中表现突出,2020 年 9 月,被中国报业协会党报分会授予"全国城市党媒抗击疫情新闻宣传先进单位"和"全国城市党媒践行'四力'先进单位",同时有一位记者被授予"全国城市党媒抗击疫情新闻宣传先进个人"。福建省仅有 3 个单位和 2 名个人分别被授予荣誉称号。厦门日报社的宣传报道做法还被四川大学教授推荐给成都市应对指挥部借鉴。

一、领导带头示范,坚抗疫一线

报社采用社长、总编辑"双指挥长"模式,社长和总编辑在整个春节和疫情防控期间基本都扑在战"疫"第一线,与报社团队一起战斗到深夜,对选题策划、版面安排、标题制作等直接指挥、直接把控、直接点题,力求把时度效把握到最佳,把风险控制在最小。报社领导直接牵头撰写《蓄力张弓在风中——厦门做好防控疫情和复工复产"两手抓"的观察与思考》新闻述评等重要稿件,牵头设计战"疫"海报,参与录制防疫闽南语广播,直接点题"保供应、稳物价、讲诚信、安民心"联合倡议、"我是第×个响应的厦门人"H5 产品、"这样安静的厦门,你见过吗?"、"战'疫'有我战无不胜"抖音话题挑战等重要策划,均取得了良好的社会反响。在社领导的示范带动下,报社各层级主管始终带着团队一马当先往前冲,大家主动请战、热情参战、全力奋战,融媒体记者全天候待命,深入定点医疗观察点、重要通道检查点等疫情防控最一线采访调研,有新媒体小编们甚至连夜从家乡赶回带着行李箱"就位"。

二、启用战时机制,实现体系化作战

融合时代既要有单兵作战的复合能力,更要有流畅顺畅的体系化作战能力,产生聚合效应,实现各方资源利用效益最大化、力量联动作用发挥最大化。厦门日报社以战时体制、战时做派、战时纪律,有力调度报社系统各媒体全面进入战时状态,"集团军"在统一步调下,发挥多兵种"合成旅"的作战优势,奔赴各条战线,投入各个战场,创造性地落细落实各项工作。一是有强有力的中枢机构。报社应对指挥部以集成化的方式集中研判战"疫"形势变化,以模块化的方式对精锐力量进行穿插重组,以差异化的方式对各战斗部队进行

分工联动,以扁平化的方式直接插到战"疫"第一线,确保火力不分散、要素不分离、人员不分神。二是有流畅的传导系统。报社应对指挥部下设全天候总值班组、宣传报道组、全媒体编审组、舆情分析组、保障组、信息组等六个小组,既确保条块结合、整体联动,又强调独立作战、联防联控,与既有行政架构、党组织架构形成三线支撑、互为犄角,确保信息的高效流动和工作的有效落实。

三、着力硬核策划,多层次开发新闻精品

疫情期间,社会对信息的需求很大,新闻媒体的信息生产量也很大。新闻产品要在浩如烟海的信息中脱颖而出,必然要以精品抓住受众的眼和心。在本次战"疫"报道中,厦门日报社抓牢正能量的总要求,以独家策划、首创传播的方式,通过精细化制作、可视化呈现、互动化传播,多层次开发新闻产品,在纸媒、新媒、公益广告、策划活动等各个方面,生产出多项与众不同的新闻产品。纸媒报道,有特稿、特刊、言论等;新媒产品,有原创 MV、顺口溜、H5 等;公益广告,设计出独立于报纸的、可供张贴的海报;策划活动,有小学生手抄报活动、居家运动会、与市商务局联办的"百家百日促消费"活动等,针对不同群体,打造各自喜闻乐见的新闻产品,形成多方位、多层次、多声部的传播矩阵。同时,每个层次、每个"声部"里的产品也实现精雕细琢,特稿、特刊、言论,都是选择在关键的防控节点推出,凸显了舆论引导的作用。新媒体产品的原创MV 和新闻纪实片,是报社在特殊时期的积极尝试,全网阅听量逾 800 万人次,作为一个地市级媒体,单个新闻作品,能达到这样的传播数量,相当不易。此外策划活动,精准投放到学生家长学校、居家者、消费者等群体,可以说,作为一个社会人,想不被影响都难。"四力"赋能的这样多层次的系列策划,最终在舆论引导上达到同频共振的效果。

四、全程全效融合,产生聚合效应

在报社系统"一盘棋"的指挥下,报社资源融为一体,合于一端,充分发挥了主流媒体应有的信息发布、安定民心、释疑解惑、鼓劲打气等宣传和引导作用,极大提高了战"疫"报道整体的影响力、感染力和传播力。本次疫情防控宣传战役,厦门日报社以"潮前智媒"APP 为重要平台进行全媒体报道,实现了"融合作战、融合传播、融合放能"。一是指挥体系进一步向融合转换,运用重

大突发事件的融媒体"模块插件式战区作战制",在全系统范围内集聚一切作战要素,跨部门跨媒介合成作战。纸媒、微信、微博、"潮前智媒"APP、企鹅号、头条号、网络视频台、厦门网、户外大屏等全媒体矩阵明确分工,无缝对接,各展所长,进行纵深式、立体式的宣传,凝聚强大合力。二是新闻资源进一步融合汇聚,按照"先网后纸、移动优先、视频优先"的运作原则,优先汇聚到全媒体中央厨房,多形式多渠道第一时间快发快报,抢占舆论高地,统筹网上网下两个舆论场同频共振。

五、舆情监控分析,助力政府社会治理

在本次战"疫"期间,厦门日报社所报送的专报与内参,获市领导批示十余次,有效地发挥了党媒作为党委政府的"耳目"作用。实践表明,在新技术革命驱动媒体融合发展的当下,新闻媒介围绕中心服务大局的功能没变,但方式必须与时俱进。报社既要发挥"喉舌"作用,打赢大众传播加油鼓劲传播正能量弘扬主旋律的正面战场;也要发挥"耳目"作用,打赢舆情监控、分析、引导的特殊战场。新闻媒体做好舆情工作有先天优势,必须拉长自身长板。其一,媒体本身具有深入社会各个行业领域的跑口记者和丰富的通讯员资源,本身就是信息集散中心,有渠道优势。其二,媒体有大批高素质,懂政策,有社会实践经验的编辑记者,是天然的舆情分析师团队,有智力优势。其三,近年来,以《厦门日报》为代表的一批媒体通过转型,添置了一些大数据搜索工具,具有一定的技术能力。做好舆情工作是媒体转型的重要方向。新媒体革命延伸了媒体的产品链,扩展了媒体的服务领域,而中国庞大的网民基数使得互联网成为重要的民意表达窗口,网络成为政府的重要决策参考来源,新闻媒体通过新技术赋能,完全能够在基层治理中扮演"耳目"和高参的作用,前景广阔。

六、引领舆论风向,彰显党报政治优势

本次疫情防控宣传战役,既是试金石,也是磨刀石。报社团队在关键时刻再次凸显了党报人"铁心向党、铁肩担责、铁纪带兵"的过硬作风和坚毅品格,上连网络舆情,下接市民地气,一次次在舆情萌芽时引领风向,一次次在众声喧哗中一锤定音,一次次在重心转换时迅速发声,进一步彰显主流媒体的传播力和引导力,进一步挺立起自身的公信力和影响力,成为主流价值观的重要支撑和信息社会的主心骨。"大事看大报"进一步成为厦门市民的广泛共识,《厦

门日报》在关键节点推出的一系列宣传报道成为厦门市民和外地媒体的首选信息源，"潮前智媒"APP也成为厦门市民的宅家标配。在新媒体领域，除了传统的微信微博企鹅号，报社的影响力也进一步向头条号、抖音等平台延伸拓展，形成庞大的新媒体矩阵，从而进一步放大了党媒的声音。

代表作品

大数据技术助力打赢防控阻击战

林露虹　李晓平

《厦门日报》　2020年2月12日

扫扫二维码，进入"i厦门"登记信息；轻触手机，完成口罩购买预约；通过线上"零接触"问诊，减少交叉感染风险……

我市打响疫情防控阻击战以来，大数据技术的应用，已成为市民熟悉的生活场景。

而在看不见的"云端"，海量数据正不断地碰撞比对，生成一份份数据分析报告，服务于精准防疫和科学决策。

面对突如其来的疫情，厦门认真贯彻落实习近平总书记重要指示批示精神和中央、省委的决策部署，科学运用大数据，不断创新管理模式，各部门在市应对新型冠状病毒肺炎疫情工作指挥部的统一指挥下，通力合作，以"大数据＋防疫"，筑起安全"防护墙"，助力打赢疫情防控阻击战。

多渠道摸排　织密大数据网络

"您好，请出示您的入厦信息登记二维码。"昨日，在火车站、机场等各个出站口以及高速公路收费站等处，工作人员不断提醒入厦人员，通过"i厦门"微信公众号登记入厦信息，出示二维码、测量体温后方可出站。

随着返程复工高峰的来临，新冠肺炎防疫工作面临新挑战，由市工信局牵头，我市迅速推出并启动厦门市新冠肺炎监测溯源（防控大数据）系统，入厦人员网上登记正是该系统的一项应用程序。所有分散于各站口的入厦人员登记信息,如涓涓细流,汇集到同一个数据池里。

作为城市的细胞,社区是防疫大数据的另一个重要入口。每天,在厦门各社区,工作人员都会对所有进出小区人员进行体温测量,并依托基层网格人员信息摸排系统,对新返厦人员信息进行详细登记,通过"大数据+网格化"筑牢防疫战线。

信息的登记收集,多渠道的线索摸排,都为疫情防控提供了精准的"靶向"。据市工信局介绍,依托厦门市新冠肺炎监测溯源系统,全市已形成一张大网,在口岸、酒店、工厂、学校、社区等摸排点实时进行信息收集上报,并同步与疾控监测、医疗机构系统数据互联汇聚,实现对疫情全流程监管,形成闭合式管理体系,全力阻击疫情。

巧用大数据 找出密切接触者

"有武汉接触史的 A 在公共场所遇到素昧平生的 B,A 不知道 B 的存在,B 也不知道 A 的存在……"在网上热传的"ABCD 疫情传染矩阵"中,B 被视作隐患最大的一批人,没有人知道谁是 B,而如果居家的 D 一出门,就有碰到 B 的可能性,成为同样具有隐患者(新 B)。

"时间就是生命,越早确认密切接触人员的健康状态,疫情就能越快得到控制。大数据技术的运用,有助于帮助我们找到 B 和新 B 群体。"厦门健康医疗大数据中心负责人告诉记者,如果仅仅靠患者个人回忆,无法准确锁定密切接触人群,其后续情况也难以追踪,而大数据的运用解决了这一"痛点"。

记者了解到,自疫情防控阻击战打响以来,我市通过交通、通信、公安等多部门的大数据联动,对与疫情相关的人员、车辆等数据信息进行分析,构建了密切接触人群的网络图谱。借由图谱,相关工作人员可迅捷追踪到密切接触人群的活动和健康情况轨迹信息,及时做好隔离和提醒工作,大大提升了防疫时效。

在发热疑似人群的精准管理中,大数据同样发挥了重要作用。目前,我市已建立门诊发热人群管理、院中诊疗管理、疑似病例报告处置等子系统,保障全过程医疗救治的健康事件精准管理。患者一进入医院,从门诊到住院,从疑似到确诊的全过程都有记录,做到有迹可查。

通过大数据分析,我市形成地区发热病人监测、疫情监测等统计信息,为疾控机构开展工作提供及时、可靠、有效的数据，从而促进了全市的高效防控。

"零接触"问诊　防范交叉感染

只需点点手机，市民便可以不出家门实时对话社区医生——春节期间，厦门市卫健委的两个微信公众号"美丽厦门·智慧健康"平台和"厦门 i 健康"，皆上线"抗击新冠肺炎"专题，全市 39 个社区、千名家庭医生为需要问诊的市民提供发热咨询。

一直以来，厦门致力探索"互联网＋医疗健康"服务的模式，在这个非常时期，"大数据＋互联网"的功效得到了充分发挥。

"我们运用原来的平台，及时提供线上发热咨询，来社区面对面就医的患者数量明显少了，减少了交叉感染的风险。"开元街道社区卫生服务中心副主任胡国彬告诉记者，线上的"零接触"问诊，既解答了市民的疑问，又缓解了医院门诊压力。

胡国彬的微信界面中，置顶的是"i 健康"智能助手。"这么做是为了第一时间阅读系统发来的消息。"他说，社区所有的医生每天都会登录这一平台，确保尽快回复市民咨询。此外，胡国彬还和同事们通过平台为辖区内慢性病患者线上续方，"居民申请续方，我们会将药品快递到家，让他们安心在家，共同抗疫。"春节期间，仅开元街道社区卫生服务中心就有 80 多位居民使用线上续方功能。

线上发热咨询，通过大数据的汇总、分析，还有另一重功效。厦门市卫健委基层卫生健康处工作人员表示，如果居民陈述的病征符合新型冠状病毒肺炎症状，线上的家庭医生便会将情况第一时间反馈给卫健部门，由市疾控中心做相应处理，"通过这样的方式，能够更及时、有效地控制疫情扩散。"

借力数据分析　做好资源配置

昨日上午，禾缘社区的王志铭根据中签的提示信息，拿着身份证来到居家附近的夏商民兴超市购买口罩。现场秩序井然，很快他就凭号买到了口罩。他将这一幕发到朋友圈，点赞厦门的口罩预约。

为保障口罩供应，稳定口罩购买秩序，守护民众健康，在市委、市政府的统一部署下，厦门市民数据服务股份有限公司团队连续奋战 48 小时，成功打造全国首个口罩预约系统。连日来，系统运行有序，平均每天可抽号的市民达

80 多万人。

"口罩预约系统就是充分利用大数据分析手段,提升系统运行效率和服务质量。"市民数据公司总经理上官慧柏介绍,从线下配货,到抽号确定数量,再到智能分配门店售货时长、引导市民延时取货、引导市民到预约人少的网点等等,都离不开大数据的应用。

在此次疫情防控工作中,借力大数据,提高资源配置效率的还有厦门信息集团大数据公司。据公司研发部经理沈毅介绍,作为国家信用大数据创新中心运营主体,公司从现有全国落地的企业数据中,整理出口罩及医疗用品生产企业名录,并根据信用大数据进行诚信标签筛选,确保数据来源的优质和准确,提供给相关部门和机构参考,为相关机构快速采购提供了有力的支持,让紧缺资源流向最需要的一线。

记者手记:战"疫"有"数"

在抗击新冠肺炎疫情这场看不见硝烟的战争中,大数据成为利器,其作用尤为凸显。

厦门用好用活大数据,为疫情防控、精准施策提供了重要参考,为资源配置、民生保障提供了数据支撑。同时,无论是远程办公、网课,还是线上买菜的推广等,大数据都连着市民的衣食住行。可以说,"大数据＋防疫"在这段非常时期,正成为社会稳定、人心安定的定心神器。

新冠肺炎疫情犹如突然来袭的黑天鹅,厦门在短时间内能够迅速搭建防疫网,做到战"疫"有"数",得益于这些年智慧城市的建设。事实上,大数据已成为这座城市的基础设施,并融入厦门市民的日常。比如:厦门在全国首创的城市公共安全管理平台,集结了海量的数据资源;厦门持续探索"互联网＋医疗健康服务",在居民电子健康档案、健康医疗信息共享、电子健康卡应用等方面硕果累累。

防控疫情,大数据等信息化技术迎来大挑战、大练兵,也催生了一场场技术和模式的自我革新。大数据驱动的精准防疫,正是厦门提升城市现代化、智能化水平,创新社会治理模式,健全完善应急机制的生动实践。

蓄力张弓在风中

——厦门做好防控疫情和复工复产"两手抓"的观察与思考

江曙曜　黄伟伟

《厦门日报》　2020 年 2 月 19 日

又有三例手捧花束的治愈患者在医护人员的簇拥下跨出厦门新型冠状病毒肺炎定点救治医院的大门,迎着丽日蓝天返回新的生活。

这是 2 月 17 日。同一天,厦门当地一些自媒体人都在自己的公众号上晒出连接岛内外的"四桥一隧""终于又堵车了"的消息。在这些善于感受时代风潮的前卫另类的人士看来,堵车排队让大家第一次"堵得神清气爽",有的公众号甚至用上了"厦门人民喜迎复工复产"和"厦门满格平稳运转"的字眼。

眼前的"画风"展示的就是一个活生生的现实,用网上的话说,这种现实也只有在像厦门这样的硬核城市,才能成为一幅和谐生趣的画面:在疫情防控战局拐点尚未明确到来的时刻,一场关系国计民生的复工复产战役也吹响了冲锋号。

与集中精力抓好疫情防控工作一样,有序复工复产事关就业和民生保障,事关经济发展和社会秩序稳定,事关让市民群众增强抗疫信心,共同打赢疫情防控阻击战。

在海内外媒体看来,这种"双线作战"是"一场更为艰难的硬仗",是各级政府社会治理能力的实战"考场",考验着城市应对综合能力和城市管理执行力。

厦门,肩负着统筹抓好改革发展稳定各项工作,深入推进先行先试重任,如何在抗击疫情不松劲与复工复产不卡顿上展现出先锋城市应有的作为与风采,如何在大战中践行初心使命,在大考中交出合格答卷? 是时代与使命给予我们这座英雄的城市的挑战与机遇。

辩证应对精准施策　坚定"两手抓"

越逢大事难事,越考验决策者的智慧和勇气,越能显示领导干部的担当精神和使命意识,越能检验市民群众的文明素养。

当前,统筹做好疫情防控和经济社会发展,既是一次大战,也是一场大考。摆在全市广大干部群众面前的是一道"两难"的课题:一方面防控疫情仍然不能放松;另一方面企业全面复工复产已经摁下"启动键",缓解企业压力迫在眉睫。如何以复工复产保防控、保市场、保供给,以疫情防控保安全、保民生、保稳定,把疫情造成的影响降到最低,奋力实现党中央、国务院和省委、省政府确定的各项目标任务,这是一对不好解决又非得解决的矛盾。

应该说,我市的防疫工作抓得早抓得实抓得细抓得好,为有序复工复产,统筹推进经济社会发展赢得了有效的时间和难得的先机。

战"疫"如战役,唯快不破。在防控疫情战役打响之初,市委、市政府就清醒地意识到,防控疫情既要有责任担当之勇,又要有科学防控之智;既要有统筹兼顾之谋,又要有组织实施之能。在战"疫"一开始的工作会议上,市委、市政府就明确提出抢快抢早,做实做细,一防外部输入,二防内部扩散。在这座城市的决策者看来,同时间赛跑,与疫情较量,重在用好正在全市广大党员干部中形成的精气神,贵在抢速度,胜在拼意志。

危难时刻显本色,勇于战"疫"敢担当。厦门用"特区速度"跑出防疫铁军歼灭疫情加速度,用科学判断形势,精准把握战机,为打赢防控阻击战,抢占了先机,争取了主动。

从1月21日市委、市政府部署安排防控工作开始,拼速度拼效率拼干劲拼效果,就成为厦门防控疫情工作主基调。转化为指挥部体系后,厦门密集出台各项措施、通告,各级领导靠前指挥压在一线;全市上下众志成城、严防死守,医疗专家和医护人员殚精竭虑、忘我工作;社会各界通力合作,群众积极响应、全力配合,共同筑起阻击疫情的防护长城。

2月3日,习近平总书记主持召开中央政治局常委会会议,强调做好防控工作的同时,要统筹抓好改革发展稳定工作。聆听最高统帅发出的战斗号令,更加坚定全市干部群众扛起责任,坚决打赢的斗争精神。市委、市政府知重负重,以习近平总书记重要讲话精神作为做好疫情防控和当前各项工作指明灯,作为社会经济秩序恢复,畅通产业生产链条的根本遵循。

2月5日,市委常委会(扩大)会议暨市应对新型冠状病毒感染肺炎疫情工作指挥部会议指出,要坚决贯彻落实习近平总书记关于疫情防控的重要讲话重要指示精神,一手抓疫情防控,一手抓经济发展,为实现今年经济社会发展目标任务而不懈努力。要把疫情防控与扎实做好"六稳"工作、深化"三服务"等紧密结合起来,把帮扶企业摆在突出位置,进一步增强企业发展信心。这一指示,为厦门立即全面转入两线作战,既要打赢防控疫情阻击战,又要打赢经济发展攻坚战,打响了发令枪。

舆论先行。按照市委、市政府的战略部署和战术要求,我市的新闻宣传舆论阵地火力全开,以通俗易懂的图文视频声频的形式,宣扬一手抓战"疫",一手抓复工,提高广大干部群众辩证统一看待加强疫情科学防控和有序推进复工复产的关系。一方面,抓好疫情防控是前提,只有保障好人民群众的生命安全和身体健康,才能有序复工复产,保持经济平稳运行;另一方面,复工复产是打赢疫情防控阻击战的必然需要。没有生产,物资从哪里来?从疫情防控物资保障到群众生产生活需求,这些都要靠复工复产提供。

通过高频高效的舆论宣传和各级领导干部以及志愿者的现场宣导,全市上下统一了思想,充分认识到:疫情防控关乎生命,复工复产关乎生计,一个都不能少!共识形成了,步伐迈开了。疫情防控和复工复产不是非此即彼的选择题,而是一道考验治理水平和治理能力的主观题、必答题。这道题考验的是党委政府的应变力、城市的社会动员力、城市的经济硬实力和管理软实力。

2月8日,厦门印发《关于应对新型冠状病毒肺炎疫情加快推动建设项目有序开复工若干措施》,同时市委、市政府成立三个复工复产领导小组,标志着复工复产有序铺开。

市领导频频到一线调研,一锤接着一锤敲,夯实全市"两手抓""两手硬"战略的前进路标。

在确保疫情防控与改革发展稳定工作"两手抓"上,市委、市政府抓实抓细抓落地。胡昌升和庄稼汉在调研中多次指出,要认真研判分析疫情对经济发展的影响,增强加快发展的紧迫感。顺势而为、聚勇而强、乘势而上,我市把各级政府手中掌握的行政资源和配套资金,变成拯救企业的重要动能,力争开"弓"就能放好箭。我市形成疫情防控和企业复工生产、招商引资等工作的有机统一,始终做到防疫情不松懈,抓发展不动摇,努力实现经济社会发展目标任务。

以特区速度和担当　做到"两不误"

厦门从创办经济特区那一天起,"两手抓""两手硬""不拘常例,不违常情"

的作风做派就成了广大干部群众解放思想、实事求是的自觉要求和行动准则。"超常不违规,创新不走样"。正是凭借这种灵活应变的能力,厦门一路拼搏向前,从来不会被问题和困难吓倒。每临重大的形势关口和市场风口,厦门都以敢闯敢试,实干实效的特区精神,看准时机,大胆实践,最终实现抢关夺隘,获得胜利。疫情既然已经发生,成为不可逆转的事实,那么如何化危为机、危中转机,努力把疫情影响减少到最低,就值得深入思考并且随时付诸行动。

"一手送瘟神,一手迎财神"。我们欣喜地看到,危难时刻,关键时分,我市各区各部门迅速响应党中央的号召,坚决执行市委、市政府的号令,各项业务,能在线办理的尽量实现在线办理,不让疫情"隔离"企业的发展,拿出政策,拿出真金白银,拿出服务,与企业共渡难关。

开工复产与"六稳"工作一体推进。2月5日,厦门发布15条暖心措施,从金融、税务等领域支持企业共渡难关,包含信贷规模不下降、融资成本降低等。我市各区各部门积极落实,进一步细化暖企政策。思明区出台17条举措关爱"疫线战士",湖里区推出暖心举措,让入厦人员有工作有住处。2月11日,厦门发布进一步强化金融支持防控疫情实施方案,推出28条金融举措支持企业纾解困难共渡难关。2月14日,厦门发布9条要求:促进房地产市场健康发展,同时发布《关于申请延期缴纳社会保险费有关事项的通知》。厦门密集推出援企稳岗政策大礼包,为企业输血供氧,打通援企政策最后100米,交出优化营商环境的战时答卷。让服务跑在疫情前面,这种主动作为,增强了企业爬坡过坎的信心决心,换来了稳增长稳实体的倍增效应。

好的政策要发挥作用,还要看落实。"关键少数"在关键时刻一级带着一级干,真抓实干,是政策落到实处的重要保障。市委、市人大、市政府、市政协主要领导身体力行,亲自带队一家一家走访企业,现场办公解决复产复工疑难杂症问题。

市区领导干部建立联系企业制度,像到防疫一线一样到生产一线去,"点对点"包企业,"一企一策"帮扶企业解决复工生产中的实际问题,尽快全面提高企业开工率。这种做法考虑到各企业的具体情况,因地制宜、分类施策、精准助力,切切实实做到给企业"雪中送炭"。

由于早决策早部署,防控措施到位,企业扶持给力,复工复业得以有序展开。至2月15日,我市19家国有企业集团及旗下1000多户企业均实现复工复产。2月13日,全市服务业企业复工率、员工返岗率已逐步提升至50.9%、

54.7%,全市主要副食品批发市场、生鲜超市、加油站等重要的民生保障企业基本全部复工。截至 2 月 14 日,软件园二期、三期共有 1387 家企业复产,4.6 万人复工,复工率近 50%。城市"暂停键"被慢慢抬起,铁路恢复,公交上线,商场开门,企业复工……走在熟悉的城市,行人依然不多,但是我们知道,从 2 月 10 日复工第一天开始,我们生活当中的一部分正在慢慢恢复。

在看不见的"云端",防控疫情和复工复产同样在字节跳动,活跃异常。扫扫二维码,进入"i 厦门"登记信息;轻触手机,完成口罩购买预约;通过线上"零接触"问诊;居家网上办公复工,线上商务协作复业,"屏对屏"招商不停顿,"云逛街"上扬和非接触经济飘红,基于互联网、人工智能、大数据等前沿技术的应用,在为防控和发展带节奏,让二者有机统一。这些都得益于厦门完善的数字基础设施,比如全国首创的城市公共安全管理平台,以及厦门持续探索的"互联网+医疗健康服务",居民电子健康档案、健康医疗信息共享、电子健康卡应用等。

从疫情发生到现在,人们深刻感受到,习近平总书记总结的厦门"高素质",在这次战"疫"过程当中体现得淋漓尽致。这场大考,是对厦门治理体系和治理能力的检验,同时也提出了新的更高要求。

大考还未结束,大战也未终止。我们仍要保持战略定力,两线作战不能顾此失彼。虽然复工复产千头万绪,但抗疫战线仍然要投入足够的兵力,继续保持压倒性态势。疫情发展有个过程,消除疫情急不得,在还没有彻底打败它之前,"行百里者半九十",少走一步就会阵地失守,反复争夺就要付出更大代价。

防控疫情,不到大获全胜的最后一刻,决不可收兵,决不可轻言放松,更不能盲目乐观。当前,病毒还没有彻底被打败;复工,只是开辟新的战线与疫情战斗,一天没有彻底战胜疫情,我们一刻也不能松懈。

要落实最严密的疫情排查、最有力的阻断隔离、最有效的医疗救治、最及时的物资保障,把疫情防控工作抓细抓实,不留死角、不留隐患,以扎实有效的疫情防控,确保复工复产顺利进行。

要把防控力量继续向社区、村组下沉,加强各项防控措施的落实,确保精神不松懈、措施不松劲、纪律不松弛,构筑起疫情防控的人民防线,同时要尽可能减少疫情防控对群众生产生活的影响。

要引导广大党员干部投身城市社区和农村疫情防控工作,充分发挥城市社区和农村基层党组织在疫情防控中的战斗堡垒作用和共产党员先锋模范作用,从文明建设、人文素养提升和卫生习惯养成,引导市民群众自我管理自我保护,以一种不急不躁、不松不懈、不慌不忙的心态和镇定、稳重、踏实的作为,打好这场阻击战。

春天已经如约而至,疫情"寒冬"也终将过去。近日,界面新闻利用大数据对全国重点城市的新冠肺炎疫情防控能力进行了综合评估,并发布了榜单。厦门在 33 个直辖市、省会及计划单列市(不包括武汉以及确诊病例较少的西宁和拉萨等)中位列榜首。同时,中国地理信息产业协会发布消息,根据大数据平台统计,复工第一周,全国"城内出行强度"涨幅前十城市,厦门位列第一。这些来源不同的大数据统计从多个维度证明,厦门已经启动经济发展"快进键",正在迅速"满血复活"。

回首过往的二十多天,厦门经受了第一波的考验,在发挥城市管理体系既有各优势的基础上,也积累了更为丰富的斗争经验。疫情还未结束,生产还在恢复,大考还在继续,我们既要坚决打赢疫情防控阻击战,也要紧盯厦门高质量发展的既定目标,纲举目张、兼筹并顾、计日程功,把防控工作做得再扎实一些、再细致一些,让经济发展更安全一些,再提速一些。

气岸遥凌豪士前,风流肯落他人后? 冬天里失去的,要在春天里拼回来,胜利终将属于我们!

两岸一家　渠到水成

——厦门卫视特别节目《共饮一江水》

厦门广播电视集团

案例简介

　　2018 年 8 月 5 日,福建向金门供水工程通水现场会在晋江市龙湖水库金门供水泵站举行,这是大陆积极为广大台湾同胞谋福祉、办实事、办好事的又一举措。题材重大,意义非凡。厦门卫视《两岸新新闻》栏目围绕这一新闻热点精心编排,制作了总长约 58 分钟的特别节目《共饮一江水》,用"现场直击""工程解读""深度分析"等板块设计,串起晋江、金门两个新闻现场,两岸专家、学者、金门乡亲也做客厦门演播室,共同见证了"两岸通水、一朝梦圆"的历史性时刻,解读供水背后的故事。节目编排形式新颖、可看性强,凸显厦门卫视对台特色定位。

一、充分发挥电视特色,内容丰富形式多样

　　厦门演播室开门见山,连线晋江、金门现场,呈现历史性时刻。节目坚持故事性编排,层层推进,巧妙排播了记者寻访、建设者口述、专家点评等丰富内容,并以坐播站播结合、虚拟前景、动画包装等多层次表现手法,展现了两岸通水一路而来的艰辛不易,更生动诠释了两岸一家亲的真谛。

　　通水当天,节目以《两岸新新闻》特别节目的形式,通过新闻短片结合现场访谈,以及台北、北京演播室连线的形式,推出《共饮一江水》特别报道。节目既有通水仪式当天的动态报道,又有供水工程建设背后的一个个故事,也有两岸学者、时事评论员以及金门乡亲的访谈,全景报道本次两岸通水的方方面面。此外,栏目组还运用先进的演播室虚拟前景技术,在较短的时间内,制作

了晋江为金门供水线路、两岸经贸往来等虚拟前景,更直观地呈现节目主题和内涵。

二、记者践行"四力",坚持百姓视角,主题突出展现善意

在采访方面,记者在连线、动态新闻报道、专题片采制等方面始终践行"四力",坚持百姓视角,着力点出"通水"工程是金门"喊渴"背后的民心工程,也是福建全力支持、当地百姓"舍小家为大家"的民生工程,凸显了对台新闻舆论工作的凝聚力、向心力,讲好了惠台的"新故事",讲活了两岸的"大道理",也就是国台办主任刘结一在接受厦门卫视采访时所说的,"大陆的善意不应该被一些人别有用心所绑架",这档节目也是厦门广电集团新闻工作者贯彻落实习近平总书记关于新闻舆论工作重要论述的具体实践。

在节目编排方面,整档节目以"共饮一江水"为主题,打破常规,巧妙编排,既有通水仪式当天的动态报道,又挖掘了供水方案、工程建设背后的生动故事以及金门"喊渴"的窘况,通过两岸学者、时事评论员的观察以及金门乡亲的讲述,全景呈现了这一两岸盛事、惠台好事。

节目聚焦两岸关系重大主题,全面深入报道福建向金门供水的热点,特别是凸显了金门乡亲的获得感和大陆的善意,并于台湾华视和东森新闻节选播出,在两岸引发强烈反响,生动诠释了两岸一家亲的真谛。金门乡亲张子祯在接受采访时激动地表示,福建向金门供水,给金门乡亲带来新希望,可以说是两岸一家亲,彼此心连心;台湾时事评论员黄智贤更是大声对福建喊出:"感谢你,兄弟,我们都是一家人。"

三、特别节目在两岸引发热烈反响,传播效果凸显

这档节目紧跟两岸热点,播出后在两岸反响强烈,并提供给中央电视台《海峡两岸》栏目节选播出。厦门广电官微官博、厦门卫视官微官博、台海宽频等网络媒体也实时直播、转发,并获中国国际广播电台海峡飞虹中文网等多个新媒体刊播。

此外,厦门卫视还积极对接台湾媒体,台湾华视和东森新闻都引用了厦门卫视的节目素材制作新闻,在其主频道反复滚动播出。节目对两岸民众消除误解、拉近距离产生积极的作用。值得一提的是,这件作品还荣获该年度中国新闻奖电视新闻编排一等奖。

福建优秀新闻宣传案例选编

案例评析

2018 年 8 月 5 日,大陆向金门供水工程正式启动,当天,厦门卫视《两岸新新闻》推出了时长约 58 分钟的特别节目《共饮一江水》,整档节目主题鲜明,编排得当,表现手法丰富。

一、深化两岸一家主题意涵

良好的新闻策划实现新闻资源的最优配置,带来好的传播效果。厦门卫视派出 10 路记者奔赴水源地福建晋江围头村和用水地金门报道,采访参加通水启动仪式的国台办和福建省领导、金门县县长、金门乡亲和晋江围头村村民。同时,节目特别邀请了金门乡亲代表张子祯走进厦门卫视演播室,他畅谈了喝上福建水的感受,点赞祖国大陆的惠台举措。这些内容让观众充分感受到血浓于水、两岸一家的同胞亲情。

二、调动多种新闻表现手法

特别节目充分运用电视新闻表现手法,通过动态消息、深度报道、新闻短片、记者连线、评论、演播室嘉宾访谈等形式的合理编排,既呈现了通水启动现场热烈的氛围,又层层递进,解读了观众感兴趣的话题,如金门为什么需要从大陆引水、从晋江龙湖水库到金门田埔水库短短不到 28 公里的路程为何"走"了整整 23 年、跨海供水施工有哪些难点、蔡英文当局为什么认为举办两岸通水仪式"时机不宜"等,揭示通水的来之不易和两岸同胞为之付出的艰辛努力。在表现形式上,厦门卫视演播室精心设计的晋江向金门供水线路图和集装箱巨轮劈波斩浪两个虚拟前景,既让观众一目了然地看清供水路线,又使演播室更有动感,带给观众不一样的视觉体验;介绍海底施工中如何克服技术难题时运用的几组动画包装,也让原本枯燥难懂的技术话题变得更直观。

三、展现金门百姓获得感

厦门卫视驻台记者深入金门田间地头、大街小巷和金门酒厂,采制了多条新闻,从另一个侧面充分展示了金门百姓的获得感。整档节目中"来自金

162

门一方的声音"占据了相当的比例,也让节目主题更有说服力。金门到底有多缺水、金门百姓对供水有多期盼,通过驻台记者的报道就可以看出。金门靠天吃水,水资源的严重短缺还大大限制了金门酒厂的产能和金门旅游饭店业的接待能力。对于此次大陆向金门供水,面对镜头,金门民众深切的谢意表达,就是对大陆惠台政策、举措的最好回应,是两岸民众血浓于水的最好印证。

代表作品

共饮一江水(存目)[①]

梁 杰 蔡志强 邵 琦

厦门卫视《两岸新新闻》 2018 年 8 月 5 日

---

① 该文详见"福建新闻界'四力'教育实践系列读本"第一辑《福建优秀新闻作品选评》,厦门大学出版社 2020 年版,第 284 页。

"晋江经验"系列报道

泉州晚报社

案例简介

晋江,从靠财政补贴过日子的贫穷农业县,到连续 19 年(截止到 2020 年)跻身百强县前 10 名,经济总量连续 26 年位居福建县域之首。泉州县级市晋江的成功,得益于根植于泉州这块民营经济沃土的爱拼敢赢精神,更得益于改革开放的浩荡春风。

2002 年,时任福建省省长习近平同志,在深入调研基础上,将泉州晋江经济社会持续快速发展的成功经验,提炼概括为"六个始终坚持"和"正确处理好五大关系"的"晋江经验"。

2018 年,是改革开放 40 周年,也是党中央、国务院引领支持民营经济、民营企业发展"热度年"。正是在这一年,"壮阔东方潮,奋进新时代"大型主题采访将晋江列为继深圳后的第二站,全国 30 多家媒体深入晋江进行集中采访报道。本次大型采访活动得到福建省委的高度重视,省委领导作出重要批示,多次听取专题汇报,省委宣传部分管领导多次到晋江调研指导,就系列报道活动进行具体策划。

一、提前介入储备生动素材

采访前期,在福建省委宣传部的安排部署下,省市等各级宣传部门通过书面征集线索、实地走访考察、记者模拟采访等方式,认真筛选出 31 个具有代表性的采访点,精心设计了 2 条采访路线;同时建立采访素材库,向媒体提供 3 本参考图书、30 多万字资料、129 张图片、400 多分钟视频等充足素材,为主题采访活动奠定扎实基础。

作为"晋江经验"诞生地的地方媒体,泉州晚报社深知,站在这一特殊节点,回看晋江、泉州践行和传扬"晋江经验"的历程,对基层深入学习贯彻习近平新时代中国特色社会主义思想,把"创新、协调、绿色、开放、共享"发展理念落到实处,做大做强县域经济有着重大的借鉴意义。面对规格高、阵容强、业务精的媒体"国家队",要独辟蹊径、做出特色,最重要的是利用自己最靠近一线的优势,写出最鲜活、最接地气的作品。这次主题采访,不光是优质内容的生产、传播竞争,也是难得的实力展示和练兵契机。

在省委宣传部、泉州市委宣传部的指导下,泉州晚报社先期派出精干力量,组成"晋江经验"系列报道采访小组。采访小组的主要成员更是提前数月认真学习习总书记于 2002 年总结的"晋江经验",收集历年来有关"晋江经验"的报道文字和摄影素材。随后,从当年 3 月底到 4 月初,记者先行踏访相关采访点,精心摸底、模拟采访、扎实准备,掌握大量生动素材。采访活动开始后,泉州晚报社派出记者随团行动,既在采访中吸收同行的优点,又不断补充新素材、寻找新角度。实际操作中,报社社长、总编辑亲自指导,分管领导具体指挥,对采访小组提供全方位支持与帮助。采访活动于当年 6 月正式开始,分成两条线路,历时 5 天,横跨泉州市的 8 个县(市、区),共计 31 个采访点,单日行程最高有上百公里。

二、七个角度全方位展示经验探索

福建省委宣传部提前安排模拟采访,对泉州晚报社采访小组记者而言,是一次难得的历练考验,也是一次深入学习的过程。报道力求从习近平新时代中国特色社会主义思想和改革开放 40 周年的高度和角度,梳理提炼"晋江经验"与总书记治国理政思想的传承脉络,挖掘提炼"晋江经验"在改革开放再出发大背景下的借鉴意义,寻找改革开放 40 年县域经济发展奇迹的答卷。而重温"晋江经验",不仅仅是要追溯历史,更是要着眼未来,为解决今天的问题提供重要参考和行动指南。

采访点多、面广,题材纷繁复杂,这既是宝贵素材,又对记者提出很高要求——如何从几十个采访点中,尽快抓出一条明晰的主线?如何从采访对象的表达中,透过现象看本质,挖掘背后的成因?采访小组结合集中采访活动期间所见所闻所思所想,不断提升立意、充实内容、精心编排。

报道细分成七篇大综述,包括《"晋江经验"激发泉州实践　放大改革开放典型示范效应》《坚守实业　打造实体经济典范之城》《大城小计　打造新时代城镇化样板》等系列综述稿。系列稿件主题鲜明、层次清晰、内涵丰富,既与其他媒体聚焦晋江的报道形成错位,同时很好体现了地方党媒的定位以及主动作为。

七篇综述实际上选择了七个维度,用"解剖麻雀"的方法研究典型案例,以此系统呈现"晋江经验"诞生地党委政府、民营企业家、普通群众的 40 年奋斗史,探究当地人民如何以"敢为天下先"的开拓进取精神,总结出一条独具特色的县域发展新路径。这一系列综述,脉络清晰、层层推进、环环相扣,从泉州实践、实体经济、全面发展、亲清政商关系、非公党建、县域经济、新时代城镇化等方面,深挖"晋江经验"在晋江产生与发展,在泉州全市传承与深化的过程,揭示晋江长期保持发展热度背后的精神内核,是迄今关于"晋江经验"全面、深入的一组报道。

三、巧用新媒体形成百万级传播量

"晋江经验"系列报道,巧妙发挥新媒体的传播特点,推动形成良好的二次传播效应。报道在纸媒首发后,通过报社新媒体矩阵("泉州通"客户端、泉州网、官方微信公众号)多渠道推送,引发来自读者、"粉丝"的自发转载。一段时间内,系列报道在朋友圈不断"刷屏"。

据不完全统计,截至全部报道刊发完毕,共形成数百万传播人群的阅读量和点击量,进一步提升了"晋江经验"的知名度和影响力,为泉州这方改革热土,发出得益改革开放、感恩改革开放、深化改革开放的最强音。

案例评析

2018 年 6 月,来自人民日报社、新华社、中央广播电视总台等 30 多家主流媒体的 100 多位记者组成"壮阔东方潮,奋进新时代"庆祝改革开放 40 年大型主题采访团,走进泉州、走进晋江,深度聚焦晋江如何传承和弘扬"晋江经验"、泉州如何践行和丰富"晋江经验"的历程与故事。其后,这几十家媒体纷纷以各种形式,推出"晋江经验"的深度报道,从 7 月 8 日起的 20 多天里,各家媒体在主要版面主要时段推出报道 200 多条(篇)、新媒体报道 300 多条(篇),

还配套推出各类文艺作品,形成了宣传"晋江经验"的高潮。

　　泉州晚报社牢牢抓住这一央地媒体合作的契机,派出骨干记者随团行动,在"跟班"中学习,同时捕捉新角度补充新素材,最终在央媒的报道刊发形成宣传高潮后,将精雕细琢的专版报道推出,再次在当地形成新一波高潮。

一、多"预习":近水更须先登楼,"地气""站位"全都要

　　地方媒体的优势,在于靠近一线,靠近故事的发源地,有条件写出最鲜活、最接地气的作品。在站位、格局和信息综合程度上,地方媒体跟央媒无法比拟。因此,在大型主题采访开始前,专题采访小组就着手补站位不高的"短板"。采访小组认真学习习近平总书记于2002年总结的"晋江经验",多方收集历年来有关"晋江经验"的报道文字和摄影素材。随后根据泉州市委宣传部安排,在2018年3月底至4月初长达半个月时间内,一线踏访了所有推荐采访点,进行前期模拟,广泛搜集一手素材,并按照社科院对"晋江经验"的总结诠释,从市级层面准备七篇综述性稿件的初稿,同时也为必要时给其他媒体提供采访便利做好准备。

二、"跟班"学:老兵再当新手用,大阵仗上见功夫

　　2018年6月11日,采访活动正式开始。活动分为两条线路,历时5天,横跨泉州市的8个县(市、区),总计有30个采访点,有时一天的行程有一两百公里。为配合采访活动,晋江还专门邀请两位中国社科院专家到现场解读"晋江经验",并回答记者提问。泉州晚报社2名带队领导和4名记者兵分两路,全程参与采访,"跟班"学习。

　　首先要学的,是央媒的高站位、广视角。这次重大报道的主题"晋江经验",形成历时长、涉及范围广,如何让这些纷繁的素材生动体现主题、彰显党报高度,难度不小。从采访者的角度看,几十个采访点犹如一盘散沙,必须尽快提炼出一条明晰有力的主线。这个时候,央媒站位高、信息来源多、理论素养深厚等优势就凸显出来。尽管一些记者没有到过晋江,有的甚至对晋江知之甚少,但能迅速理清头绪提炼重点整理采访提纲,令人佩服。

　　其次要学的,是央媒的采访方式、采访角度,以及找新闻点的能力和高效敬业的采访作风。央媒记者提问都能问到点子上,而且一手录音,一手拍图,多媒体生产力强。几乎在每一个采访点,央媒记者都会尽量放大视野格局,将该采

访点的人物、事件置身于全国、全省的大背景,放在历史发展的纵轴线上,找到切入点。"正课"结束后,有记者会抓紧空档及时在现场采访相关人员。很多媒体都会通过晚上开会明确选题、方向,第二天安排人员进行补采,或自行搭车到相关企业找名册之外的受访者采访。常常是刚结束了一个点的采访,临时组建的采访微信群就传来了各家媒体官方微博的报道,"倚马可待"的功力可见一斑。

再次要学的,是如何用好新媒体。一天采访结束后,"晋江经验"媒体采访微信群中,同行们都会第一时间发出各自媒体官方微博或者 APP 上的即时性报道。中国国际广播电台的环球资讯广播的标题年轻鲜活,比如"富二代? no!负二代? yes!"。类似的还有《光明日报》微博文章《84 岁院士奶奶从北京到安溪为您种"LED 光蔬菜"》《"乡土时尚"什么样? 来看看晋江五店市》,以及《工人日报》微博文章《智慧养老的四大"神器"了解一下?》等。4 天采访期间,各媒体陆续推出了 100 多条次即时的新媒体报道,快速高效的采编作风、多角度多层次切入的丰富视角以及前后方顺畅的无缝衔接,给地方媒体同行留下了深刻印象,掀起了"晋江经验"报道的第一个小高潮。特别"亮眼"的还有各媒体的多样化传播平台,《中国日报》不仅通过国内的微博端来宣传,也利用 Facebook 的图、文、视频播报采访过程中的"吸睛"细节;中国外文局旗下的媒体则运用中、德、法文在社交媒体上进行跨文化传播。另外,视频的应用也是一大亮点,环球资讯广播在微博上发布"歪果仁眼中的晋江"系列短视频,展示在晋江求学、生活、工作的外国朋友眼中的晋江精神。已被不少地方媒体摒弃了的微博,在此次采访中却得到众多央媒的广泛应用,而且最即时、最简单,形式多样,成本最低。

三、补缺漏:规定动作做到位,自选动作也亮眼

"跟班"学最直接的一点,是为后续市里关于"晋江经验"相关报道进一步收集和补充素材,立足本级媒体扎根本地、接近本地的地理、心理、文化优势,深度挖掘,生动讲述好故事,实现错位宣传。

补缺漏的重要环节,放在央媒的报道集中刊发之后。央媒每一篇有关"晋江经验"的报道发出,《泉州晚报》都第一时间在重要版面转载,还将所有报道中每一则故事摘录出来,整理成 80 多页的《"晋江经验"相关报道中的故事》,供全体采编人员学习。

2018 年 7 月 17 日起,《泉州晚报》以每天一个版的篇幅,全面展示泉州、晋江践行"晋江经验"的不懈探索和丰富实践。《"晋江经验"激发泉州实践 放大

改革开放典型示范效应》《坚守实业　打造实体经济典范之城》《大城小计　打造新时代城镇化样板》等一组七篇综述稿,在前一阶段深入采访、精心撰稿的基础上,吸收央媒的一些思想、素材、手法,主题更加鲜明、层次更加清晰、表达更加丰富,特别是把"晋江经验"的视角放在整个泉州上面,弥补了部分央媒在这方面的不足。2018年7月26日,报纸通版刊发《晋江城市变迁录》,用一组图片今昔对比,折射出在"晋江经验"引领下经济社会发展的巨大变化,形象生动地展现了新时代的晋江风貌,进一步用图片实现了错位报道。转载央媒报道过程中,报社还采写三篇反响报道,分别从机关干部、企业家、社会各界人士的角度畅谈对央媒集中采访的感受,有力呼应主题宣传,也是很好的错位报道,凸显了地方媒体"接地气"的优势。

在新媒体传播方面,报社依托新媒体矩阵,报、网、端联动,捏指成拳,形成了强大的传播力。报社所有关于"晋江经验"的自采报道和转载报道,均同步在旗下的"泉州通"客户端、泉州网、官方微信等平台推送。新媒体中心充分发挥视频生产的优势,将中央媒体关于"晋江经验"的报道设计制作成短视频《央媒眼中的"晋江经验"》,将央媒的报纸版面做成截图,并配上媒体的logo和稿件标题、发稿时间等,让用户看起来一目了然。视频还集合了五店市、晋阳湖、鞋服生产等画面,以《爱拼才会赢》为背景音乐,进一步契合主题并突出晋江特色,让"高大上"的主题报道显得萌态十足。

代表作品

感触城市风华　聆听时代足音
——庆祝改革开放40年"晋江经验"大型主题采访侧记

孙灿芬　蔡紫旻

《泉州晚报》　2018年6月16日

　　壮阔东方潮、奋进新时代。在改革开放40年的关键节点,继首站深圳后,6月12日至15日,由中宣部组织的"壮阔东方潮　奋进新时代"——庆祝改革开放 40 年"晋江经验"大型主题采访走进泉州、走进晋江。来自人民日报社、新华社、中央电视台等 30 多家主流媒体的 100 多位编辑记者,围绕"建设现代化经济体系/坚持平衡发展共建共享""构建'亲清'政商关系/发挥非公党组织服务功能"四个主题,采取蹲点采访和集中采访相结合的方式,兵分两路,深度聚焦晋江传承弘扬"晋江经验"的做法和故事,并赶赴鲤城、丰泽、洛江、南安、惠安、安溪和泉州台商区等地,深入挖掘泉州践行和丰富"晋江经验"的生动实践。

一座睡不着的城市 "公鸡打鸣前会做什么我都知道"

习近平总书记于 2002 年系统总结的"晋江经验",提出"六个始终坚持"和"正确处理好五大关系",并指出"晋江在泉州、经验共创造",为晋江发展指明了方向,有力推动泉州实现新跨越。

16 年来,以"晋江经验"为遵循和指引,全市上下接续奋斗、开拓创新。到 2017 年年底,泉州市经济总量连续 19 年位居全省首位,晋江、石狮、南安、惠安、安溪 5 个县域进入全国百强县。其中,晋江县域经济基本竞争力连续 17 年位居全国 5 至 7 位,并成功获得第 18 届世界中学生运动会和连续 4 届国际大体联世界杯的举办权。

走进晋江城市展馆,一组组生动的前后数据、一张张珍贵的历史图片,讲述晋江从"高产穷县"迈向全国县域经济前十的壮阔历程,触动着每一位记者的心弦。

作为民营经济特区,爱拼才会赢的企业家精神,是泉州、晋江的城市灵魂。在安踏集团、恒安新型生活用品(智能化生产基地)、盼盼食品、柒牌集团、九牧厨卫、嘉泰数控,编辑记者们与企业创始人面对面,聆听企业家的创业历程、创业心路,感受他们贴近市场需求、聚焦美好生活,致力打造国际性大企业的情怀和梦想。"创业初期,我经常通宵未眠。鸡叫前还会做什么你们知道吗?每晚的清醒让我观察到,公鸡往往要扑腾两三下才会开始打鸣!"盼盼食品董事长蔡金垵的一席话,让大家对"睡不着的晋江人"有了最感性的认识。

在晋江三创园、创客大街、石墨烯研究院、洪山文创园、集成电路产业园、福大科教园、安溪中科生物植物工厂,从让鸡蛋从 9 层高楼摔下来也不会碎的新材料,到能为荒漠、高原、潜艇和航天空间提供新鲜蔬菜的人工光源"菜库",再到有望于 2025 年成就新千亿产业的小小芯片,编辑记者们实地观摩越来越多新兴产业、高新技术产业、公共服务平台,正在和即将给城市带来的改变。

"不叫不到、随叫随到、服务周到、说到做到"。在晋江市行政服务中心、约克涂料,企业和群众受惠于高效政务;在陈埭镇商务调解委员会,调解员自掏腰包也要到纠纷当事人所在的城市调处矛盾;为帮助创业者,晋江党政干部晚上 10:30 牵线搭桥为之引荐意向客户;为营造优质营商环境,安溪提出了要从"保姆式"服务、"月嫂式"服务,继续提升到"妈妈式"服务。大家在采访中了解到,党员干部的主动作为,政企之间的良性互动,是泉州、晋江高效持续发展的又一个秘诀。

党建引领的成效,显著体现于晋江党建展馆,更在采访点清晰可见。在青阳街道阳光社区,阳光党建引领社区治理,居民人均可支配收入高达约 3 万元;在南安梅山镇蓉中村、晋江磁灶镇大埔村,曾经的贫困村,在强有力的党建工作驱动下,分别变身全国文明村、全国美丽乡村试点村。在起步儿童用品、闽南建筑工程公司、南益集团、南威软件,或是党员成为攻坚骨干,或是党建写入上市企业管理章程,让大家深切感受到,党建同样也是生产力。

晋江慈善总会、五店市传统文化街区、龙泉书院、鲤城区新门社区、禾康智慧养老中心……从乐善好施、热心公益,到保护发展传统文化和历史街区,从老社区的品质生活到居家养老的民生破题,新时代,泉州唱响全面发展的新追求。

一番发自肺腑的感受 "每一次都看到新变化新追求"

深入的采访,让编辑记者们收获良多、感慨良多。

人民日报社福建分社采访部主任赵鹏自 1999 年来持续关注晋江,长期采写晋江故事,还因此获评晋江荣誉市民。"但我每一次来,每一次都有新发现。"他说,从经济发展转向社会治理、从发达之城迈向平安之城,就充分说明了新时代晋江的新追求。

新华社记者孙雯骥告诉记者,在泉期间接触了老中青三代企业家,这些身家不菲的企业家群体并没有高高在上。"采访结束后,不少企业家还登车道别,这种真诚和热情,让人感动。"

中央电视台新闻中心《焦点访谈》编导曲长缨为泉州以人为本叫好。他说,让外来人口享受市民化待遇,本地人口享受同城化待遇,是开放包容,也是目光长远。"今天的草根,或许是明天的人才。"

"敢想敢做、超前部署。"中央人民广播电台记者吕红桥说，像采访中的国际鞋纺城和盼盼集团，不约而同提出"采自全球、销至全球"，显示出了这座城市的远见、魄力。

《求是》杂志社科教部副编审蔡春玲说，"晋江经验"在党建领域的表现是党员架起一座座沟通的桥梁，党建成为企业特殊的生产力，或推动着行政服务提质增效，或助力企业发展壮大，成为经济社会发展的助推剂。

光明日报社福建站站长高建进认为，泉州的县域经济发达，"晋江经验"与闽南文化、商业传统分不开。历经 16 年探索，"晋江经验"早已在泉州大地生根发芽，在各领域得到深入实践，也必将继续推动泉州爬坡过坎、砥砺前行。

经济日报社财经新闻部主任杨国民说，瞄准传统产业转型升级，发展新兴产业，将石墨烯这样的高新技术产业应用到鞋材等领域，这样的路子目标和市场都很明确，"有效益、很特殊。"

工人日报社要闻部副主任车辉说，从坚守实体致富，到打造有品质的产品、国际化的企业，泉州和晋江的企业家境界和格局让人钦佩。而这里党委政府敦促企业家上领航班、总裁班的理念，以及"四到"和"一杯清茶解决问题"的措施，淋漓尽致诠释亲清政商关系。

中国青年报社中青在线记者张曼玉说，接过父辈事业，许清水、洪艺菡等一批"创二代"，不躺在财富上睡觉，而是传承父辈精神，并涉猎新领域，让她感受到这座城市未来持续发展的蓬勃脉动。

农民日报社新闻采访中心主任记者刘强说，泉州、晋江类似城中园、生态农业等的探索，把农业的作用从增收转变到生态，而良好的乡村治理，让更多群众共享发展成果，这样的实践让他和同事大感兴趣。

中国报道杂志社记者王翔表示，从食品到鞋服再到建材，泉州、晋江品牌已渗透到生活方方面面，而品牌背后的企业家们，都心系故土、热心公益，这种兼爱怀仁、崇德尚义的慈善精神将开启她下次的专程来访。

第一财经日报社综合新闻中心副主任汪时锋说，从"月嫂式"服务到"妈妈式"服务，感受到了泉州和晋江干部积极促进各种要素向市场聚集的施政理念和服务型政府意识；从传统产业坚守到新兴产业创新的融合发展，感受到泉州和晋江企业家敢为人先、与时俱进、爱拼会赢的奋斗激情。

澎湃新闻记者韩雨亭六七年来不时到泉州采访。他说，从制造城市到宜居城市，泉州、晋江的变化验证着全面发展的步伐。"改革开放，让我从农民变成了企业家;新时代,我要让更多人过上美好生活。"恒安首席执行官许连捷等企业家朴素的话语,让他深刻感受到广大受益者的感恩心。

"与浙商相似,又有许多值得浙商学习。"浙江新闻客户端记者陆乐说,泉州的企业既自主研发,又集成创新,这样的结合更为开放包容,也更具有效率。

现代快报融媒体中心主任孙兰兰说,泉州、晋江在传统与创新中寻找平衡,保留了特色鲜明的闽南风貌,避免了千篇一律、千城一面,这很具有借鉴作用。

一群专注敬业的记者　从早上 8:00 到凌晨 1:00 都在发稿

爱拼敢赢,这座城的精神,深深感动编辑记者。专注敬业,参加主题采访活动的编辑记者,也以自己的精神感动着见证过程的工作人员和读者。

为了充分地收集素材,已经采写晋江故事近 20 年的赵鹏,仍比"大部队"提前一周来到晋江,多方打听,翻阅档案材料。

纵然有着土生土长泉州人的优势,湖头小伙、来自《经济日报》的宏观经济记者林火灿提前三天回到家乡开始采访。在集中采访前,就积累整理了 2 万字的素材。

为了录制到最优质的声音,中央人民广播电台记者冯烁每一次的采访都挤到最前面。也因此,笔挺的身影频频出现在镜头里。

从中国芯如何走向世界,到万物生长靠太阳,人工光源培育的蔬菜采用何种原理,科技知识过硬的《科技日报》福建站站长谢开飞、光明日报社新闻报道策划部副主任胡其峰的专业发问,让解答者赞赏。

"我是《工人日报》的记者车辉。"一条线路 10 多个采访点的现场,从中层调度到一线的车辉,以高度的专注沉浸式采访,获得"必问记者"的雅称。"你们有没有聘请退伍军人,有没有优待措施,有没有军民共建的活动?"这是解放军报社记者杜怡琼每到一处的执着追问。

"电商 OR 鞋纺城"……早上 8:13,北京周报社多媒体部主任吕翎就在媒体群三连发该报新闻作品。"拼!九牧董事长林孝发直饮马桶水。"《中国日报》微博凌晨 1 点多更新完善了前一晚 23:17 发出的报道。很多人不知道的是,当天晚上,该报新媒体中心主任柯荣谊顾不上吃饭,多方收集和对比角度和音画效果更好的视频。

"晋江经验"激发泉州实践
放大改革开放典型示范效应

"晋江经验"专题报道组

《泉州晚报》 2018 年 7 月 17 日

编者按：

郡县治，天下安。

从靠财政补贴过日子的贫穷农业县，到连续 17 年跻身全国百强县前十名、经济总量连续 24 年位居福建县域首位，泉州县级市晋江的成功，得益于根植泉州沃土的拼搏创新精神，更得益于改革开放的浩荡春风。2002 年，时任福建省省长的习近平同志在七下晋江深入调研的基础上，将晋江经济社会持续快速发展的成功经验，提炼概括为"六个始终坚持"和"正确处理好五大关系"的"晋江经验"，揭秘了"晋江奇迹"。

在纪念改革开放 40 年之际，回看晋江、泉州践行和传扬"晋江经验"的历程，对基层践行习近平新时代中国特色社会主义思想，把"创新、协调、绿色、开放、共享"发展理念落到实处，做大做强县域经济有着重大的借鉴意义。本报今起推出系列报道，多角度、全方位展现"晋江经验"在侨乡大地开花结果的恢宏篇章。

1978 年，中国改革开放号角吹响。许连捷对父亲说，天不再下雨了，要下金子了。

1979 年初，26 岁的许连捷联合几名村民，借助几部缝纫机，悄然在自家屋内办起了后林劳保服装加工厂。他兼任厂长和技术员，由于产品物美价廉，港商订单接踵而至。这是恒安集团 CEO 许连捷的第一桶金。

安踏体育用品有限公司创始人丁和木同样深知"机遇不等人"，他变卖家当筹了 1000 元钱，和 20 多个人一起合作创办家庭作坊式的鞋厂。儿子丁世忠自小在鞋作坊里长大，为后来创立安踏品牌埋下伏笔。

改革开放给了昔日的贫困县改变的可能。凭借骨子里"敢拼、爱拼、善拼"的侨乡基因，晋江成就了一大批从田间洗脚上岸的企业家，也让这座县级市进发出前所未有的活力。30多年间,从小作坊到大公司,100多个知名品牌、46家上市企业从这片创业创新的热土上破壳而出,"晋江板块"崛起为资本市场上不容小觑的力量。

根植于泉州"民办特区"沃土,"晋江经验"在实践中碰撞升华,引领晋江连续17年跻身全国县域经济基本竞争力前十强。而践行"晋江经验"的不懈探索,也让泉州一次次突破思想藩篱,在转型升级的道路上踏破重关,成为经济总量连续19年领跑福建的"领头羊"。

源:改革开放热土孕育"晋江经验"

思路决定出路。

GDP1.45亿元、人均GDP仅154元,农业人口占全县总人口的85.7%,农民人均纯收入107元,仅为全国平均水平的80%;财政收入入不敷出,靠上级财政补助,这是1978年的晋江面对的现实处境。

改变命运的渴望积蓄已久,所以,当改革开放的春风吹来,晋江人性格中"爱拼才会赢""敢为天下先"的因子率先醒来,巧借对外开放桥头堡的独特优势,点燃民营经济的星星之火,开启了全国闻名的"晋江模式"。

没有资金就集资、合股或借贷,没有厂房就"借鸡下蛋",没有技术就去请、去借鉴,或自己学着干……敢于"吃螃蟹"的晋江人,哪怕一开始并不知道该做什么行当,也从不畏惧尝试、努力寻找突破口:劲霸集团创始人洪肇明种过田,当过生产队长,走街串巷卖水果,最后选择做服装;盼盼食品集团董事长蔡金垵卖过茶叶、紫菜、木耳、瓜子、桂圆干,直至找到商机做休闲食品;福建陆地港集团董事长李锦仪15岁起就开拖拉机跑运输,到20世纪90年代国内第一个包飞机运货……敢"拼"的晋江企业家们,愣是从一双鞋、一件西装、一张纸巾开始,闯出了一片天。

从"三闲"(闲房、闲资、闲置劳动力)起步,"三来一补"(来料加工、来样加工、来件装配和补偿贸易)过渡,再到"三资企业"上路、"产业集群"迈大步,晋江创造出以"市场经济为主、外向型经济为主、股份合作制为主、多种经济成分共同发展"为主要特征的经济发展模式,从"一方水土难养一方人"的"高产穷县",荣登福建省县域经济总量头把"交椅"。世纪之初,正值中国刚刚加入WTO、亚洲金融危机余波未了,改革发展之路如何继续前行,引人探索。也是在 2001 年,晋江市首次跃入全国百强"前十",区域经济格局初显,经济发展活力方兴未艾。

在此过程中,时任福建省省长的习近平同志予以高度关注,七下晋江调研。

2002 年 6 月,习近平同志带着思考专程到晋江市调研。在调研中,习近平同志总结提出"六个始终坚持"和"正确处理好五大关系"的思路,即:始终坚持以发展社会生产力为改革和发展的根本方向,始终坚持以市场为导向发展经济,始终坚持在顽强拼搏中取胜,始终坚持以诚信促进市场经济的健康发展,始终坚持立足本地优势和选择符合自身条件的最佳方式加快经济发展,始终坚持加强政府对市场经济的引导和服务;处理好有形通道和无形通道的关系,处理好发展中小企业和大企业之间的关系,处理好发展高新技术产业和传统产业的关系,处理好工业化和城市化的关系,处理好发展市场经济与建设新型服务型政府之间的关系。"晋江经验",由此提出。

两个月后,习近平同志将此次调研思考整理提炼,撰写成文,先后发表于《人民日报》和《福建日报》。他在文中提出"'晋江经验'是地方主动探索中国特色社会主义发展道路的积极实践"。"晋江经验"从此成为引领福建加快改革、全面发展的重要标杆,成为引领福建、泉州、晋江加快改革、全面发展的核心动力。

稳:泉州经济总量连续 19 年居福建首位

世纪之思,引领时代之潮。回望 16 年,以坚守实体经济为鲜明特色的"晋江经验",是泉州穿越风雨的行动指南,也在泉州的发展实践中不断得到丰富和滋养。

北京时间 2018 年 3 月 5 日,安踏位于美国旧金山的 Nice Kicks 鞋店,千人为了安踏集团旗下首款全球限量篮球鞋"KT3-Rocco"排起长队。无独有偶,361°、贵人鸟⋯⋯这些在国内外市场上广受青睐的体育品牌,也都来自世界最大的运动鞋生产基地——晋江。企业正通过高质感的商品,让全球消费者建立起对中国品牌的认知。

晋江人不曾想到,当初那小作坊里的敲敲打打,竟沿着产业链上下游延伸,以专业化配套、产供销合作等形式迅速扩散,形成雄踞一方的产业集群,让

"中国鞋都"名扬世界。而这背后,正是晋江政企紧抓实体经济"看家宝"的不变坚持。

以晋江为"排头兵",多年来,"十分天下有其九"的民营经济在泉州各地不断跃升,晋江的纺织、鞋帽、食品、建陶,石狮的服装,南安的建材、水暖,惠安的石雕、建筑,安溪的茶叶、藤铁工艺,永春的芦柑,德化的工艺陶瓷……围绕区域特色产业,一个个集群不断壮大,在全国乃至国际市场上打响了"中国纺织产业基地""中国拉链之都""中国建材之乡""中国水暖之乡""中国石雕之乡"等响当当的名号。

成长的过程并非一帆风顺。无论是20世纪90年代末的亚洲金融危机给满足于贴牌加工的泉州企业以当头一棒,或是历经金融危机洗礼和国内外经济下行压力震荡,泉州党委政府始终扶持引导企业锚定实体经济,在拼质量、创品牌、强管理、争上市的同时,集中资源抓龙头、铸链条、控风险,使得制造大盘稳定增长、企业格局持续优化,经济总量连续19年领跑福建。目前,泉州已拥有上市企业104家、获评中国驰名商标155枚,成为名副其实的"品牌之都"。纺织鞋服保持"7上8下"增长(7%~8%),机械装备、建材家居、工艺制品等均保持两位数左右增长;到今年一季度末,全市工业产值"好中差"占比76.4:14.7:8.9,"好"产值占比首超70%,低端过剩产能逐步出清,大的更大、中的更专、小的更活。

进:"两个试点"引领动能转换

先人一步才能胜人一筹。

当传统产业产能过剩等问题初露端倪,泉州党委政府迅速吹响产业转型升级的号角。嗅觉灵敏的晋江人率先发力,通过创立"产业创投引导基金",下设"智能装备""互联网+""创新创业"3只子基金,引导投向集成电路、石墨烯等新兴产业。

让一枚从9层高楼落下来的鸡蛋,砸在鞋垫上完整无损——在晋江,福建海峡石墨烯产业技术研究院研发的石墨烯3D多层微气囊鞋垫、石墨烯高分子抗菌技术等,不仅让鞋垫吸汗又吸臭,还给这个传统行业带来了前所未有的弹力体验。仅2016年,贵人鸟公司单家企业就下了1.6亿元的订单。未来,先进的石墨烯技术还将植入纺织鞋服、涂料等传统产业,实现新技术与传统产业的跨界融合创新。

一枝独秀不是春。在南安,作为国家级智能制造试点示范企业,九牧将创新视为领先行业的动力,16个实验室、8个研究院、超过2000名研发设计团队、近3000项产品专利,让"智能更懂生活",更引领企业在"厕所革命 干净中国"的大背景下跨越发展。

在洛江,由一家小小的五金厂起步,嘉泰数控靠着与市场亦步亦趋的创新贴近,成长为装备制造业的龙头。特型材料加工克服易碎易裂的行业难题、数字化工厂领先国内同行、数项五轴加工技术刷新全国空白……这样的表现,让企业囊括"高新技术企业"等60多项荣誉称号,也带来20%以上的持续年增长。

在安溪,中科生物植物工厂让"万物生长靠太阳"的名言,有了新时代新演绎。通过将LED光谱技术应用于植物生命科学领域,植物工厂让太空、海底、荒漠、高原等特殊地域种植绿色蔬菜成为现实,基于"矿质营养说"和无菌技术,强化特定功能性的中草药种植也正逐步研究推进。除了上市高品质蔬菜,模组化的智能生产设备眼下已新鲜面市,未来将向欧美等国家整体性输出。

……

以获批国家自主创新示范区等为契机,泉州发力供给侧,创新促转型,打开对接前沿、问智全国的崭新通道。

剑指产业结构调整,传统、重化、高新三大板块加快形成,晋华存储器、中化炼化一体化二期等龙头项目纷纷落地,"泉州芯谷"、中化专属园区等加快产业链集聚。"第三产业提升年"持续深化,三产占GDP比重稳步提升。

2013年以来,泉州主动对接实施国家"数控一代"示范工程,全市每年投入近1000亿元。"大院大所"、人才"港湾计划"及中科院泉州装备所等36个高端平台建设,为动能转换注入活力。新业态新模式蓬勃发展,网上虚拟产业园、泛家居及第三方、第四方平台渐成规模,去年电商交易额达4000亿元。

与之相伴的,是营商环境的持续优化。清理规范行政审批申报、商事制度改革、"无间贷"等创新举措为企业减负"松绑",深化工商登记制度改革、推行集群注册、"多证合一、一照一码"等激发市场活力,市场主体突破70万户,较2014年改革前翻了一番多。

乘"一带一路"东风,海丝拓展开放新空间。东亚文化之都、亚艺节、海艺节等活动擦亮城市名片,商贸借船出海,拓展海丝朋友圈。2017年与海丝沿线国家和地区贸易额达 720 亿元,占全市贸易的"半壁江山"。

好:七成以上财政投入民生事业

城像城、乡是乡,本地外来一个样。

质朴的话语,却道出让先进生产力自然融入城市、根植发展的真谛。

作为"国家新型城镇化综合试点",近年来,晋江在新型城镇化中脱胎换骨,逐步从一个"城市不像城市、农村不像农村"的特大镇蜕变,朝着打造"本地人留恋、外地人向往,可托付终身"的现代化品质城市迈进。赢得第十八届世界中学生运动会举办权,是晋江的自信,也让世人重新认识晋江。

深谙"以人为核心"的新型城镇化要义,晋江不仅每年把 65% 以上本级财力投入民生领域,还在全省、全国率先实行新农合跨省异地结报、率先实现被征地人员养老保险"即征即保"、率先实现治安巡逻村社全覆盖、率先推行"居住证"制度等,实现发展成果全民共享。

放眼泉州,以获批实施以海丝和古城为特色的生态修复、城市修补国家试点为契机,深内涵、强后劲、高颜值的城乡面貌焕新正在渐次铺展。金鱼巷等古城背街小巷经过"微改造"再现芳华,多彩交通体系畅通了古城交通的"微循环"……着力打造"见人见物见生活"的古城,泉州通过微扰动改造、低冲击更新、整体性保护、家园式管理等方式,逐渐在古城保护与发展之间找到平衡点。新城建设同样是大手笔,随着在全国率先提出建设"生态连绵带"的构想,泉州将用绿道串起山林、水体、湿地、田园等自然资源,形成相互贯通、连绵成片的生态体系,让好山好水好风光融入城市。

全力做大民生福祉,泉州将七成以上财政用于民生事业。脱贫攻坚深入推进,到 2017 年年底 181 个建档立卡贫困村全部退出;生态环境持续向好,全市 267 条河流全部落实河长制……随着补齐民生短板的教育舒心、卫生与健康暖心、养老贴心和民生基础设施安心"四心工程",集中解决民生欠账的"泉州 XIN 行动"等加速推进,上好学、看好病等朴素的民生愿望,将在更广范围、更高水平、更深层次,让群众得到满足、收获满意。

坚守实业　打造实体经济典范之城

"晋江经验"专题报道组
《泉州晚报》　2018年7月18日

去年,已是花甲之年的"闽商教父"许连捷出差广西时在候机室打盹、吃泡面的两张照片走红网络,成为年度一大心灵鸡汤。"鸡汤"里暗藏着许连捷的新年心愿——要以"60多岁的年龄,30岁的精气神",与所有恒安人站在一起,再度回归初创,坚持不懈闯市场、做实业。

事实上,在晋江老板心里,大都有着如此朴素的实业信念。在盼盼创始人蔡金垵的理解中,"小土豆,大文章",做好每一片薯片,一样可以站在世界面前为中国代言。劲霸男装创始人洪肇明把家里的两扇门板卸下来当作"裁床","一个人一辈子能把一件事情做好就不得了"是他30多年专注夹克衫制造的深刻体会。此般坚守,同样让安踏、361°、柒牌、七匹狼、利郎等一大批几十年俯首耕耘实业的企业"集群上路",在自己的领域里越来越专注,一举成为行业龙头。

这样的专注延伸至整个泉州,锻造出拥有中国驰名商标155件的品牌之都,形成超百家上市公司的"泉州板块",绘就纺织服装、鞋业、石油化工、机械装备、建材家居、食品六大千亿产业集群。

守实业成就品牌之都

"虽然房地产能赚到快钱,但扎根实业,让小小的生活用纸做到极致,也能收获不错的回报。"正如许连捷所深信,这些年挣快钱的诱惑很大,但晋江的企业家大多心无旁骛、不为所动,才形成了如今良好的实业氛围。这大概是晋江之所以能成为实体经济一方"热土"的成功秘诀之一。

1979年,改革开放的春风拂面,做粮食生意的晋江英林人洪肇设,一趟趟往返于市场卖着花生。当听说服装生意很挣钱时,曾经是裁缝的洪肇设心动了。他不假思索地拿着那一趟卖掉几十斤花生的钱,买来一批面料,开始了自己擅长的服装生意,一步步把柒牌发展成估值数十亿元的知名服饰企业。时间过去近 40 年,同样心无旁骛做实业的利郎,"创二代"王俊清下决心,以职业经理人的精神,把父亲王冬星的企业传承下去,他始终记得,初进公司时,父亲告诉他:"没拿过枪,就干不好革命!"牢记父亲的话,他匿名进入利郎,一步步从底层做起,成为公司的市场中心负责人,坚守着利郎"做好一件西服"的初衷。

当越来越多的中年人跟盼盼食品集团董事长蔡金垵说:"我就是吃盼盼长大的!"具有强烈危机意识的蔡金垵,感受到的却是焦虑——"消费群体正在老化。面向未来,盼盼食品是否应培养支撑长远发展的消费新力量?"这样的反思,让这家 1996 年成立的老企业,焕发出"二次创业"的新活力。以最早的盼盼膨化食品为起点,盼盼开启扩张之路,开发烘焙食品、饮料产品等面向中高低端、涵盖食品和饮料两大领域的新产品,并重磅打造出更吸引年轻人的全新子品牌。

走过 27 年征程的安踏,自 2012 年起就登上了中国第一体育用品公司的宝座,最近四年里更是创造了营收年增幅连续超过 20% 的傲人成绩。即便如此,面对消费升级的市场趋势,安踏依然"永不止步"——组建运动科学实验室,开启多品牌发展战略。"安踏人致力以超越自己的体育精神,专注运动鞋服行业,从消费者买得起迈向消费者想要买。"安踏董事局主席丁世忠说,"创业新十年,安踏初心不改。"

在这里,坚守实业、视品牌为"生命"的民营企业比比皆是。1998 年,晋江提出"品牌立市"。此后,这一占全省面积仅二百分之一、不过 649 平方公里的土地上,一场创牌运动拉开帷幕。时至今日,晋江已有民营企业 4.8 万家,其中上市企业 46 家、亿元以上企业 800 多家,"中国品牌之都""中国鞋都""中国伞都"等称号集于一身,多种产品的市场占有率稳居全国第一。

晋江的实业经验放大到整个泉州,形成了更大范围的品牌和资本效应。在党委政府"品牌兴市"战略的鼓舞下,改革开放 40 年来,泉州企业坚守实体经济,走品牌化发展之路,九牧厨卫、嘉泰数控、南威软件等一批来自各县(市、区)的知名企业品牌,和晋江的安踏、361°、七匹狼等兄弟企业一道成为泉州品牌的代名词。许多泉企从原本粗放的代工模式,转为品牌经营,在行业中实现由"跟跑者"向"并行者"甚至"领跑者"转变。截至目前,泉州已拥有中国驰名商标 155 件,居全国地级市第二位;拥有安溪铁观音、永春芦柑、德化陶瓷等10 项国家地理标志保护产品,成为远近闻名的品牌之都。

资本板块,则是泉州坚守实业的另一个成果。作为第三个国家级金融综合改革试验区,泉州积极引导金融活水更好地浇灌实体经济,有效推动民间资本进入实体经济累计超 2500 亿元。凭借"资本强市"战略,泉州龙头企业不断改制上市、做大做强。从 1993 年首家泉企在上海证券交易所挂牌交易,到目前 104 家企业在境内外成功上市,泉州上市企业数量位居全省首位、全国地级市前列,足迹遍布全球各大交易所,已然形成了资本市场区域特色鲜明的"泉州板块"。

创实业打造创新型城市

实业不能只靠守,更需要创。

正是产业发展脚踏"实"地,泉州经济面对金融危机时不仅抵御能力极强,并且每每总能化危为机。也正因如此,当发展后劲不足、利润空间变小、产业结构存在明显脆弱性等系列危机苗头一经出现,泉州人比谁都更快、更强烈地感受到"创"的紧迫感。

从中国第一家运动科学实验室,到如今在美国、日本、韩国设立多个研发设计机构,安踏的研发设计费用从 1991 年的 200 万元,到现在的 5 亿多元,增长了 250 倍以上,遥遥领先国内同类企业。从 2015 年开始,安踏运动鞋销售数量达 4000 万双,去年更是卖出 6500 万双。几年间,创新产品在安踏整体销售中占比 35% 左右,利润占比超过 50%,小小的一双运动鞋中就暗藏有 47 项专利。

曾入选福布斯全球 100 家最具创新力企业的恒安,其总裁许连捷戏谑地用"公岁"来折算年龄。在他看来,2 斤等于 1 公斤,2 岁应算 1"公岁",尽管自己已经 60 多岁,但要拿出 30 多岁的精气神,重新回到企业变革前沿。2001 年和 2008 年,两次管理变革让恒安实现了经营业绩 16.5 倍增长和净利润17.7 倍增长。如今,因为严峻的经济形势,恒安继续推进第三轮管理变革,"5 年来,我们通过管理升级累计节约成本达 23.72 亿元。"这一轮变革,恒安将借助 IBM 和普华永道的专业智慧,旨在打造大数据产业模式。全面实施后,预计企业可节约成本 30%。

"不管是鞋片、布片、纸片、薯片还是芯片,掌握了核心技术,就是好片。"行路方能致远,傲立改革开放潮头的晋江一直很清醒,善于在前行中不断蓄力,以谋长远。

从旧鞋都到新鞋都,晋江国际鞋坊城改善的不仅仅是区位和建筑。从现代物流到信用生态的完整配套,让搬进这里6年有余的海鸥鞋材公司女老板丁婉玉感慨"买全球、卖全球"的生意更好做了。眼看着外商越来越多,交流成为一大障碍,年逾四旬的丁婉玉藏不住心中的那股"爱拼"劲,毅然从头学起了英语,只因心中有一个梦——"我要和全世界做生意。"

围绕创新传统产业、壮大新兴产业、培育未来产业,晋江三创园引入电子信息(集成电路)、互联网+、新材料、新能源等产业所需的创新要素资源,让创客们"要钱有钱、要人有人、要研发有研发"。中科院泉州装备制造研究所、中纺院海西分院、石墨烯产业技术研究院等7个"国家级""中字号"平台,以及57家创新企业,正在集聚起新实体产业创新发展的核心动力。这样的生态圈让安能建材这枚"创新蛋"很快破壳而出。创始人黄鸿途说,短短两三年,企业的隔热彩钢产品完成研发下线,铺陈国内市场、打开东南亚市场。

今年4月,位于晋江金井的福州大学晋江科教园区迎来首批入驻的研究生。在福州大学党委书记陈永正看来,这块产教、科教、校地合作的"试验田",打破了以往分校区的旧有模式,在全省乃至全国创造性地实行"两院两园"布局,立足于打造传统合作办学与政产学研开放性平台相结合的模式,以期实现高校科技人才与区域产业无缝对接,最终为经济社会的转型升级添砖加瓦。"科教园一期目前基本完成,许多闻讯而来的晋江乡贤对项目寄予厚望。一所大学分校区的落地,再次点燃了他们在家乡干事创业的激情"。

晋江的经验,为泉州做出了示范。

当前,手握创新型城市、福厦泉国家自主创新示范区等一系列城市"红利",泉州华中科大智能制造研究院、福建(泉州)哈工大工程技术研究院、清华大学智能制造产学研合作项目办公室、北斗开放实验室等一批国内知名机构和院所纷纷在泉州落地安家。诸如此类的高端科技创新平台全市已建立36个,聚集起1000多名高科技人才,与这座城市的实体企业展开亲密互动。

一场声势浩大的"机器人总动员"正被企业家津津乐道。数据显示,政府"搭台"、企业"唱戏",泉州已有超2000家规模以上企业参与"数控一代"示范工程、智能化改造,规模以上企业装备数控化率达45%以上,平均减少劳动用工约30%。以哈工大机器人研发中心为例,通过与哈工大开展政产学研合作,由政府出资购买服务,该中心成立不到两年,便为百宏集团、腾达瓷砖、三斯达鞋材等一批用工量大的企业提供技术改造方案80套,为恒安、安踏、梅花伞业等数十家企业提供技术服务上百次。一个生动的例证是:原来陶瓷行业用工量最大的就是在瓷砖包装这道工序上,每条包装生产线需要 12 人,如果"两班倒"则需 24 人。该中心为陶瓷行业量身定制的"大规格瓷砖自动包装线"和"超小规格瓷砖自动包装线"给企业带去"惊喜",前者一条生产线仅需 2 个人,包装生产效率提高 2 倍;后者每条生产线则可减少用工 50 人左右。

机器人之外,泉州还专注为实体企业插上石墨烯、可穿戴设备、智能家居、大数据、纳米材料等新技术的"翅膀",在普通产品上增加新的功能、功效,进一步提升附加值。如今,全市企业每年投入近 1000 亿元升级生产设备、改进技术工艺、提升产品质量,在全国形成典范。以九牧厨卫为例,在一系列新技术的结合中,马桶可以识别语音,花洒喷出的是能跳舞的水珠,水力可以发电照明,丝滑釉技术让手动除垢成为过去式。将卫浴与橱柜、衣柜、阳台、陶瓷、石材、全屋水系统科学整合,从客户端到工厂端的全面打通,更让企业迎来了泛家居、快定制的市场蓝海。

深谙实体经济不能走单一发展、脱实向虚的路子,除了发力传统实业,这几年泉州还努力迈向新的高端实业。眼下,集成电路产业链、化合物半导体产业链、石墨烯产业链三大高新技术产业链条已在泉州初具规模。瞄准新的千亿集群,"泉州芯谷"正致力打造全球重要内存生产基地。一期投资 370 亿元的晋华存储器集成电路生产线项目纳入国家"十三五"集成电路产业重大生产力布局,年内即将投产,有望填补国内 DRAM 内存生产线空白。

视线转移至安溪县湖头镇。让蔬菜在无菌的环境里生长,没有腐叶,放冰箱一周也不会坏;让荒漠、高原、太空和海底也能种植,解决特殊地域和人群吃不上新鲜蔬菜的难题;通过营养液成分的调整,有效提升蔬菜和药材的有效成分,让"食材"悄无声息地成为可口健康的"药材"……这样的场景,在泉州(湖头)光电产业园中科三安植物工厂里成为现实。除了直接出产销售蔬菜外,由企业自主研发的植物栽培模组设备更是在亮相前就早早收获了一大批欧美订单。

靠实体经济起家,终要靠实体经济走向未来。高质量发展和赶超跨越重任在肩,拥有"晋江经验"这笔巨大财富的泉州早已将"1234"现代产业体系建设摆上台面,期待至 2020 年实现 GDP 近万亿元、工业总产值近 2 万亿元,基本形成传统、重化、高新产业三足鼎立的新实体经济格局。

打造"溯源"品牌　探索"讲好泉州故事"新模式

泉州广播电视台

案例简介

在广袤的中国大地上,每一天、每一个角落、每一个群体,都在流传、守护着数千年的中国记忆,描绘、绵延着当代中国画卷。历史与当下互为投影,行为与精神相照表里,每一个人的故事、村的故事、城的故事,最终汇聚为中国故事、奔涌出中国精神。"讲好中国故事",是推进文化软实力建设、坚定全民文化自信的关键内容,更是主流媒体需要用心研究、全力施为的一大课题。为了更好地梳理地方历史、挖掘地方故事、凝聚地方精神、增强群众的文化认同感,近年来,泉州广播电视台找准定位、锤炼队伍、大胆创新,打造出"溯源"系列新闻专题品牌,不断探索"讲好泉州故事"新模式,提升做好地方性宣传报道的能力,展现主流媒体担当。

一、"轻专题"质感＋新闻触达力,创"讲好泉州故事"新闻品牌

作为"新闻立台"的市级电视台,泉州广播电视台一直致力于在本台观众面最广、社会影响最大的各档新闻栏目中丰富地方性报道的形式和内容,并通过"声屏报网""两微一端"等全媒体平台做好城市宣传工作。不过,数年之前,泉州台新闻栏目中的地方性报道,呈现出即时性强但碎片化明显的特点,大多针对单一人物、事件、风俗、节庆等元素进行单条或组合性新闻报道,虽然在播出时符合观众对于新闻节目的传统收视习惯,但从宏观来看,其系统性、内在逻辑存在一定缺憾,较难形成具有整体感的新闻品牌模式,对大众而言缺乏记忆点。而挖掘、呈现地方文化较为深入与完整的专题片,由于时长较长,一般被放在非新闻栏目中播出,虽然制作较为精细,但观众较少,地方性宣传报道

的效果相对新闻栏目来说也较弱。

如何取二者之长,探索讲好泉州故事的新模式呢?2014年,泉州广播电视台新闻中心大胆创新,启动了《穿越戴云山》大型新闻专题项目,采用"新闻纪实+户外真人秀"模式,对泉州的"母亲山"——戴云山进行探索,并在本台《新闻广角》等各档新闻栏目中,打破时长限制,以每天8分钟左右"轻"新闻专题的形式连续播出11天,讲述鲜为人知的山里故事,更传播了守护青山、记住乡愁、不惧艰险、勇攀高峰等价值观。《穿越戴云山》收获了良好的社会反响,受到了泉州本地观众和外地乃至海外网友的肯定,电视收视率和网络点击量节节攀升。

这一次的尝试,让泉州台新闻中心主创团队看到了新闻栏目的又一种可能:新闻不仅仅可以有"短平快"时讯、重大主题报道和深度调查舆论监督,它同样可以兼容一定体量、多种形式的人文内容,由此增强栏目的质感,丰富栏目的审美,对受众形成积极正面的价值引导。尤其是在"讲好中国故事"这一重要任务对主流媒体能力要求越来越高的现阶段,在"围绕中心、服务大局"的基础上,通过对地方人文的梳理和表达,媒体可以进行更为柔性而绵长的价值传递、导向引领,通过新闻栏目这样关注度最高、触达面最广的平台和融媒体工具,实现"讲好泉州故事"新闻报道的效果最优化。在对《穿越戴云山》项目进行总结的过程中,泉州台主创团队也在酝酿着下一个地方性报道的新闻品牌——"溯源"系列。

二、"溯源概念"生成:心怀热意,脚踏大地,呈现"最"泉州

2015年起,泉州广播电视台与泉州市各县市区联合启动了"溯源"系列大型新闻专题项目,致力于以"轻专题"形式打造泉州的城市影像志,浓缩泉州故事,弘扬泉州精神。与《穿越戴云山》一脉相承,"溯源"系列初期以泉州的"母亲河"——晋江为核心线索,以探寻晋江源头为切入点,溯源、访古、问今、向未来,全面展现晋江流域各县市区的经济、社会、人文、历史、风俗等等;后期则形成"溯源概念",对非晋江沿线的县区进行走访拍摄。2015年到2018年间,泉州台新闻中心"溯源"系列主创团队先后走进泉州的安溪、永春、泉港、德化等县区,追寻泉州水文、地理的源头,更追寻地方精神文化的源头。

"溯源"系列大型新闻专题项目至今历经五季,基本形成、沿用并发展出

一套"沾泥土、带露珠、冒热气"的创作模式,从策划到执行完成分为三个阶段。

前期准备阶段:工作内容包括遴选精干采编力量组成主创团队,组建6至10人摄制组,撰写拍摄计划,开展摄制前带机踩点,广泛收集采访素材,与当地群众、拟拍摄人物反复沟通,打磨分镜脚本,制作前期预告等。这是对新闻工作者脚力、眼力、脑力、笔力的巨大考验和反复磨炼,只有做好细致而充分的前期准备工作,主创团队才能通过实地踩点和大量资料研读,对本季所将探访和拍摄的县区具备总览印象,搜索到当地最为鲜活、最具代表性的拍摄素材,并从纷繁复杂中理出创作逻辑线,提升实拍和制作阶段的效率。该阶段一般用时半个月至一个月。

正式拍摄阶段:整个摄制活动采用立体方式行进,启用高清摄像机、航拍飞行器、运动摄影镜、水下摄影镜、广角镜等诸多摄制器材,以丰富观众视角;在摄制过程中,主创团队通过本台官方微博@新闻广角、官方微信号"泉媒体"、抖音号、快手号、头条号以及哔哩哔哩官方账号等全媒体平台,对摄制过程中的花絮、趣闻进行直播或短视频传播,并适时在各档电视新闻栏目中进行现场或新闻报道,为"溯源"系列新闻专题的播出进行预热,延续并提升受众的关注度。拍摄集中在一个月至一个半月统一完成,以保证团队的战斗力、凝聚力以及主创人员对所涉内容的掌控力保持在高位。

制作播出阶段:集中拍摄结束后,主创团队马上进入后期制作,包括多轮粗剪、精编、后期包装,并在制作周期中段,在本台《新闻广角》栏目中开辟专区,开始首播本季"溯源"系列专题片,其他新闻栏目按需重播,本台全媒体平台同步上线节目,并开放给各县市区及其他相关融媒体平台转载。在电视端播出、移动端上线的同时,开展拍屏有奖、趣味答题、"我看我评"等活动与观众、网友互动,主创团队会根据受众对节目的反馈,对正在进行后期制作中的各集进行适当调整,体现"边制边播"的交互性。除了在本台各渠道平台播放外,"溯源"系列专题片还被传送至腾讯、新浪、搜狐等知名网站和福建电视台、中央广播电视总台等上级媒体供其选播。该阶段一般用时一个月至一个半月。每一季"溯源"系列大型新闻专题项目总用时在一季度左右。

三、精良"电视县志"出新篇,泉州城市影像志"增厚添彩"

2015年以来,泉州广播电视台新闻中心已创作完成"溯源"系列大型新闻

专题片共五季,包括:

《溯源晋江·安溪篇》(2015 年 6 月 1 日首播),包括《圣水》《茶甜》《福寿》《馈赠》《转型》《听竹》《家训》《反哺》《寻源》《家传》等 10 集;

《溯源晋江·永春篇》(2016 年 6 月 20 日首播),包括《桃源》《香火》《佛手》《白鹤》《乡愁》《筬舞》《传承》《陈酿》《馈赠》《仙草》《源头》等 11 集;

《溯源泉港》(2017 年 7 月 22 日首播),包括《探源》《向海》《馈赠》《连枝》《乡愁》《向善》《烽火》《传承》《匠心》《晶耀》等 10 集;

《溯源永春》(第二季 2018 年 1 月 15 日首播),包括《族谱》《乡愁》《馈赠》《画匠》《善缘》《指舞》《薪火》《传承》《龙窑》等 9 集;

《溯源德化》(2018 年 12 月 15 日首播),包括《思源》《薪传》《四海》《往来》《丰酿》《音缘》《家园》《甘来》《守正》《芳华》等 10 集。

几年来,"溯源"系列专题片已经成为泉州广播电视台和泉州各县市区共同打造的重点品牌。对于各县市区而言,"溯源"系列是对其历史梳理、人文呈现、故事讲述、精神共鸣最具深度和广度的一次电视节目表达,相当于一部制作精良的"电视县志",因此合作拍摄的县区皆在其政府办公地以及人流量大的广场、车站、景区等地,循环播放"溯源"系列新闻专题片,助力本地宣传。对于泉州来说,多季"溯源"系列从不同侧面刻画了泉州这座城市的多彩风貌,这一不断"增厚"的"泉州城市影像志",除在泉州台全媒体平台播发以及送往兄弟媒体、上级媒体之外,还被作为泉州城市宣传的重要载体,送往菲律宾电视节、东盟电视周等海外电视交流活动展播,成为泉州外宣的代表作品。而祖籍泉州各县市区的海外侨亲,则自发转载泉州台"溯源"系列移动端链接,形成有力的海外民间外宣,在海外华侨华人中引起强烈反响。

对于泉州广播电视台来说,"溯源"系列是地方主流媒体对"讲好泉州故事,传播泉州声音"新模式的不断探索和升级。在厚重的历史矿藏中提炼新华章,在乡愁表达中凸显出地方精神,用影像方式诠释地方文化的能量与对未来的启迪,这要求主流媒体新闻从业者必须不断增强脚力、眼力、脑力、笔力,时刻坚定方向、把好导向,以书写人民故事为价值取向,以做出让人民满意的新闻节目为个人志向,在打磨作品的同时锤炼新闻采编队伍、积蓄创作能量。

案例评析

泉州广播电视台新闻中心主创的"溯源"系列大型新闻专题片,在策划之初就被赋予了多重属性:作为"泉州城市影像志","溯源"系列需撷取最具代表性的人事物予以记录呈现,这要求主创团队进行具备足够广度的"海选"和足够严格的"总决选";作为在新闻栏目中播出的特别节目板块,"溯源"系列必须具备新闻性,这要求主创团队在看似"不变"的地方风物中,以当代眼光和时代精神挖掘并高亮出城市文化最新鲜的"多变";作为承载情感表达和价值引导任务的"轻专题","溯源"系列还需具备一定的文学性、美学性,这更要求主创团队在具备新闻采编基本技能的基础上,必须不断增强个人和团队的综合素养。在实践中锤炼,在创作中提升,主创团队坚持新闻工作者"在路上"的精神,和"溯源"系列节目共同成长。

一、以"群众智慧"为"经",延展地方性文化类节目的广度

城市的历史由群众书写,"溯源"地方文化,首先必须深入群众,以"群众智慧"作为地方文化叙事坐标体系的经度线,撑起整个"溯源"系列报道的框架。"溯源"系列呈现出明暗两条线:

明线为"水",以泉州的母亲河——晋江为地理主线,摄制组溯晋江而上,沿着水脉及其分支,一路探访沿线县市区、乡村镇。这不仅使当季"溯源"系列的每一集专题片之间拥有清晰的脉络和内在联系,也让每一季"溯源"系列专题片都有相似的基础叙事逻辑,构成"溯源"系列品牌的气质,在受众中形成品牌存在感;

暗线为"人",在"溯源"系列筹备、拍摄、制作期间,摄制组深入基层,扎根一线,大规模征求社会各界建议,与乡亲们面对面交谈,挖掘了大量鲜为人知的地方掌故,搜集了大量带着泥土气息的泉州乡村故事、民间习俗、手艺小吃等等,而这些全都通过一个个鲜活而有特点的人物来展现。

实际上,这样的手法在电视新闻专题的创作中并不鲜见。尤其是在2013年《舌尖上的中国》系列、2015年《记住乡愁》系列等精品电视专题片、纪录片开播以后,受众对于"人、事、物、城、史"相融合的讲述方式已经越来越习惯;而在那一时期,国内不少专题片、纪录片也呈现出明显的"舌尖体""乡愁体"等模

仿痕迹。既要对优秀作品进行学习、领会和借鉴,又要避免邯郸学步,"溯源"系列坚定自身创作方向的关键就是在于那一条暗线——"人"。

例如,五季"溯源"系列的主创团队人员经历数次变动,但每一季都有一集被命名为《馈赠》(2018年《溯源德化》中《馈赠》一集在播出时改名为《甘来》)。《馈赠》这样一个纪录片标题和行文方式被《舌尖上的中国》带火,一提"自然的馈赠",受众一般能快速反应出接下来要讲述的内容为当地风物。把《馈赠》作为每一季"溯源"系列里相对固定的区块,是主创团队对优秀纪录片的致敬,也是大家充分利用受众现有认知资源的巧思。但是,"溯源"系列定位是城市影像志,而非美食节目,即便有专门的章节描绘本地物产,也一定要避免单纯的"舌尖"化。其关键就是把刻画的核心放在"人"上,而非落在"物"上;始终坚持"以人为本""人民至上"的创作理念,就能帮助创作者保持正确的创作方向。在"溯源"系列中,大自然的馈赠只是引子,真正的主角是充分发掘、利用、守护这些馈赠的泉州百姓。《溯源晋江·安溪篇》里的淮山、《溯源晋江·永春篇》里的白鸭、《溯源永春》里的芦柑、《溯源泉港》里的枇杷、《溯源德化》里的黄花菜与苦菜,都是讲述一个或一群人的背景。体现了人在历史空间里、在自然环境中的持续不懈努力,这些平凡的事物才能超越美食的层面,升华为城市故事的一种载体、百姓乡愁的一种寄托。

实际上,每一集"溯源"系列,讲的都是"人"的故事:制香的蒲氏家族,做米粉的老李夫妇,种佛手的茶农老康,做豆皮的陆师傅,酿红酒的林师傅,泉州嫁妆"标配"之一——漆篮的制作者老郭夫妇,泉州的陶瓷技艺、南音、纸织画、北管、白鹤拳等众多非遗项目的传承人……正是这一个个普通的人、一件件平常的事,构成了泉州文化的坐标经度线,更在行动间传达出丝丝缕缕的地方精神。

二、以"地方精神"为"纬",刷新地方核心价值表达的深度

作为地方性文化类节目,"溯源"系列在呈现"地方性"的基础上,更要展现其"文化性"。这就必须在"故事叙述"的层面之上,打开"精神提炼"的通道,帮助受众从人物故事中,自然而然地体会由无数个人传承而汇集出的地方核心价值。

比如《溯源德化》的《薪传》一集,主创团队以"世界瓷都"德化最为著名的"招牌"——陶瓷切入进行叙事,但没有简单停留在陶瓷如何制作、德化瓷如何精美的浅层上,而是从"陶瓷是土与火的艺术"这一内涵出发进行深化和演绎,将陶土浴火成瓷的原理与千百年来德化历代陶瓷艺人不断破旧立新、涅槃重生的业界传统有机勾连,最终升华到德化陶瓷界"在磨砺中执着,在燃烧中升华,在坚守中沉淀,在固本中立新"这样一种精神上的薪火相传。这种表里相照、虚实相映的意象化表达手法,提升了"溯源"系列新闻专题片的格局,更有助于通过每一集的人事物来凝练和传达他/它所承载的泉州核心文化价值和地方精神。

在五季"溯源"系列当中,主创团队通过田野走访、留心观察思考,以历史观和时代性结合的理念将一个个泉州风物解构,在故事叙述中明晰泉州地方文化意涵:

生生不息的海丝文化。海丝是泉州重要的文化标签,"溯源"系列没有用刻板的方式直接介绍"海丝",却处处有"海丝"印记。沿海的泉港人以船为马、向海而生,山区的德化人挑担运瓷、走出一条"瓷帮古道",永春的许港连接泉州内陆与江河,安溪的"铁观音"沿内河出海登船,和德化瓷一起成为古代海上丝绸之路上泉州乃至中国重要的文化输出。

保家卫国的铮铮铁骨。泉州自古武风颇胜,在传承至今的各种武术中,"溯源"系列着重选取了永春的白鹤拳、藤牌兵、泉港的扁担拳、德化的南狮、龙虎旗等进行讲述,重点体现这些武术在历史上曾参与过抗倭降寇、击退外患、保卫乡民的作战或义举,彰武德,树铁骨,体现泉州地方价值观中的家国情怀。而对永春横口朱德驻军处、泉港前黄三朱村地下交通站等革命旧址的展现,也体现了泉州"红色文化"和爱国主义精神的传承。

叶落归根的绵绵乡愁。泉州是著名侨乡,"溯源"系列从"乡愁"入手,探访了"乡愁诗人"余光中的故里永春桃源,登上德化高山之上、成为宗族精神图腾的厚德堡,记录了海外华人特地回国参加的安溪城隍庙春巡,走进了屡经修复重放光彩的泉港界山洋楼,让受众在每一个故事中,随着主人公的情感起伏,共鸣泉州人浓厚的家族观念和剪不断的"归根"情结,增强泉州作为"乡愁故里"的城市形象。

这些内容,散落在五季"溯源"系列片中,遥相呼应,为受众不断完整"溯源"系列路上的"泉州海丝文化拼图",同时强调了泉州"爱拼敢赢、海纳百川"的地方精神。这一系列地方精神的呈现,共同构成了泉州文化的坐标纬线,丰富了多元的城市气质形象表达,也拓展了引发受众共鸣的情感"光谱",让"溯源"系列不仅能引发泉州人的兴趣,更能在人类共同情感和价值的层面上,与更多人同频共振。

三、丰富创新视听手法,增强触达人心的感染力度

"老百姓说好,才是真的好",这是宣传工作者在创作中,必须时刻挂在心头的评判标准。"溯源"主创团队在筹备和创作过程中,始终从受众角度出发,在保持文化类节目基本的严谨性基础上,增强受众的观看愉悦度,提高交互性,保持受众黏性。

加强节目制播的人情味。每一季"溯源"系列专题片播出时,主创团队都会设计不同的方式与受众互动,包括根据每集内容有奖答题、在新闻栏目中开辟观众讨论区、通过"两微一端"进行融媒体宣传等,并及时根据受众的反馈调整之后的节目制作方式,打破单向输出等壁垒,实现与受众之间的有效互动,让受众主动成为节目的"参谋"和传播者。

突出新闻节目里的文艺范。"溯源"系列突破新闻节目固有的严肃形象,适当借鉴综艺节目制作理念,以诗意的语言、多变的镜头、优美的配乐及清新的后期包装形式进行内容展现,令大家在新闻栏目中感受到较高的文化和审美体验。

引入"第三"视角。在"溯源"系列的首季——《溯源晋江·安溪篇》当中,主创团队邀请泉州市文联主席陈瑞统根据每一集等内容,撰写一篇画龙点睛的短评,文化人视角既有泉州儿女的亲切,又有学者的高度,可以帮助受众更加精准地接收到节目传达的信息,并延展开更广阔的思辨。而在 2017 年的《溯源泉港》中,开篇《探源》选取了非常宏大的鸟瞰视角,首先推出极具人文思考和哲学意味的先导片——"是什么塑造了人,是巍峨的山,是广袤的海;从哪里来,到哪里去,天赋与生俱来,选择时刻存在……在这里,有人安家汪洋,有人直面风浪……在这里,人们胸怀天地,心中有爱……在此讲述的,就是那些积极生活努力打拼的人们,以及这东海之滨、泉州北翼,被他们称之为'家'的地方……"这一鸟瞰视角,不仅从高空俯瞰泉港,更从内里"俯瞰"泉港人的内心,将山海与百姓相连,将地理特质有机转化为这片土地上的人的性格特征,展现出主创团队极强的创造力和灵动的思维。

四、多元意向观察呈现,提升人文思考的心理温度

"溯源"系列主创团队在创作过程中,引入多元的观察和叙述角度,使这一系列有别于单纯的风土人情介绍片,而具有丰富的层次和深厚的内涵。

注重价值观传递的时代性。"溯源"系列中讲述了晋江、坝头溪、涌溪、浐溪等泉州重要江河对城市的塑造,不仅描述历史上的沧海桑田,更落笔于当代人们对于河流山川的保护性利用,凸显"绿水青山就是金山银山"的时代观点,对受众进行潜移默化的价值引导。而对于许多本地特产和技艺,例如泉港的海盐、安溪的米粉、永春的芦柑、德化的陶瓷等,主创团队则在风物介绍的基础上,突出从业者的"工匠精神"。

传递关注文化表达的"侧面"。除了山水人文上的追根,"溯源"系列还不吝笔墨,书写一些"闲笔"。比如在 2017 年制作播出的《溯源泉港》中,主创团队用了半集的篇幅,关注了泉港界山镇清心堂中被收养的一群孤儿;在 2018年初播出的《溯源永春》中,讲述了永春普济寺义工扎根乡村、服务乡民等故事。这些内容,看起来似乎与"溯源"没有直接关系,但其实,它们恰恰从侧面展现了泉州积淀千年的儒释道多元文化早已将"至善"的理念深植于民间,体现了泉州人文的厚度,让整个系列所讲述的"泉州故事"更具色彩,更有温度。

五、思考与启示

地方性文化类报道"从哪里来"。主流媒体的宣传工作始终要以服务党和国家大政方针为出发点,牢牢把握正确的舆论导向,这不仅是对新闻节目的要求,更是所有节目制作者都必须具备的政治素养。"溯源"系列紧紧围绕十八大以来党中央的重要战略部署,以此为导向遴选地方文化素材,进行节目制作,在讲述人物、文化、历史故事的同时,以春风化雨的手法体现泉州在经济发展、文化传承、生态保护等方面的成就,实现了对群众润物无声般的宣传,在塑造城市形象、做好对外推介的同时,也传播了优秀的地方文化,更营造了风清气正、积极向上的社会氛围。

地方性文化类报道"到哪里去"。主流媒体的宣传工作必须以老百姓的需求为落脚点,不断磨炼自己讲好故事的技巧。"溯源"系列充分体现对融媒体受众的尊重,从筹备、拍摄到播出,都坚持走群众路线,为群众挖掘优秀地方文化,用老百姓听着舒服的语言,讲述这片土地上大家既熟悉又新奇的故事,使

老百姓感觉到既有亲切感,又有交流感。每一季"溯源"专题片通过融媒体多元平台向公众传播,引发群众共鸣,激发百姓爱乡爱国之情,收获了良好的社会宣传效果。这充分说明:创作者只有"接地气",作品才能"聚人气";创作者只有"用匠心",作品才能"入人心"。

地方性文化类报道"怎么去"。在中华民族伟大复兴的时代背景下,重建中国的文化自信成为一种内在文化精神的呼唤和焕发国家发展潜力的动力需求。文化自信来源于几千年来优秀传统文化所积淀下的深厚底蕴,也来自当代人对自身精神来源的追溯和传承创新,这正是"溯源"系列所要承载的使命。作为此类节目的创作者,必须坚持增强自己的"脚力、眼力、脑力、笔力",并将其转化为节目的"传播力、引导力、影响力、公信力"。只有牢记自己身为主流媒体文化节目创作者的使命,把它内化为自己的一种创作初心,才能使之转化为自己创作的习惯,在日常工作当中,有意识地自我磨炼,将技能的增强自然而然地贯穿于创作的始终,不断推陈出新,想方设法用节目来解读地方文化,展现地方精神内核,通过一次又一次的文化价值输出、交互、传播、内化,从而做好主流舆论和价值观的正面引导,夯实文化自信的根基。

代表作品

溯源晋江·寻源

(第九集)

李　佳　沈君艳　施纯添　汪龙波
泉州广播电视台新闻中心　2015 年 6 月

【导语】

对于寻找晋江的源头,寻源小组一直充满期待。因为这不仅仅是地理位置上的源头,更是大家心目中母亲河之根的所在。为此,寻源小组特意找到了当年参与寻找晋江源头的一位关键人物。从他口中,我们了解到了 12 年前那一段坎坷的寻源路。

【字幕】

2015 年 4 月 18 日　福州

【同期】

泉州广播电视台记者沈君艳：你好，你是陈斌总工。

【正文】

憨厚文雅的陈斌是福建省水利规划院的高级工程师，一辈子都从事水文水资源与水利水电规划设计，他在职业生涯中承接的唯一一次江河寻源工作，就是寻找晋江的源头，那是在 2002 年的 3 月。

【同期】

福建省水利规划院教授级高级工程师陈斌：首先就是去查找有关文献，因为我们现有的文献里面对晋江源有很多说法，古今的文献都不一样。有的是说在（安溪县）太华山阶，有的说是在佛耳山，有的说在（永春）一都溪，反正大概有四五种说法。

【正文】

专家组翻阅文献后，根据有关资料及历史状况分析论证了 12 个源头。最终，选择了一都溪、大横溪及坑仔口溪三个点的 11 个源头进行实地考察，后来被确定为源头的一都溪尾的溪北支流正是其中之一，它位于现在安溪县桃舟乡达新村内。尽管寻源已过去 12 年，但陈斌依旧历历在目。带着他满满的回忆，我们的寻源小组也启程奔赴达新村，探访 12 年前的那段寻源之路。

【字幕】

2015 年 5 月 15 日

【同期】

泉州广播电视台记者沈君艳：经过近一个月时间的跋涉，我们走过了晋江沿岸的山山水水，体验了当地的风土人情，在今天我们终于抵达晋江源头的所

195

在地,也就是安溪县桃舟乡的达新村,我们将一起走近源头,揭开它神秘的面纱。

【正文】

寻源路上,水声潺潺,林木葱葱。给我们当向导的王志银是达新村人,他也是12年前寻源专家组的向导。

【同期】

安溪县桃舟乡达新村村民王志银:全部是用柴刀把路边的树全部砍掉的,以前就没有路,我们两个前面先把路开一条过去,后面跟我走上来,在里面这个地方还有下来洗手。

福建省水利规划院教授级高级工程师陈斌:车到这个地方的时候我们就徒步走,没有路,我们就顺着小河沟走。大概走了一两个钟头,空气很清新,走累了在路边休息休息,喝喝沟里的水还是挺甜的。

【正文】

当年用柴刀劈出的路,已是另一番模样。村里在三年前修了这条石板路,如今,通往源头的坎坷艰辛已然淡薄。

沿溪而上,水域面积逐渐缩小,空气却愈加湿润。偶遇溪上一座古旧的独木桥,或许当年的专家组也曾借助它通往水源腹地。

路程过半,大家在路边的小亭子内稍作休息,闲暇之余,老王与我们聊起当年定源时,专家组曾参考过的一个神秘传说。

【同期】

安溪县桃舟乡达新村村民王志银:很高的两块石头,说这两块是泉州府和漳州府分灵的界线,水就是从那里出来的,龙头也是从这两块石头出来。三年左右泉州的水不能吃了,有味道,那个女孩说自己要献身接龙脉,接下去泉州府恢复平静。

【正文】

一位16岁的女孩为了拯救晋江水,用自己年轻的生命换取下游水源的洁净。古老的传说一代传一代,当地百姓因此更加笃信这里就是晋江的源头。

【同期】

泉州广播电视台记者邓文诗:一路走来我这边感受是生态保持得还是非常好,而且空气很清新,到处都是有小溪和流水陪伴,源头就在前面,我们加把油,到前面看看源头是什么样子。

安溪县桃舟乡达新村村民王志银:到了到了,这就到。

泉州广播电视台记者沈君艳:太好了,源头这里怎么没有看到水呢?

安溪县桃舟乡达新村村民王志银:水是在地下自然渗出来的,看不到吗?那里有一管水出来让大家看的。

泉州广播电视台记者沈君艳:哪里啊?去看看。就这管水啊?才一点点。

安溪县桃舟乡达新村村民王志银:是啊,就是滴水能成泉,这些水虽说是水,但就是晋江的血啊,血脉就是从这管水出去的流到整个泉州府。

泉州广播电视台记者沈君艳:非常冰哦,没想到我们滔滔晋江水就是从这个涓涓细流发源而来。

【同期】

福建省水利规划院教授级高级工程师陈斌:那个小水沟的水是不会干的,如果干枯了这个就不是源头。大家都以河源唯远为原则,河源唯远原则也是符合我们中国传统文化,我们成语源远流长,源就是源头的源,源要在最远的地方。

【正文】

晋江由东溪和西溪组成,西溪流经安溪县境内桃舟、感德、剑斗等7个乡镇及南安3个乡镇,东溪流经永春锦斗、蓬壶、达埔等7个乡镇及南安4个乡镇,最终在南安丰州的双溪口汇合。专家组历时一个月,根据河源唯远的定源原则与野外考察了解到的情况认定,晋江正源位于晋江西溪上游的安溪县桃舟乡达新村梯仔岭东南坡,主流自源头至前埔(河口)全长为182公里,流域面积5629平方公里。

2002年12月,泉州市人民政府在达新村的水源地立碑,晋江源头正式确立。

【同期】

福建省水利规划院教授级高级工程师陈斌:晋江大河属于我们泉州市,属于福建闽东南地区,在全省这一块水资源是最紧缺的,这一块又是经济发展非常快的,人们对水资源的影响甚至一些破坏会比较严重。所以保护我们晋江母亲河,保护我们晋江水资源是非常重要的任务,保护晋江母亲河就要从源头做起。

【正文】

问渠那得清如许,为有源头活水来。数百万泉州人民共饮的这一江之水,蜿蜒逶迤,滋养大地。

流贯古今的晋江,世代缭绕逶迤于泉州大地,山重水复,根脉难辨,真可谓神龙见首不见尾。晋江的源头究竟在哪里呢?文献史料记载有多种说法,扑朔迷离,踪迹难寻。直至2002年,经福建省水利规划院专家艰辛跋涉实地勘测,终于确定晋江之源头位处安溪桃舟乡达新村。当这条母亲河撩起她神秘的面纱,她的美丽丰姿令人赞叹,晋江水系撑持泉州发展之功更是令人称颂。

权威专家指出:"水,无论对于生产还是生活,都是我们须臾不可或缺的资源。水是生命之源、生产之要、生态之基,在生态文明建设之中具有重要的位置。"当我们溯源晋江一路探寻,我们不能陶醉于"一江春水明如镜""天光云影共徘徊"的诗情画意;而是应该清醒地深思:如何从根源上消除环境污染的心腹之患?拿什么保护我们母亲河的水安全?!

寻源不是为了猎奇,溯源为了饮水思源、正本清源。《晋江源碑铭》启示我们:每一个泉州人应有的责任与担当,就是用实际行动关注、珍惜、爱护母亲河,让清澈纯洁的滔滔晋江碧水长流,滋润我们这座文化之都的花锦山川永世长春!

溯源泉港·向海

（第二集）

吕雅稚　施纯添　杨杰松　黄武钢

泉州广播电视台新闻中心　2017 年 7 月

【导语】

闽人素来"以舟为车,以楫为马",三面环海的泉港更是如此。泉港拥有 75 千米的海岸线,海域面积 105 平方公里,占区域总面积的 1/3,七个镇中有五个镇沿海,还有一个国营盐场更是濒海之区。千百年来,人们傍海而居,以海为生,延伸着自己和这片海的"基因传承"。

【正文】

（清晨 4:00　泉港区南埔镇肖厝村）

肖美如的一天都是从清晨三四点开始。还没到端午,此时的南埔肖厝渔排依旧夜幕笼罩,海风带来一阵阵寒意。60 多岁的肖美如不以为意,用冷水抹把脸,开工了。

昨天生活区和山腰的几家餐馆定了百来斤的鱼。在二儿子的帮助下,肖美如开始捕捞作业。

【同期】

泉港区南埔镇肖厝渔排养殖户肖美如:现在已经不算早了,冬天的话,生意好的话,一般都要两三点就起来,两点多就起来了,现在都四点多了。

记者:这个季节一般卖什么鱼?

泉港区南埔镇肖厝渔排养殖户肖美如:一般卖包公鱼,比较杂,量不多。

记者:每天卖多少?

泉港区南埔镇肖厝渔排养殖户肖美如:不一定,有时候四五百斤,有时候几十斤。不一定。

【正文】

肖厝渔排上的灯亮了起来,点缀在漆黑的海面上,远远望过去,就好像星空的倒影。不同的是,多了嘈杂的马达声。把鱼抬上岸边的小货车,接下来的交易就交给二儿子了。这样的日子,肖美如过了几十年。

靠海吃海,和大多数泉港海边家庭一样,肖美如自懂事起便成为一名小渔民,跟随父辈出海捕鱼,小渔船几乎跑遍了福建、浙江沿海的各大小港口。

"君看一叶舟,出没风波里",旧时的"讨海人"都是"搏命人"。那时候的渔船都是小舢板,缺乏现代的通信设备,出海更多的是看天气凭经验,当然还有靠运气。命悬一线的经历数不胜数。20世纪80年代开始,肖美如做了个决定:不出海了。拿出积蓄,和其他几个渔民一起购置工具,搞收购暂养红斑等名优海水鱼。1997年,他自立门户,在这片海域搞起网箱养殖。网箱从最初的30个,发展到现在260多个。肖美如甚至在渔排上搭盖了两层小楼,从此安家海上。

(泉港区后龙镇上西村)

肖厝渔排往南三公里,便是泉港区后龙镇上西村。陈兴明上班的第一件事,就是站在窗前,拿起望远镜远眺碧波万顷的湄洲港。50年前,陈兴明和十几个渔民挤在一条船上,为了生计历尽千辛。

【同期】

兴通海运集团董事长陈兴明:捕鱼到浙江沈家门去,一去半年才回来。以前有钱赚什么辛苦都不叫辛苦,经常两三天不睡觉。现在我们将近六七十岁,体力还很好。现在打羽毛球,我一个人能单挑你们五个年轻人。

【正文】

年轻时出海捕鱼的艰难经历既增长了陈兴明的阅历和经验,也培养了他的"弄潮儿"胆识和性格。1989年,福建炼油厂在泉港区投建,进出肖厝港的大型船舶明显多了起来。陈兴明毅然决定用土地、海域赔偿款购买一条木制帆船,为到港的船舶提供旅客运输、食物和饮用水等食品,并开展交通施工用船等业务,从中赚到了人生的第一桶金。

【同期】

兴通海运集团董事长陈兴明:我们边做边学。我们主要学习做什么事情,一个就是诚信,我们还有一个责任,一个责任感,有诚信我们就能交到朋友,然后就有信息,我们就一步一步做起了。

【正文】

1997年,陈兴明干脆成立船务公司,获得了国内沿海、长江中下游及珠江水系各港口间的成品油、散装化学品运输的经营权,成为泉州市唯一一家经营管理成品油和化学品船的航运企业。

【同期】

(兴通海运码头)

兴通海运集团董事长陈兴明:这是第二条大的,最大的12000吨,这艘船8800吨。总共十条,从1999年到2000年开始发展,每年一条,一直发展起来。

(泉港区南埔镇肖厝渔排)

记者:一天喂几次?

泉港区南埔镇肖厝渔排养殖户肖美如:一次。一个月要吃一二十万,二三十万。

记者:养了多少种鱼?

泉港区南埔镇肖厝渔排养殖户肖美如:十几种。

【正文】

和出海捕鱼相比,肖美如觉得现在生活安稳多了。除了台风来的那几天,肖美如一家人的日子基本上都是在渔排上度过,小孙子刚出生没几天也被抱到这上面来,三五岁就自如地在网箱间奔跑玩耍。眼下,肖美如是当地最大的网箱养殖户之一。起早贪黑对他而言并不算太辛苦,他最怕的还是天气突变。

【同期】

泉港区南埔镇肖厝渔排养殖户肖美如:2008年我损失最厉害,2008年太冷,我养了土斑,土斑死了200多担,那个时候一斤九十几块。12月份到正月十几下来就没有了,一条都没有了,全部满满都是死鱼,我老婆儿子在家里,我都不敢让她下来,她下来会晕倒。

【正文】

冻死的鱼清掉再养,被台风打散的渔排加固了再扩。许是年轻时讨海磨炼出的心性,渔排上的肖美如们天生不服输,迅速进入状态,用勤劳和智慧,向大海争取属于自己的份额。

在人类活动迁移史上,苍茫浩渺的海洋是人类在陆地以外寻求发展的另一个重要的活动空间。史志记载:"漳泉诸府,负山环海,田少民多,出米不敷民食。"逼仄的陆域生存条件,在客观上促使沿海居民转向大海谋生。变幻莫测的风浪,湍急的海流,不知吞噬了多少生命。但是,这一切都没能阻挡泉港人向海而生的执着,也造就了泉港人的特性——冒险、独立、兼容。

如鲸向海,似鸟投林。向海而生,是一种探索的勇气,一种开放的胆魄,更是一种通达的梦想。这股雄心无关年岁无关现状无视困难,已经渗入到泉港人的血脉,着色成泉港历史肌理里的一片蔚蓝,虽经千年的涤荡,却从未褪色。

【同期】

兴通海运集团董事长陈兴明:这么辛苦,我体会到能不能再造一条船,我就想办法,叫师傅配合我帮忙造一条船,造完去海上开,感觉还是很年轻。

溯源德化·薪传

(第二集)

任 芃 江 祺 吴裕鹏

泉州广播电视台新闻中心　2018 年 12 月

【导语】

如果你问一个人,德化最出名的是什么?那么他十有八九会回答你,陶瓷。的确,德化是中国陶瓷文化发祥地之一,是我国三大瓷都之一,并且是目前全球唯一一个拥有"世界陶瓷之都"称号的地方。这么多响当当的名头,都源于这片天赋灵秀的土地,和那一炉从新石器时代燃烧至今的德化古窑火。今天的《溯源德化》,让我们一起来聆听德化陶瓷薪火相传的故事。

【正文】

(德化县盖德镇)

水碓,古人智慧的产物。流水天然的能量,经过水轮和杠杆的转化,成为春捣石臼的动力源。

【同期】

福建省陶瓷艺术大师林吉祥:早期没有电,所以就发明这种,用水来碾碎,而且人也不用看着。

福建省陶瓷艺术大师林吉祥:"村南村北春雨晴,东家西家地碓声"。根据诗文和史料,至迟从唐代开始,这种水碓撞击的声音,就在德化境内此起彼伏。千家万户每天忙碌的,就是要借助水碓把一种矿石碾成细末。这就是德化陶瓷艺人一切灵感得以成为实体的基础——瓷土。

【正文】

(德化县盖德镇上地村九护林)

德化能够成为世界陶瓷之都,当地出产的高品质瓷土功不可没。瓷土藏于山中,时至今日,瓷土矿的开采依然只能沿用手工模式。

经过粉碎、筛选、炼泥、拼配,山中的矿石最后成为陶瓷艺人们案头的瓷土原料。它们最终将成为什么样的瓷器,取决于陶瓷艺人的心中一念,指尖万方。

捏、塑、雕、镂、贴、接、推、修,这八字技法,相传由"瓷圣"何朝宗总结而成。这位出生于德化的明代陶瓷宗师,其作品从16世纪起就被东西方各国奉为至宝,他的艺术风格和瓷塑技法更是对后世影响巨大。可以说,何朝宗至今都是德化陶瓷艺人共同的老师。当然,对于每一位陶瓷艺人来说,真正将前人技法口传心授的,还是自己的父辈或师长。蕴玉瓷庄,德化陶瓷技艺传承的代表之一,创始至今约120年,历经四代,曾经盛极一时,也曾遭遇面临过可能失传的困局。

【同期】

中国陶瓷艺术大师蕴玉瓷庄第四代传人苏献忠：因为我曾祖父（苏学金）临终的时候，我爷爷（苏勤明）才十岁，他（苏学金）是托孤的。他（苏学金）有一个徒弟叫许友义，他是把他的孩子委托给许友义。那么许友义就把我爷爷（苏勤明）带到许家，把他抚养成人，让他成家立业，又回来重振蕴玉。那么这里面就有一个我们所说的责任、担当、承诺的东西在里面。

【正文】

和很多手工业相同，师徒、家族相传，是德化陶瓷得以世代延续的稳固模式。师徒父子之间传授的，并不止是单纯的技法，更有为人处世的德行。或许正如深山等待开采的瓷土一般，德化陶瓷艺人们守着土一般朴实、沉着的人生信条，凭着几乎融进血液的自发性，肩负着守护德化陶瓷文化这个千载不变的重任，一路稳步向前。

（德化县三班镇蔡径村 月记窑）

变与不变，往往是一体两面。陶瓷是土与火的艺术，在德化瓷塑技法数百年大致不变的同时，另一个为陶瓷注入灵魂的程序却发生了很大变化，那就是烧制手段。德化制瓷历史可以追溯到新石器时代，目前，德化全县共发现两百多处唐朝以来的古窑址，全都依赖木柴烧制瓷器。龙窑，是我国江南地区常见的一种瓷窑形式，因为依山坡而建、形似长龙而得名。火气由最底下一级窑炉层层往上，高温和耗氧让瓷土胎与釉水产生了"还原烧"的奇妙反应。

【同期】

福建省陶瓷艺术大师林吉祥：柴烧是还原（作用）就是把这个瓷器原有的该有的东西，用柴烧一下，它会烧出早期"猪油白"的颜色。

【正文】

作为千年来德化陶瓷业的主旋律，柴烧的窑炉也曾经历过数次变革。相传宋朝时，有一位陶瓷艺人林炳为了实现批量生产，想给窑炉扩容，为此他殚精竭虑，终于在梦中想到了鸡笼窑的建造方法。而鸡笼窑，正是德化窑炉从传统龙窑进化到阶级窑的过程中，非常关键的一环。这种勇于革新的精神，也让林炳成为德化陶瓷业的先驱者,被后世奉为"窑坊公",在每一次柴窑开窑前接受祭拜。

当然,所有的技术都囿于其时代。柴烧窑炉的温度不均衡,柴火容易在瓷胚上落灰,这种不确定性或许可以造就每一件柴烧瓷器的独特美感,但也局限了陶瓷作品的成功率和创作种类。

【同期】

中国陶瓷艺术大师苏献忠:我们现在看到的很多陶瓷,历代以来的中国陶瓷,它们都是纵向的陶瓷,很少有横向的陶瓷。为什么呢?就是因为烧窑技术,和匣钵制作工艺,没办法做这种跨度很长的匣钵,导致我们的瓷器造型大部分都是纵向的。这就是限制了我们很多创造者想做的。

【正文】

20 世纪 80 年代,德化的瓷窑开始了"由柴转电"的技术革新。电窑使用的能源清洁,窑温可控,可以极大地提升成品率。技术的创新意味着陶瓷艺人们有了更大的空间,去创造以前不敢想、不敢做的东西。

【同期】

中国陶瓷艺术大师苏献忠:我们一直在讲传统,它为什么会成为传统呢?在明代的那个时间空间里面,你往前看,有几个人像何朝宗用这样的雕塑语言?没有的。他在那个时代,很当代,很先锋。那换到我们今天也是这样,一百年以后,两百年以后,你愿意成为德化传统的一部分吗?如果你愿意,我认为你在当下,就必须走在时代的前沿,那你才有机会成为传统。

【正文】

对先人敬畏而不拘泥,这种略带"叛逆"的传承精神,一直存在于德化陶瓷艺人的心中。或许可以这样说,在每一次开窑之前的祭窑公仪式里,人们祭拜的不仅仅是这一位"窑坊公",点燃的不仅仅是窑内的炉火,而是以林炳、何朝宗为代表的历代德化陶瓷人所一直守护的那团精神火焰——在磨砺中执着,在燃烧中升华,在坚守中沉淀,在固本中立新。

三明医改主题采访报道

三明市广播电视台

案例简介

众所周知,深化医药卫生体制改革是我国一项最受关注、涉及面广、实施难度大的社会系统工程,三明市委、市政府从 2012 年初开始,破除重重困难,在全市公立医院推行被业界称为"触及医改灵魂"、不搞试点、一步到位的改革,经过多年的创新探索,核心成果《三医联动:三明医改探索与实践》案例入选改革开放 40 周年"福建影响力"优秀案例,被誉为医改的"中国样本"。

三明市广播电视台深入贯彻落实习近平总书记关于新闻舆论工作系列重要讲话精神和对卫生健康及医改工作的重要指示精神,围绕这一主题,推动广大采编人员深入基层一线,践行"四向四做",运用"脚力、眼力、脑力、笔力",宣传报道了大量三明医疗卫生体制改革创新探索的新闻报道,成为三明深刻反映"四力"要求的生动案例。该台创作的《三明:四个全国率先 打通"医改最后一公里"》获 2016 年度福建新闻奖一等奖,"三明医改启示录"系列报道获 2017 年度福建新闻奖三等奖。

医改,一道世界性的难题。2009 年,我国启动新一轮医药卫生体制改革。十多年来,特别是党的十八大以来,改革为近 14 亿人带来了实实在在的获得感:世界上规模最大的基本医疗保障网覆盖城乡,居民主要健康指标总体优于中高收入国家平均水平……

从寻路探径到"有径可寻",从重点领域、关键环节不断突破到普惠性、兜底型民生建设相继铺开,新医改正步入"快车道",向全民健康覆盖大步"再出发"。

地处福建中西部山区的三明,2012 年站在了医保"悬崖"边——基金亏损

2 亿元,财政无力兜底,且全市职工供养比例逐年下降。这样下去不仅医保资金将"穿底",患者手术费也会"水涨船高"。面对城镇职工赡养比逐年降低,医药费用却年年大幅增长,三明市城镇职工医保统筹基金不堪重负,2010 年亏损 1.44 亿元,2011 年实际亏损 2.08 亿元的情况,从 2012 年起,市委、市政府拿出壮士断腕的决心,直击政府管理体制不顺、药品流通混乱药价虚高、医保多头管理、重复参保、基金使用效益不高、医保基金严重亏损、医务人员医疗行为不规范和医疗医药信息不对称、不公开、不透明等问题,以公立医院改革为切入点,实行医药、医保、医疗"三医联动"和市、县、乡、村"四级联推",全面推进医药卫生体制改革。改革成效逐步凸显,呈现出患者、医院、医生、财政(医保基金)多方共赢的局面,实现了百姓可以接受、财政可以承担、基金可以运行、医院可以持续的改革预期。

经得起时间考验、能沉淀下来的好作品,不花费一番脚力、眼力、脑力、笔力,无从得来,这是做新闻最质朴的方法论。非凡脚力出眼力,勤想多思著华章。用双脚去丈量大地,用双眼去观察时势,用头脑去萃取精华,用笔耕去记录历史,三明的医改新闻报道就是新闻工作者的一次次心灵之旅,为的是让新闻——更有温度、更加独到、更富见识,不负时代的期望。

案例评析

三明的医改探索是一个逐步深入的过程,三明的医改宣传报道也是如此。2012 年改革至今,三明市广播电视台组织精干力量,注重策划在先,由专人搜集素材、吃透医改内容,集中人力、物力,深入采访、精心制作,系列报道和主题性报道等形式多样的宣传同步发力,大家用"脚力"丈量探索全过程,用"眼力"观察创新好故事,用"脑力"思考实践好做法,用"笔力"记录改革真效果。

三明市广播电视台的《医改报道》采访以"探索路径"为主线,记者深入三明十二个市区公立医院,以调查的方式,围绕三明为什么要在全省率先实施这项改革、改革中做了哪些有益的探索、遇到了哪些困难和问题、改革成效如何、百姓得到了哪些实惠、社会各界对医改工作的评价如何等内容展开,记者对医务人员、医改办工作人员进行采访,面对面与患者聊天谈心,说看病经历、谈就医感受,通过层层深入的剖析,展现了三明医改探索的艰辛、改革中的医者仁心、患者受益后的惠民成效、改革后产生的系列红利等,同时科学解读医改相关政策,展示三明医改的创造与活力。

一、重磅策划,系列宣传,增强报道影响力

系列报道是全方位展示医改探索进程的重要报道方式。三明市广播电视台数年间,每年都策划推出一到两组系列报道,跟踪医改的探索发展历程。《医改进行时》系列报道是医改伊始的第一组综合性医改报道,全方位总结三明医改的创新举措、特色经验、惠民成效,分探索篇、背景篇、成果篇、呼吁篇、前瞻篇五个章节。先后播出了《三明:对症下药 深化医改》《三明医改 释放惠民红利》《三明医改:连出狠招 破"药养医"怪圈》《三明医改:机制创新 解"看病贵"难题》《三明医改:"年薪制"促"医药搬运工"回归》《三明医改:"三板斧"效应 破解"看病难"》《三明医改:合力共为 持续推动》《三明:在探索中"破冰"》《三明:建立全覆盖、低成本、可持续的医疗制度》等十多条报道,充分展示我市医改工作成效。"三明医改启示录"系列推出了《三明医改:破旧立新 重塑医疗体制》《切断"以药养医"链条》《医保引擎推动三明医改》《医生目标年薪制》《城里的医生下乡》《推进紧密型医联体建设》等十条报道,为三明医改经验的全面推广营造良好氛围,得到社会各界广泛好评。

我台每年定期推出主题性报道,对三明医改的重要节点进行全方位多角度宣传。《三明:四个全国率先 打通"医改最后一公里"》重点关注三明在县级以上公立医院改革成功实践的基础上,将改革触角延伸到村,展现三明由乡镇卫生院在行政村设立卫生所、城乡居民医保开通到村、实施的"基本医疗保险大病患者第三次精准补偿"、启动"全民健康四级共保工程"这四个"全国率先",打通城与乡之间医疗保障的"最后一公里",在市、县、乡、村四级医疗机构构筑起健康防护网,率先在全国实现医改医保全覆盖,让医改成果更多地惠及人民群众,节目获 2016 年度福建新闻奖一等奖。《将乐医改:信息化发力 加速推进"主动健康"》重点关注三明医疗信息化建设的创新探索,新闻以将乐县总医院信息化建设创新为案例,记录其与中国工程院院士俞梦孙团队合作研发"居民健康管理系统",运用大数据管理 18 万居民健康,推进"以治病为中心"向"以健康为中心"转变,该作品获得 2018 年度福建优秀广播电视新闻作品奖。

二、上下联动,主流媒体齐发力,奏响宣传"最强音"

随着三明医改成果的逐步显现,三明的创新实践引发全国各地的广泛关注,中央广播电视总台新闻频道以"福建三明公立医院改革"为总标题,以《破除"以药养医" 医院推行"年薪制"》《医疗环境改善 住院费不升反降》《医改要害:斩断以药养医利益链条》《取消药品加价 实行药品限价采购》《推行年薪制 院长医生收入阳光化》《年薪最高 31.5 万 最低 14.7 万》《院长角色从经营者转为管理者》《医生不愿冒风险为提成丢年薪》《无灰色收入 高额年薪从何而来?》《人均住院费用从 5020 元降至 4692 元》《区域改革如何避免"孤岛"效应》等为分标题,多角度、多侧面集中深入报道了三明医改取得的成果。

《人民日报》《经济日报》《光明日报》《健康报》、中央广播电视总台、福建省广播影视集团等中央、省级主流媒体,都大篇幅报道三明医改经验做法。央视《新闻联播》播出了《医改深水区的"三明路径"》《破除利益藩篱的医改"三明路径"》《福建三明:医改补短板 医保再延伸》等节目,《焦点访谈》栏目用 15 分钟的时长播出《"三医联动"向医疗痼疾开刀》,《人民日报》头版头条刊登《三明医改(人民眼·医疗体制改革)》文章,深入挖掘和总结改革实践中形成的典型经验做法和创新性的亮点举措,让广大群众更加了解医改、支持医改、参与医改。《福建卫视新闻》《福建新闻联播》等主要新闻栏目中也播出了《三明:实行药品零差率 减轻百姓负担》《三明:多种手段并用破除"以药养医"》等多条有分量、有深度的节目。

节目播出后,在社会各界引起广泛关注和好评,进一步增强了三明医改工作的信心,提高了社会各界对医改的支持率,进一步扩大了三明医改在全国的影响力,为三明医改经验的全面推广营造出良好氛围。

代表作品

【"三明医改启示录"系列报道之一】

三明医改：破旧立新　重塑医疗体制

陈建明　杨艳辉　陈晓峰　张新武　马　岩

三明市广播电视台　2017 年 8 月 29 日

【演播室】

　　今天的中国，最大的民生痛点是什么？大数据告诉我们，看病难、看病贵首当其冲。2012 年以来，我市以增进人民福祉为出发点，全面开展了医保、医疗、医药"三医联动"改革。六年来，三明大刀阔斧，破旧制、建新制，重塑医疗体制，医患双方的获得感逐步增强。医改"三明模式"也成为全国医改的一面旗帜。为全方位呈现三明医改的经验启示，本台从今天起推出系列报道"三明医改启示录"，今天播出第一集《三明医改：破旧立新　重塑医疗体制》。

【同期】

　　记者马岩：医改说到底就是为了解决群众看病难、看病贵问题，是否有更便捷的就诊机会，更良好的医疗环境，更平实的药品价格，更亲民的就医体验？群众最有发言权。

【同期】

　　市民：现在（药）开了 100 多块钱，报了 85%。

　　市民：耳朵有耳鸣（来拿药）。你看一下这个（药）才 3 块 8，确实很便宜。我拿三粒药。以前会更贵一点，可能要十几二十块。

　　市民：现在都有报销，自己也出不到多少钱。现在看病更便宜了，我们百姓也更实惠。

市民：慢性心脏病、高血压，还有糖尿病药都在里面。本来这一袋（药）是三百多到四百（元）。我可以报（销）三百（元）左右。比较没有钱的人会看得起（病）。

市民：对我们老百姓来说，只要说住院少花钱，能看好病，我看这个政策就是个好政策。

【正文】

医改使三明的公立医院回归公益属性，医生回归看病角色成为一种趋势。张阿婆和巫女士都患有高血压，同样呈现头晕的症状，而卢仁荣医生给她们开的药却有明显区别。

【同期】

三明市第一医院心内科副主任医师卢仁荣：第二个女士（巫女士）的话，她血压很高，前面开了两种，这两种药她通过这两周的治疗，血压还是很高，降不下来，今天就给她增加药物了，逐步逐步地根据她这个情况来进行加量。前面那个老奶奶（张阿婆）是血压前面吃得太低了，就给她减药，这个（巫女士）是加药。根据病人的情况来进行调整。

【正文】

因人而治，对症下药，疗效为先。如今，医生收入和开什么药，开多少药没有任何关系，而是和医务性价值挂上钩，医生可以心无旁骛地履行一名白衣天使的职责。而在医改前，医院科室有创收任务，医生也有逐利行为，存在灰色地带和监管盲区。

【同期】

三明市医疗保障基金管理中心主任徐志銮：过去医院体制机制，它是一种创收的机制。过去医院药品有一个加成，所以医院又是根据医药总收入的比例来提取奖金福利，按这种机制就迫使医院就要来增加收入，那会形成他的一个医疗行为就是要卖贵药，这是一个机制的问题。因为卖得越贵，医院赚的钱就会越多，医保基金使用也就越多。

【正文】

从医保基金方面看,医生多开药,群众就得多花钱。不报销得自己背,报销的话得医保背。因为可以报销,不少患者也会要求医生给自己开大处方多拿药,这就造成了医药浪费和医保基金流失。

【同期】

三明市第一医院心内科副主任医师卢仁荣:按以前的话,没医改之前,也有很多是病人要求的,因为他报销没有受什么限制的话,他们也比较宽松,也有很多要求医生开(大处方),开完以后,他一人看病,家里人统统都用。

【正文】

2012年以来,我市从医保制度改革入手,坚持问题导向,理顺管理体制,同步推进药品招标和公立医院等相关改革,闯出了医保、医药、医疗"三医联动"改革的新路子。据市医保中心测算,以2016年为例,如果没有实施医改,全市药品耗材支出至少达到23亿元,而实际上去年全市药品耗材才花了8亿多元,节省了15个亿。而这省出来的15亿元,正是宝贵的医保基金,可以用于全市公立医院的医疗服务价格调整及让利群众,从而实现三明医改的"腾笼换鸟"。

【同期】

三明市医疗保障基金管理中心主任徐志銮:过去60%都是成本,大概医院收入100元,60%都是要给药品供应商或者是耗材供应商。现在通过我们降低药品跟耗材的成本来提高医生的劳务价值。现在我们的整个成本就是33.16,就是收入100元,医院可以赚66元多,结构发生一些改变,提高了跟医务人员劳务价值有关的一些价格,提高以后是由医保基金来进行报销的,不是叫老百姓来出钱的,就是这么一个理念。

【正文】

三明医改打出的一套组合拳,概括起来说,就是四个改:一改政府,落实政府主体责任,切实承担起"办医""管医"的责任。二改医药,降低药品价格、整顿环境。三改医保,三保合一走在全国前列。四改医疗,年薪制与医疗服务价格提升并重。如今，三明医改使医院、医生、药品向该有的定位逐步回归，我市正"握指成拳，合力攻坚"，全力推进三明医改"再立新功、再创高地"。

【"三明医改启示录"系列报道之五】

城里医生下乡"赶墟"

陈建明　杨艳辉　王志德　王庆桑　张新武
三明市广播电视台　2017年9月6日

【演播室】

人生病了都想看好医生，而城里的大医院好医生相对多，这就让城里医院人满为患，基层来的患者到城里医院看病如同"赶墟"。而如今，咱们三明的基层群众要想看城里的医生不必到城里去挤了，因为城里的专家医生都要排着队下乡"赶墟"了。

【同期】

记者余程瑶：每月的逢三逢八是将乐县万安镇的墟日，墟日也是乡镇最热闹的日子，所以将乐县总医院的医生选择在这一天下到基层赶集，我们可以通过县总医院医疗资源下沉表，清楚地看到哪一天哪个医生将会到分院坐诊，群众也可以根据他的需求去选择这个医生。

【正文】

邓天禄是将乐县心内科主任医师，今天是他和另外两名医生下乡赶墟坐诊的日子，像这样的"墟日"，邓天禄一个月要赶四到五次。他所在的将乐县总医院心血管内科每个月要排专家下乡近30人次。

【同期】

将乐县总医院心内科主任医师邓天禄：底下慢（性）病的病人比较多，农村有时候去县里面不太方便，我们过来了以后，卫生院都会提前通知他们，人还是比较多。

【正文】

64 岁的村民余湖南长期患有高血压，以前每隔一段时间都要到县里的医院就诊一次。而自从城里的专家下乡坐诊以来，他再也不要往县医院奔波了。

【同期】

将乐县万安镇村民余湖南：医生下来就拿点药吃，方便，很方便。

将乐县万安镇村民余秋妹：在乡镇更不要排队，县医院要排队，更多人。

将乐县万安镇中心卫生院院长萧克团：去一趟（城里）来回路费要花，而且总院他人多，随便看一次病的话，有时候甚至只是简单地开点药，他就要去掉半天的时间。到了我们卫生院以后，他来了一下就很快。

【正文】

城里的专家医生下乡，路途远不说，在医院的门诊量也少了，那如何让他们愿意来呢？

【同期】

将乐县总医院院长廖冬平：就是一定要制定激励政策，让他们能够愉快并积极地去为老百姓服务。

【正文】

采访中，我们了解到，城里的医生并不是想下乡就能下乡，还得具有一定的专业水准。目前，将乐县总医院只安排主治医师及以上职称的医生下乡坐诊。而激发医生下乡动力的是一整套完整的考核体系。将乐县总医院对下乡坐诊的医生不仅有下乡补贴，还在工分上给予倾斜。比如急性阑尾炎这个下沉后的病种还在总院做手术的话，医生只有 350 工分。而医生在乡镇卫生院做的话，则有 650 个工分。下乡频次同时还与职称评聘、年薪收入等挂钩。

【同期】

　　将乐县总医院院长廖冬平:还要跟我们市一级的医院,比如三明市第一医院(联合),市、县、乡、村要联合在一起,把这个资源下沉下去,让老百姓在家门口就能够享受到县级医院医生的一些服务。

【正文】

　　城里医生下乡,让基层患者回乡。据统计,今年 1 至 9 月份,全市基层医疗机构门急诊量达 275 万人次,选择在家门口看病就医的基层患者比去年同期增长了 4 成多。

【同期】

　　记者余程瑶:以前群众到城里大医院看病要排长队,如今城里医院的医生下乡赶集也要排长队。分级诊疗带来的不仅是优质医疗资源的下沉,更是打通了医疗服务的最后一公里,不仅广大农民看病不用再来回奔波折腾,城里的医生也更接地气,与基层群众的联系更加密切,也有效缓解了基层群众看病难、看病贵的问题。

【"三明医改启示录"系列报道之七】

我市探索实施医保基金打包支付制度

陈建明　杨艳辉　王庆桑　陈　诗
三明市广播电视台　2017 年 9 月 9 日

【口播】

　　医改的终极目标之一就是让群众少得病、晚得病,甚至不得病。那么如何有效地促进全民健康呢? 今年以来,我市探索实施医保基金打包支付制度,促进医疗卫生机构主动从事健康促进与教育工作,实现服务模式改变。

【同期】

记者陈诗：如何让群众少得病、不得病，我市各地医疗机构把诊疗端口前移，引导医疗服务从"治已病"向"治已病与治未病"相结合。永安市燕北街道社区卫生服务中心的医务人员就定时走进毗邻的沁园老年公寓为老人开展健康咨询和体检等服务，及时掌握老人的身体状况，叮嘱老人日常饮食起居应注意的事项。

【正文】

今年 81 岁的吴迎春老人，孩子在厦门工作，她今年 3 月份入住沁园老年公寓。这里医养结合的良好环境，让老人很是满意。

【同期】

吴迎春：医生随时过来检查，有利于身体健康，非常方便。

【正文】

如何让群众"少得病、晚得病、不得病"，我市以实施"全民健康四级共保"试点工程为基础，探索实施医保基金打包支付制度。就是市里按每个县参加医保的城乡居民和城镇职工人数，统一把医保基金打包给县总医院，由医院来支配这块基金的支出，健康促进经费从医保基金中列支。

【同期】

三明市医疗保障基金管理中心主任徐志銮：我们出台两项政策，第一是允许医保基金，医院的节余计入工资总额。第二是允许在成本当中列支健康成本费用，这样构建以"治已病"跟"治未病"相衔接来促进老百姓的健康。过去医保是购买治病的费用，现在是购买健康，主要往这个理念来进行转变。

【正文】

实施医保基金打包支付制度，节余的医保基金可以当作医院医务性收入的一部分，超支部分医院自付。也就是说，生病开药的患者越多，医保报销的支出就越多，医保基金的节余就越少。换句话说，群众不得病或者少得病，医保基金的报销就少，节余的也就更多。这个就会引导各地医疗机构医疗服务向预防和保健的端口前移,促进全民健康。

【同期】

将乐县总医院院长廖冬平:从我们取得的成果来看,这半年,城乡居民和职工医保我们结余了将近 1000 万元,这里头非常重要的一个原因是,现在医保基金包干完以后,制度设计上也是要防止医院提供医疗和卫生服务不足的问题。

【正文】

医保支付方式改革,撬动医疗服务模式转变。我市扎实推进"全民健康"行动计划,突出预防为主,突出重点人群健康教育,增加健康服务供给,倡导健康生活方式。在制度层面上,我市引导医疗机构为群众提供"全方位、全过程、全生命周期"的卫生与健康服务,实现群众"少得病、晚得病、不得大病"的目标。

三明:四个全国率先 打通"医改最后一公里"

王克新 池生云 张广炳 伍清旺 赵 琦

三明市广播电视台 2016 年 12 月 31 日

【演播室】

三明市在县级以上公立医院改革成功实践的基础上,再次发力前行,今年,将医改触角延伸到村,用四个"全国率先",打通"医改最后一公里"。

【正文】

饶山村海拔 700 多米,是泰宁县最偏远的行政村之一。今天一大早,村里81 岁的廖上贤老人支气管炎又犯了。老人患这病已经二十多年,每逢秋冬季节都会严重发作一两次,他赶紧联系村医老李到家里来看看。

【同期】

泰宁县大龙乡饶山村村民廖上贤:过去他们没有搞这个医疗站(卫生所),我这里去大龙乡(2005 年大布乡、龙安乡合并设立大龙乡)要整整一个半钟头,前年那天我在大龙乡(卫生院)苦喔,(下午)5:00钟没有车上来,人又(难受得)不行了,身体不好,(后来)雇人接送上来(回家)。

【正文】

让老人家欣慰的是,今年初,三明市在全国率先由乡镇卫生院在行政村设立卫生所,同时率先在村卫生所开通城乡居民医保卡,村民用医保卡就能在家门口看病。这让廖上贤老人再也不用担心自己没有体力支撑那段颠簸的山路了。

【同期】

泰宁县大龙乡饶山村村民廖上贤:现在方便多了,(身体)有点事情,几分钟过来这里,拿一下(药),吃一下,就没有问题。

泰宁县大龙乡饶山村村医李绍基:大家都很欢迎。搞这个医改,非常好,因为(医药费用)报销报到家里来了。

【正文】

今年,三明在全市乡镇卫生院规划设立1104个村卫生所,目前已建成并挂牌运行1102个,基本实现医改医保到村全覆盖。

【同期】

福建省医保办主任、三明市医改领导小组原组长詹积富:为什么要打通这"最后一公里",就是说没有老百姓的健康,就没有我们全社会的小康,我们医改的目标是什么,就是要让我们老百姓能够健康,有病能够看得起、看得好。

【正文】

村卫生所的设立让小病不出村,而"大病致贫返贫"这个困扰广大城乡群众的问题如何来解决呢?三明又在全国首个实施"基本医疗保险大病患者第三次精准补助"政策,对当年度医疗总费用超过10万元的大病患者,在享受基本医疗保险及大病补充保险的基础上,再次按比例实行精准补助。

作为这项政策受益第一人,今年60岁的永安市西洋镇下洋村村民苏伟贵感受最深。老苏夫妻俩在短短的两年间,先后患上癌症。而让他意想不到的是,自己治疗花费的十一万多元费用,医保中心就为他报销了十万元,个人仅花费一万多元。

【同期】

永安市西洋镇下洋村村民苏伟贵:对我们帮助很大。如果没有这个医保,我们没办法,真的没办法活。哪里有那个钱。

【正文】

今年,三明共对 1200 多人实施第三次精准补助,金额超过 3300 万元,单人最高达 18.74 万元。

小病不出村,大病有保障,三明又在解决"治未病"上先走一步。今年底,三明在全国率先启动"全民健康四级共保工程",推动各级医疗机构以治病为中心转向治病与"治未病"并重,在市、县、乡、村四级医疗机构构筑起健康防护网。

【同期】

福建省医保办主任、三明市医改领导小组原组长詹积富:也就是说,让老百姓能够在没有发病之前,就能够加强对自己健康的管护,让老百姓能够少得病、晚得病甚至不得病。

将乐医改:信息化发力　加速推进"主动健康"

三明市广播电视台　2018 年 2 月 25 日

【演播室】

随着医改的持续深化,医疗信息化已经成为医改的重点发展方向。将乐县总医院在三明医改原有基础上,今年探索再出发,在信息化建设上率先发力,与中国工程院院士俞梦孙团队合作研发"居民健康管理系统",通过集成县乡村居民健康大数据,将其融合到防治体系全过程,有效打通了"防与治"纽带上的脉络节点。那么,将乐县总医院信息化建设探索有哪些创新做法? 医院如何运用大数据管理 18 万居民健康? 又是如何主动推进"以治病为中心"向"以健康为中心"转变的呢? 今天我们就一起来关注。

信息化"秘密武器" 让"防＋治"无缝融合 一步到位

【正文】

　　新年新气象,开春一上班,将乐县总医院南口乡温坊卫生所村医余远华和同事们就忙开了,今天他们要去村里几位慢性病的老人家作日常巡诊。和以往不同的是,这次他们手里多了一样"秘密武器"——健康一体机。记者在诊疗现场看到,这台机器个头不大,能耐却不小,查血糖、血压、体温、尿检、心电图,一台机器全部轻松完成,做到速度快捷、数据精准。

【同期】

　　将乐县总医院南口乡温坊卫生所村医余远华:以前来只是做个简单的体检,比如量体温、测血压,血糖以前可以做,数据可能不那么精准,现在这个一体机自己就分析出来了,数据马上就可以给病号了,大大提高了工作效率。这既方便了患者,也方便了我们医护人员。

【正文】

　　余医生告诉记者,这台机器容易上手,只要一刷医保卡,不仅可以现场体检,还可以现场诊疗,同时能够就地结算,村民足不出户就可以就医就诊,方便实用,现在已经成为乡村签约医生的得力助手。更重要的是,村民诊疗和体检过程中产生的健康数据,可以第一时间上传到县总医院的健康管理中心,实现居民健康档案时时更新。

【同期】

　　将乐县总医院南口乡温坊卫生所村医余远华:以前采集数据要用纸写下来,现在这个可以一键载入,数据一下就上传上去。

【正文】

　　记者了解到,采集数据录入健康档案是基本公共卫生的工作范畴,而为村民诊疗是基本医疗的范畴,这两项工作在总医院组建之前,主要由基层乡镇卫生院和村卫生所负责,在以往具体推进过程中,是分别独立实施,难以有效融合。

【同期】

将乐县总医院院长廖冬平:我们发现,乡镇(原来)的基本医疗跟基本公共卫生,也就是一防一治的工作是没办法有机结合在一起的,那在这个过程当中,我们怎么把这些工作做好呢?因此我们想了很多办法,所以我们的信息化建设就尤为重要。

【正文】

针对"防治融合"这个节点,将乐县总医院在信息化建设过程中,将服务理念紧紧扣住"以健康为中心",针对性地关口前移,突出防治并举。目前在辖区先行投用的 30 多台"健康一体机"已经发挥作用,实现了"防病与治病"的无缝融合,做到了基本公共卫生和基本医疗两项工作一次性同步完成。

【同期】

将乐县总医院院长廖冬平:那我们要做的事情,除了基本医疗、基本公共卫生,更重要的是想办法把 18.6 万(将乐人)的健康管理给管起来。因此,我们就要有一个大的格局,能够把居民的信息收集到健康档案里面去,并及时更新。动态更新完以后,还要能够运用,就是收集的一些信息能够为老百姓服务。

大数据集成运用　构建健康守护的"天罗地网"

【演播室】

党的十九大报告指出,要实施健康中国战略,为人民群众提供全方位全周期健康服务;《健康中国 2030 规划纲要》中明确提出,要以人民健康为中心,把维护全民健康的关口前移。将乐县总医院在医改探索过程中,正是把信息化嵌入到前移的关口中,通过落实预防为主,推动防治结合,来实现"以治病为中心"向"以健康为中心"转变。

【正文】

根据将乐县总医院计划,该院信息化建设的第一步,就是居民健康数据的动态收集,让沉睡的健康档案活起来,逐步实现大数据集成;第二步是大数据的科学整合、分析处理、管理运用,形成为百姓提供有效健康服务的综合信息。为此,将乐县总医院专门成立了健康管理中心。

【同期】

将乐县总医院健康管理中心主任吴健贞:我们这个健康管理主要是建立一个居民健康管理的平台,收集全县18万人口的居民健康信息,包括居民的健康档案,住院、门诊诊疗的信息,以及全县体检的一个信息,把所有跟健康有关的信息收集在一起,然后对这些数据进行评估、分析、异常情况的干预,达到对居民健康管理的效果。

【正文】

在管理中心的电子显示屏上,记者看到,这里居民的健康信息正在实时更新,健康管理系统在对这些数据信息进行动态的分析、评估过程中,一旦发现居民健康异常情况,会及时准确发出预警。

【同期】

将乐县总医院健康管理中心主任吴健贞:比如这个血压升高,我们就会把这个信息自动的推送到居民的手机电话上,提醒他及时地跟他的专科医生联系,同时也把这个信息推送给他的家庭签约医生,提醒他的家庭医生要对他(患者)做一个健康管理。

【正文】

这不,就在余远华医生当天为温坊村83岁的曾金銮老人作心电图检查上传资料时,系统第一时间发现老人心脏表现异常,立即发出预警,指示余远华及时介入诊疗。

【同期】

将乐县总医院南口乡温坊卫生所村医余远华:现在我们作为乡村医生没能力做出精准的判断。

【正文】

这时作为将乐总医院信息化前锋的"健康一体机"再次使出"看家绝技",就是一旦乡村签约医生遇到超出自己能力范围,无法对患者进行诊疗时,可以利用健康一体机就地发起"远程会诊",现场请求上级总医院专家支援。经过县总医院远程会诊专家明确诊断后,指导患者进行口服药物等处理。

【同期】

将乐县总医院院长廖冬平:我们形成这样一个大数据的目的,就是要实现"以治疗为中心"向"以健康为中心"转变,我们要把老百姓的健康管起来,提高老百姓的寿命,让老百姓尽量少得病、不得病、不得重病,快快乐乐地生活,这是我们奋斗的目标。

编后语:

将乐总医院加快医疗信息化建设,助推医疗卫生事业实现"以疾病治疗为中心"向"以预防和人民健康为中心"转变,契合健康中国战略的目标要求,这样先行先试的做法值得借鉴。

"木兰溪治理"主题采访报道

湄洲日报社　莆田市广播电视台

案例简介

　　党的十八大以来,以习近平同志为核心的党中央把生态文明建设纳入"五位一体"总体布局,推动生态环境保护发生历史性、转折性、全局性的变化。党的十九大报告提出,建设生态文明是中华民族永续发展的千年大计。坚持人与自然和谐共生,必须树立和践行"绿水青山就是金山银山"的理念,像对待生命一样对待生态环境。在 2018 年召开的全国生态环境保护大会上,习近平总书记强调,生态文明建设是关系中华民族永续发展的根本大计。习近平总书记站在党和国家事业发展全局高度,发出了建设美丽中国的进军号令。

　　福建是习近平生态文明思想的重要发源地。木兰溪是福建省内六大重要河流之一,被称为莆田的"母亲河"。习近平总书记在福建工作期间,十分重视生态文明建设的探索和实践,先后 10 次关心木兰溪的治理工作,并亲临木兰溪防洪工程施工现场参加义务劳动,推动治理木兰溪水患,全面实现了"变害为利、造福人民"的目标,创造了生态文明建设的宝贵精神财富和实践成果。

　　莆田木兰溪治理,是习近平总书记亲自擘画、全程推动生态文明建设的先行探索。他在福建工作时,针对木兰溪治理,提出了"变害为利、造福人民"的目标和"既要治理好水患,也要注重生态保护;既要实现水安全,也要实现综合治理"的总体要求。1999 年至今,莆田市委、市政府牢记习总书记嘱托,以"一张蓝图绘到底"的精神,坚持全流域系统治理,从初期攻克技术、资金、拆迁等难题,建设木兰溪下游防洪工程开始,逐步走向全流域防洪、生态、文化统筹兼顾。木兰溪实现了从"水患之河"到"安全之河"的华丽转身,继而向"生态之河"挺进,也是当地经济腾飞的"发展之河"。现在的木兰溪,已成为全国"十大最美家乡河"之一,入选全国首批17个示范河湖建设名单。莆田市被列为"全国水生态文明建设试点城市",打造出了全国生态文明建设的木兰溪样本。2021年全国"两会"过后,实施木兰溪综合治理写入国家"十四五"规划和2035年远景目标纲要。中组部把木兰溪治理实践列入"不忘初心、牢记使命"主题教育学习案例,中央党校把木兰溪治理列入教学案例。

2018年8月,中宣部组织《人民日报》、新华社、中央电视台、中央人民广播电台、《经济日报》、《中国水利报》、人民网等中央媒体赴莆田,就木兰溪治理经验进行大型主题采访。在福建省委宣传部的统一部署下,莆田市委、市政府高度重视,湄洲日报社和莆田市广播电视台精心策划、全程参与。广大新闻工作者充分发挥贴近性优势,搜集大量素材,提前做足功课,推出了一系列吸引人、感染人、影响人的新闻作品,表达了莆田人民对习总书记亲自擘画、全过程推进、造就木兰溪"蝶变"的感恩情怀。

对于地方媒体而言,与中央主要媒体共同参与重大主题报道活动,机会弥足珍贵。高标准、高强度、高质量地做好主题采访报道工作,首先要重视政治理论学习,提高政治站位。采访报道前,莆田新闻工作者深入学习习近平总书记关于新闻舆论工作的重要论述,全面准确领会习近平生态文明思想的丰富内涵、精神实质和实践要领。重视政治理论学习的同时,莆田当地媒体团队也加强基层实践锻炼。莆田市广播电视台抽调精兵强将13人,兵分四路,先后深入仙游县、荔城区、城厢区、涵江区,由木兰溪畔到福州乃至北京,全方位、多角度地探访木兰溪的变化,提炼木兰溪治水经验,挖掘出一个个真实、生动、感人的故事。采访团队真正把基层当作最好的课堂,把群众当作最好的老师,通过农民、民营企业家、青年知识分子等不同身份的木兰溪人,用百姓视角传递有温度的新闻。在受访者中,既有水患受害者、治理亲历者,还有生态文明建设的受益者。记者深刻体会到:木兰溪沿岸群众对习近平生态文明思想的感情真挚,感受深刻,以现场感动增加思想力量,才能让新闻报道有思想、有温度、有品质。

湄洲日报社记者充分发挥地方党报离一线近、离现场近、离基层近、离群众近的优势,探访了木兰溪沿岸39个采访点,获取到丰富的"源头活水",包括木兰溪大济段两岸堤坝、三会桥建设以及木兰溪畔迁移生活、商贸发展等大量一手资料。如何讲好这些资料背后的故事?《湄洲日报》拓展时空思维,以纵向各阶段历史、横向不同区域的角度,从现场着眼,小处用力,采写了一批接地气、有新意、受欢迎的报道,充分发挥了党报宣传舆论工作主力军、主阵地的作用。在中央主要媒体集中报道木兰溪治理前夕,湄洲日报社组织采写了"多彩木兰溪"系列报道。系列报道从人文历史、防洪工程、源头保护、水质提升、景观带建设等方面,反映莆田持续做好木兰溪保护和治理的举措,展现木兰溪在新时代的新变化。"多彩木兰溪"系列报道既是"全景式",又有"细节化";不仅为中央主要媒体集中报道提供了生动素材,而且敏锐地抓住素材背后的时代意义,有效完成了从素材到观点的升华。

木兰溪见证了一座城市、一个流域在中国共产党领导下的沧桑巨变。从水患频发、谈溪色变,到变害为利、造福人民,木兰溪的"蝶变",为建设生态文明、美丽中国提供了生动范本。2018 年 9 月 20 日,央视《新闻联播》聚焦木兰溪治理,播出《福建莆田木兰溪治理 20 年:变害为利 造福人民》,并配发短评《为建设美丽中国提供生动范本》;新华社播发长篇通讯《"人水和谐"的生动实践——福建莆田木兰溪治理纪实》;9 月 21 日,《人民日报》刊发消息《近二十年久久为功,实现"变害为利、造福人民"目标 莆田接力治理木兰溪》,长篇通讯《一任接着一任干 一张蓝图绘到底 木兰溪之变》及评论员文章《生态文明的木兰溪样本》。其他各大中央级媒体也纷纷聚焦莆田木兰溪治理。

莆田木兰溪治理的生动实践,为新闻舆论工作者提供了广阔的舞台和不竭的题材。在参与这次全国性重大主题宣传报道活动过程中,莆田新闻工作者充分践行"四力",既能找准自身定位,做好充足理论储备,把规定动作做到位;同时也发挥出地方媒体的特色与优势,将自选动作做出特色,使木兰溪真正成为全国瞩目的生态文明样本。

案例评析

习近平总书记在 2018 年全国宣传思想工作会议上强调:宣传思想干部"要不断掌握新知识、熟悉新领域、开拓新视野,增强本领能力,加强调查研究,不断增强脚力、眼力、脑力、笔力,努力打造一支政治过硬、本领高强、求实创新、能打胜仗的宣传思想工作队伍。"主题报道是主流媒体新闻舆论工作的重头戏,也是主流媒体彰显权威性、影响力的优势所在;对新闻工作者来说,一场重大主题报道就是一次政治思想、业务水平等"硬核"实力的考试。在 2018—2020 年的木兰溪治理主题宣传报道中,莆田地方媒体精心策划,选派骨干记者全程参与采访,既把这次活动当作虚心向中央级媒体学习、践行"四力"的生动实践,也作为一次生动的"走转改",作为一场锤炼作风、提升业务的"大练兵"。

一、下足脚力方有"源头活水"

"问渠那得清如许,为有源头活水来。"2018 年 7 月至 12 月和 2019 年 8 月至 11 月,莆田新闻工作者们沿木兰溪而行,从源头一路追踪到出海口,用脚步"丈量"木兰溪流域的长度、广度,俯身"捡拾"木兰溪变化的点滴,全方位挖掘木兰溪嬗变的来龙去脉,探寻一个个"木兰溪之问",从而既为中央级媒体采访报道做好踩点、打前站的工作,也更真切、更深入地感受木兰溪的沧桑巨变。他们从木兰溪畔出发,采访足迹遍布溪流两岸,采访普通市民、专家、学者等百余人,多层次、多角度倾听、了解木兰溪嬗变的前因后果,获取了丰富、翔实、新鲜的新闻素材,使得相关报道鲜活生动、见人见物,具有主题报道的深度,也有党媒报道的高度,产生震撼人心的力量。

"纸上得来终觉浅,绝知此事须躬行。"39 个木兰溪流域采访点,100 余人次采访,4 万多字的第一手素材,莆田新闻工作者们的采访报道工作再次证明,好新闻是"跑"出来的,是"挖"出来的。这些"脚力"先行者为我们做出了示范,也成为木兰溪治理主题采访报道中的亮点。处在新时代,新闻工作者就要沉下身心、走进基层,接"地气"、补"底气",深入实际、调查研究、体验生活,只有多"跑"深"挖",在火热的社会生活中把握时代脉搏、感悟生活真谛、挖掘新闻富矿,才能写出更多带着生活气息、充满深厚情感的作品。

二、锤炼眼力才能见微知著

从表象中洞察本质,从争议中明辨是非,从变化中把握规律,极为考验新闻工作者的眼力。木兰溪治理的时代性及与社会、民生紧密相关的特征,都对新闻工作者的眼力提出更高的要求。采访报道期间,莆田新闻工作者在木兰陂公园近距离观察这一首批世界灌溉工程遗产,感受千年古堰新韵新风采;在木兰溪防洪工程处、玉湖公园、图书馆、肖厝村、下黄村深入了解木兰溪治理前后的变化;在百威雪津公司、东圳水库、绶溪公园、城市绿心、木兰溪防洪工程仙榜段、新溪小学现场描摹木兰溪当前的美好图景。为探寻木兰溪的嬗变过程,木兰溪治理主题采访报道的记者们经风历雨,在木兰溪畔架起"长枪短炮",入户访问村民,细品众多采访对象的言语神情。正是透过新闻工作者的"火眼金睛",才能做到全面而不是片面、系统而不是零散、运动而不是静止、联系而不是孤立地观察、思索,最终高品质地完成木兰溪治理主题采访报道工作。

在全媒体、"全民传播"的时代,新闻传播时时都在上演"激情与速度",常常出现泥沙俱下、良莠不分的现象。这就要求作为党和人民"喉舌"的主流媒体工作者,与时俱进增强眼力,练就"火眼金睛"。"泰山之高,背而弗见;秋毫之末,视之可察。"善于观察、善于发现、善于鉴别,善观大势,善谋大事,既能见人之所见,又能见人之所未见。唯有如此,新闻工作者方能具备发现真善美的能力、唱响主旋律的能力、弘扬正能量的能力、报道担当时代大任新人的能力,从而通过新闻报道达到强信心、聚民心、暖人心、筑同心的效果。

三、开动脑力才有鲜活主题

新闻采访报道是"体力活",更是"脑力活"。新闻工作者不仅要用"脚力""眼力"去探究、发现问题,还要凭借高超、敏捷的"脑力"精挑细选材料、恰当布局谋篇。木兰溪治理是习近平生态文明思想的生动实践,是美丽莆田建设的生动写照。莆田新闻工作者从政治的高度认真谋划,以全局的眼光精心组织,深入领会习近平生态文明思想内涵精髓,聚焦全市上下不忘初心、励精图治建设美丽莆田的新征程、新作为,讲好莆田治理木兰溪新故事。木兰溪治理主题采访报道小组深入走访木兰溪流域,广泛采访木兰溪人,再现了木兰溪水患受害者的切肤之痛,展现了木兰溪治理亲历者的实践感悟,描绘出了木兰溪发展的美好图景。一个个鲜活的事实,让人民群众直观地看到生态治理与保护的脉络,真切体会到"绿水青山就是金山银山"理念的真谛,使得"变害为利,造福人民"的主题显得更加鲜活明亮,宣传报道也更具广度、力度、深度。

新闻工作时时刻刻都要同问题打交道,必须不断增强发现和分析问题的能力与水平。发现问题就要"眼明心亮",不仅要反映问题表象,更要透过表象看到本质,知其然更要知其所以然,深刻思考并把握问题实质,抓住要害找出规律,由此及彼、由表及里、融会贯通。木兰溪治理主题采访报道团队正是秉持以上原则,因而报道具有很强的权威性、说服力和引导力,再次证明了新闻工作者不断增强脑力的重要性、迫切性。

四、力举千钧造就笔下生花

"铁肩担道义,妙手著文章。""铁肩"是新闻工作的硬实力,"妙手"则是软实力。"妙"不"妙",要看新闻工作者的笔力强不强。在木兰溪治理采访报道中,正是通过新闻工作者的妙笔写就了一篇篇生动鲜活、感人至深的新闻作品。木兰溪治理不仅仅涉及水利知识,还涉及人文、地理、历史、科技等方面的知识。莆田地方媒体以主题报道为核心,深入挖掘与主题相关背景,《钱妃大爱至今传》《仙潭渡口忆悠长》《兰溪绿洲展新颜》等作品以空间或时间上的组合增添了木兰溪治理主题宣传报道整体的历史感、文化味。精深的笔力,不仅体现在一篇篇精彩报道,更体现在新闻作品用生态文明思想启迪人们,宣传生态文明新理论,阐述"绿水青山就是金山银山"新理念,揭示"生态衰则文明衰,生态兴则文明兴"的历史规律。

新闻工作者要做好阐释真理、播撒真理、宣传真理的工作,就必须不断增强笔力,从而创作出既有思想深度又有情感厚度,既有知识广度又有精神高度的作品。增强笔力要通过良好文风磨砺优良作风,创作出带着泥土芬芳、冒着露珠闪光、有着深邃思想的新闻作品,让人民群众看得下、听得进、记得住、传得开,做到春风化雨、润物无声。木兰溪治理主题采访报道的成功凸显了新闻报道中笔力的重要性,新闻工作者务必夯实基础、积蓄思想、积累素材,创新传播方式和话语方式。如此方能笔下生花,"力举千钧纸一张"。

木兰溪治理主题采访报道生动展现和证实了脚力、眼力、脑力、笔力是统一体、综合体,互联互通,缺一不可。"四力"是"力力"皆辛苦,更是"力力"见真章。新闻作品好不好,关键要看"四力"功夫做得深不深。

生态文明建设的鲜活样本

——习近平生态文明思想在莆田木兰溪的先行探索

陈培青　林松峰　刘力军　李　静　吴海滨　蔡玲萍　吴　亮　郑国新

莆田市广播电视台　2019 年 12 月 30 日

【演播室】

观众朋友,欢迎收看《今日视线》。

改变,总会让人满怀期待。莆田木兰溪的改变从 1999 年 12 月 27 日开始。这一天,在习近平同志的亲自擘画下,木兰溪防洪工程正式开工建设。20 年来,莆田市委、市政府谨记习近平总书记的嘱托,一张蓝图绘到底、一任接着一任干,持续推进木兰溪全流域综合治理。经过 20 年的接续奋斗,木兰溪已从历史上的"水患之河"变成今天的"安全之河""生态之河"。2019 年 11 月,水利部授予木兰溪首批"全国示范河湖"荣誉。

在木兰溪防洪工程开工建设 20 周年之际,《今日视线》为您特别报道《生态文明建设的鲜活样本——习近平生态文明思想在莆田木兰溪的先行探索》。

【片花】

"我们支持木兰溪的改造,这个工程的建设,使木兰溪今后变害为利、造福人民。""近平同志关注重视木兰溪工程,一旦有机会,他就想到联系到一起。""习近平总书记当年治理木兰溪的理念,和今天我们所看到的长江黄河的保护开发的战略,可以看出是一脉相承的。"生态文明建设的鲜活样本——习近平生态文明思想在莆田木兰溪的先行探索。

【解说】

12 月 26 日上午,记者来到位于玉湖新城片区的荔城区新溪小学,琅琅读书声不时从教室里传出。

【现场】

新溪小学学生朗诵《木兰陂》。

【解说】

谁能想到,眼前这所环境优美的学校,过去数十年间因木兰溪水患,历经三次建址、两次搬迁。

【同期】

莆田市荔城区新溪小学校长杨秀珍:1999 年 10 月,来了一场令我们莆田人民都刻骨铭心的特大台风暴雨。在那场肆虐的洪水中,我们学校被冲毁了。冲毁之后,我们当时省政府的领导习省长(时任福建省委副书记、代省长)也亲临现场视察灾情,慰问受灾的师生。回去之后,省政府立拨 55 万(元),支持我们学校迅速重建。

【解说】

发生在 1999 年 10 月 9 日的台风,造成全市约 10 万人受灾,4 万多间房屋倒塌,33 万亩农作物被淹,给很多莆田人留下了难以磨灭的印记。当时,林丽萍刚参加工作,住在新溪小学的宿舍里,睡到半夜突然被惊醒。

【同期】

莆田市城厢区筱塘幼儿园教师林丽萍:宿舍后面有个大洞,所有东西一直滚到后面去,当时非常害怕,所以把自己随身的东西都携带好,准备要跑出去,但是打开房屋的时候才发现,原来我整栋房子都倒了,只剩下我自己房间这个位置还是立着的。

【解说】

林丽萍是幸运的。由于残存的房屋并没有继续倒塌,才幸免于难。这场特大洪水就来自于木兰溪。木兰溪,从戴云山脉绵延 105 公里,昼夜不息奔流入海。木兰溪以溪命名,实际上却是一条桀骜不驯的河流,历史上水患严重。从唐朝开始,世世代代的莆田人都在为治水而付出不懈的努力。据地方史志记载,北宋年间,长乐女子钱四娘散尽家财,围堰筑陂,希望通过截流的方式阻挡海水倒灌,但因陂址选择不当,刚筑成就被洪水冲垮,钱四娘悲愤交加,愤然投江。受钱四娘的精神感召,沿岸民众前赴后继,历经艰难困苦,终于建成了屹立千年而不倒的木兰陂。

【同期】

莆田市人民政府副市长吴健明:因为潮汐的作用,海水就会顺着木兰溪倒灌,一直会上溯到 42 公里的地方,木兰陂的兴建阻挡了海水的上溯。同时古人在木兰陂的上游又修建了南渠、北渠,还有这纵横交错的沟渠系统。木兰溪上游的淡水下来就会顺着南渠、顺着北渠灌溉这个区域,我们可以说也正是由于木兰陂造就了兴化平原沧海变桑田。

【解说】

木兰陂虽然阻挡了海潮,灌溉了兴化平原,却不能根治木兰溪的水患。木兰溪的上游山区丘陵最高海拔 1267 米,下游的南北洋平原海拔只有 6 到 7 米,这个河流突出的特点就是流程短、落差大,一有台风、暴雨,洪水就会迅速汇集到仙游的东西乡平原,形成洪峰。洪峰 6 个小时就能够到达木兰陂,进而下泄到下游的南北洋平原,造成洪涝灾害,于是就有了"雨下仙游东西乡、水淹莆田南北洋"的民谣。有历史记载以来,木兰溪就洪水肆虐,水患不断。根据 1952 年到 1990 年近 40 年的资料统计,木兰溪平均每 10 年发生一次大洪水,每 4 年发生一次中洪水,小灾几乎年年都会发生。

【字幕】

明洪武五年,境域发生水灾,民众溺死甚多;明弘治十一年,山洪暴发,近山处水深数尺,人畜漂流;清雍正十年,连日暴雨,河水猛涨,民屋倒塌无数,多有死者;清道光二十六年,兴化水灾,全府歉收;1914 年 7 月,水灾,冲毁洋尾村海堤,鼠疫流行,亡者甚多;1948 年 4 月 13 日,暴雨成灾,灾民食宿无依;1958 年 8 月 30 日,淹没农田 20 万亩,倒房 20429 间;1978 年 7 月 3 日,淹没农田 16.5 万亩,倒房 11398 间;1983 年 6 月 19 日,淹没农田 19.5 万亩,倒房 8610 间;1990 年 9 月 9 日,淹没农田 9.8 万亩,倒房 5277 间。

【同期】

莆田市城厢区肖厝社区党总支书记谢金坤:因为年年都有发洪水,所以我们所有的村民家家户户都备有一个大木桶。木桶有两个作用,一个是蔬菜比较多的时候,加工腌制起来,遇到水灾泛滥的时候,它就可以拿出来当作逃生的工具,把老人、小孩放到里面,把他推着转移到安全的地方。

【解说】

木兰溪的水患,给沿岸群众的生命财产安全带来严重威胁。根治木兰溪水患,是沿岸群众的最大夙愿。可是治理木兰溪难度很大。早在 1957 年,水利部就已经开始规划整体治理木兰溪,前后 40 年里进行过五次规划、两次可行性研究、二度上马都没有取得进展。难点就在于要想使上游洪水迅速下泄,需要开挖一条新河道,也就是对下游河道的 22 道弯进行裁弯取直。

【同期】

莆田市水利局副局长陈东风:木兰溪上游洪水带来的冲击,跟我们海潮带来的淤积形成的淤泥层,厚度是 13 米到 15 米左右,它的含水率特别高,达到 70%。在这样一种软塌塌的淤泥上面,要再做一个堤坝,做一个防洪堤,它根本就站不住。洪水一来,把基础一掏空,整个防洪堤就会崩塌下来,所以说是很难实施的,在国内也没有先例。

【解说】

实施裁弯取直,原来的 16 公里河道将裁掉近一半,河水流速将更快,对河道冲刷力更强,同时还要在含水量达 70% 的淤泥这样的软基上筑堤,在全国也没有成功的先例,谁也不敢冒这个险。所以 40 年里,木兰溪防洪工程是莆田人想干而没能干成的事业。

1997 年 6 月,叶家松被福建省委派遣到莆田担任市委书记,临行前时任福建省委副书记的习近平特意找叶家松谈了话。

【同期】

时任中共莆田市委书记叶家松:习近平同志找我谈了话,他说木兰溪是莆田的母亲河,历史上在宋朝就有水利工程,但是现在木兰溪年年水患,给莆田人民生产生活带来很大不便。你去莆田工作以后要把治理木兰溪这件事好好抓起来,要有这种敢于担当的精神,把造福人民的事情做好。

【解说】

福建位居东南沿海,自古就台风、大潮、洪水等自然灾害频发。1997 年,福建省在结束了千里海防建设之后,全省 47 个县市区全面展开千里江堤建设,只有莆田的木兰溪因技术难题而迟迟没有进展。

【同期】

时任福建省水利水电厅厅长汤金华:习近平同志关注重视木兰溪工程,一旦有机会,他就想到联系到一起。1999 年 4 月上旬,习近平同志给我电话,他就说现在福州开一个全国性的水利技术方面的会议,其中有一位南京水科院的专家,也是我们中科院院士窦国仁同志在这个会上。

【解说】

按照习近平的指示,时任福建省水利水电厅厅长汤金华立即与窦国仁院士取得了联系。窦国仁院士是泥沙及河流动力学专家,曾经为葛洲坝、长江三峡、黄河小浪底等重大工程的兴建提供科学建议。窦国仁院士在实验室构筑了木兰溪全流域的物理模型,包括地质土壤结构、地形海拔落差、弯弯曲曲的河道等等,都与木兰溪完全一致。在这样的前提下,开展了大量的物理模型实验,提出仅仅通过裁弯取直,并不能有效解决木兰溪防洪问题。遇到 20 年一遇的洪水,就会面临漫滩的危险,只有全流域上中下游分段进行治理,才能根治水患,这就为日后木兰溪一、二、三期防洪工程的建设提供了科学依据。

【资料】

在验证试验完成后,对于设计中的一期防洪工程、二期防洪工程、三期防洪工程分别进行了洪水试验。一、二、三期防洪工程全部完工后,上游洪水完全能够顺利通过。

【解说】

1999 年 10 月 12 日,在窦国仁院士主持下,全国 11 位顶尖水利专家对木兰溪防洪一期工程裁弯取直段提出论证意见,最终拟定出全国首例的"软体排"筑堤技术方案。持续论证了 40 年的技术难题,终于被一项项攻克。

1999 年 12 月 27 日,沿岸群众期盼已久的木兰溪一期防洪工程正式拉开了工程建设的序幕。

【资料】

全省冬春修水利建设义务劳动今天上午在我市召开,省领导带领省市 6000 多名干部群众、武警官兵、大中专学生参加了劳动。这次全省冬春修水利建设义务劳动地点设在莆田市,充分说明了省委、省政府对木兰溪防洪工程建设的坚定支持。

【同期】

时任福建省委副书记、代省长习近平:今天是木兰溪下游防洪工程开工的一天,我们来这里参加劳动,目的是推动整个冬春修水利掀起一个高潮。再有就是,我们支持木兰溪的改造,这个工程的建设,使木兰溪今后变害为利、造福人民。

【解说】

木兰溪防洪一期工程建设顺利进行。一个多月之后,已经是 2000 年春节。

【资料】

2 月 13 日,刚过完春节上班的第二天,习近平就风尘仆仆从福州赶到莆田,察看木兰溪下游一期防洪工程建设进展情况。

【同期】

时任福建省水利水电厅厅长汤金华:习近平同志很短一段时间来到木兰溪现场大概不下十次,听了汇报、看了材料还不行,必须要自己到现场去踏勘、去问询、去了解。决定要做就要做成,就是现在讲的你要有担当要负责任,要以钉钉子的精神把这个事情做好。

【解说】

从 1999 年底开工建设,到 2011 年,木兰溪下游防洪工程在历经了 11 年的建设后,终于全面竣工,共整治河道 15.54 公里,新建堤防 28.03 公里。

【同期】

莆田市人民政府副市长吴健明:2011 年底,木兰溪下游防洪工程建成以后,我们城市的防洪标准就提升到了 50 年一遇。我们统计了一下,近 8 年间,莆田先后遭受了 61 场暴雨和 35 个台风的袭击和影响,特别是 2016 年的 14 号台风与 1999 年给我们造成重大灾害的台风强度相似,但是木兰溪防洪工程经受住了考验,没有出现洪水漫溢。

【解说】

桀骜不驯的木兰溪终于被驯服了,沿岸的群众也安居乐业了。

【同期】

莆田市城厢区肖厝社区党总支书记谢金坤:我们家家户户都有剩余的套房,用来出租。以前我们还是一个空壳村,通过拆迁改造之后,集体的资源利用起来,集体的物业管理起来,现在每年都有 300 多万的集体经济收入。

【解说】

城厢区华林经济开发区是 20 世纪 90 年代创建的工业园区,由于地处一个洼地,很容易受到洪水侵袭。虽然当初招商力度很大,来的企业却寥寥无几,很长时间没有形成规模。

【同期】

莆田市城厢区华林经济开发区党工委组织办负责人张旭:后来发现所有规划都碰到了洪涝灾害这个大难题。

【解说】

木兰溪一期防洪工程开工建设后,华林经济开发区从无人问津的价值洼地,迅速变成了企业竞相入驻的价值高地,园区工业产值没几年就实现翻番,如今已经达到 200 多亿元。

【同期】

　　莆田市城厢区华林经济开发区党工委组织办负责人张旭:从 2006 年开始,我们上报项目入驻的时候,就叫批次,一般一个批次都涵盖七八个项目、十几个项目。2011 年以后,我们只剩下零星地块对外招商,进入了零地招商的年代。

【解说】

　　仙游县地处木兰溪上游。翻开 1997 年县委大事记,有这样一段记载:"8 月 7 日上午,省委副书记习近平带领省有关部门负责同志来我县调研……嘱咐仙游县在发展畜禽养殖业的同时,更要注重环境保护,确保木兰溪水域生态安全。"

【资料】

　　8 月 6 日至 7 日,省委副书记习近平来到我市,进行为期两天的调研。

【解说】

　　时任仙游县县长杨添林,全程陪同了这一次调研。

【同期】

　　时任莆田市仙游县人民政府县长杨添林:猪场的边上挖一块池塘,粪便水就流到这个池塘里面,挑到田里做肥料,当然也会渗透到外面河里面去。边上水井,很多老百姓反映这个水井的水不行了。当时习近平同志走过去的时候,他是很坦然地走。我们感到有味道,在个别地方还要手捂着,猪场的味道还是比较大的。

【资料】

　　习近平一行冒着酷暑,了解我市农村奔小康、农业产业化进程的一些情况。

【同期】

时任莆田市仙游县人民政府县长杨添林：当时习近平同志，我记得很清楚还讲了一句话："对木兰溪水环境生态保护，就是对你们发展企业有利，对你们的子孙后代、对莆田下游的人民都是一个贡献，要好好做，做好这篇文章。"

【解说】

20世纪90年代末期，莆田市的经济还比较落后，从上到下，大家都把开发和建设当作第一要务。如何让木兰溪"变害为利、造福人民"，绝大多数干部的认识还只停留在治理水患上面。

【同期】

时任中共莆田市委书记叶家松：到了2000年底，我又跟习省长（时任福建省委副书记、省长）做了一次汇报，他听说工程进展很顺利，他很高兴。他说，木兰溪的治理工程要一任接着一任干，不能半途而废，水患治理完了，还要对木兰溪全流域的水环境进行治理。他告诉我们说，新河道打开了，旧河道不能破坏，因为旧河道关系到整个涵江平原水系问题。水系是历史形成的，如果水系被破坏了，那么当地的生态平衡也就被破坏了，所以你们一定要注意这个问题。

【解说】

从这一次谈话开始，围绕木兰溪水安全、水环境、水生态的综合治理的工作，一项项摆在了莆田市委和市政府的工作日程表上。当时，在长度仅仅105公里的木兰溪两岸，分布着20多家高污染工厂、4万多家一定规模的畜禽养殖场。这些企业和养殖场生产的污水直接排到木兰溪，导致水质严重恶化。

【同期】

莆田市生态环境局副局长林荔煌：木兰溪流域的水环境，在改革开放初期，由于受工业、农业和生活三大污染源的影响，水质曾经呈现逐年恶化的状况。当时老百姓戏称为：70年代淘米洗菜，80年代只能洗衣和灌溉，到了90年代就成了洗不净的马桶盖。一些断面的水质是五类，甚至是六类。

【解说】

在木兰溪防洪工程顺利展开、逐步实现水安全的同时,水环境污染的综合治理也在一步步展开。

【同期】

莆田市生态环境局副局长林荔煌:从 90 年代以后,我们总共退出了有 20 多家排水量比较大、污染比较严重的企业,比如说造纸行业、食品行业、印染行业。

【解说】

治理污水排放是一个系统工程。工业污水、生活污水究竟往哪里去?莆田市在 2000 年做出全面治理木兰溪决定的时候,就已经在统筹规划。那时候,全市还没有一座污水处理厂。

【同期】

时任莆田闽中污水处理厂项目负责人何金清:当时习省长(时任福建省委副书记、省长)在福建率先提出建设生态省的战略,要求各个地市都要建设污水厂、垃圾厂。当时莆田的财政十分困难,财政收入只有 18 亿多,建设污水厂的资金难题相当大,当时实际上连可研编制的经费都是欠着设计院的。刚好国家发行债券,扩大固定投资,省长就要求我们抓住这个机遇积极向上争取资金,解决了资金的难题。

【解说】

解决了资金难题,闽中污水处理厂的建设进入了快车道,2001 年 11 月,污水处理厂一期工程基本完工,前后仅历经一年多的时间。

【同期】

时任莆田闽中污水处理厂项目负责人何金清:2001 年的 11 月,习省长(时任福建省委副书记、省长)来莆田检查工作,到了污水厂工地来检查。省长在检查路上就说到,现在他下乡不看宽马路、大广场,要看污水厂、垃圾厂。因为污水厂、垃圾厂是城市发展的基础,是必须优先超前配套的。当时他看完建设以后也强调说,特别要重视管网的配套。因为管网同步建设就解决了当时污水厂行业的通病,就是厂区建完以后晒太阳。

【解说】

之后,闽中污水处理厂多次进行扩建。目前,其配套污水主管道总长度达到近 200 公里,日处理污水 24 万吨,尾水达到了国家一级 A 的标准。污水处理厂的服务范围从城区延伸到了农村,总面积达到 90 平方公里。而在建设闽中污水处理厂的同时,莆田市又在 105 公里的木兰溪沿岸建起了四座污水处理厂,目前已投入运行。在木兰溪上游的仙游县盖尾镇,有一个湿地公园,十个生态池塘依次排开,每个池塘里都种植着不同类型的水生植物,周遭休闲小道花木扶疏,景色迷人。池塘里的水是经过污水处理厂处理后的尾水,没有任何异味。不了解内情的人很难想象,这竟然也是一座污水处理厂。

【同期】

莆田市仙游县第二污水处理厂厂长范示贵:我们污水处理厂的水,出水是达到国家一级 A 标准,这个水排入我们木兰溪里面的话,是符合国家环保要求的。但是磷跟氮排到木兰溪里头会导致水生植物的大量增长,叫水体富营养化。经过我们湿地公园这一块,人工种植这个水草,吸收了这个氮跟磷,把这个氮磷进一步去除,降低了对木兰溪水体富营养化的影响。

【解说】

东圳水库是莆田市饮用水水源地,被称作莆田市的大水缸。水库管理局因为远离市区,没有自来水,过去饮水都是在山上找山泉,现在抽取水库的水,简单净化,就可以直接饮用了。

【同期】

莆田市东圳水库管理局副局长黄永崇:这台就是我们的净水器,主要是对水里面的物理颗粒进行过滤,这个过滤以后的水是比较好的,我们办公室平常就喝这个水。

【解说】

虽然是莆田市的饮用水源地，但在十年前，敢这样放心地直饮水库里的水，人们想都不敢想。那时候，东圳水库水质一度受到污染，甚至爆发了蓝藻，污染源来自周边农村的畜禽养殖。

【同期】

莆田市涵江区白沙镇坪盘村党支部第一书记黄国强：山上猪圈太多，猪粪一下雨都来了，整个湖面都是黑的，空气里面弥漫的是臭烘烘的猪粪，水里流的是黑乎乎的猪粪，头上都是苍蝇，（对环境）影响当然是很大的，特别是对我们下游的东圳水库，莆田的大水缸影响是特别大的。

【解说】

在当时，畜禽养殖一直是木兰溪水污染治理的难点。2010 年，木兰溪全流域整治畜禽养殖，首先从饮用水源地东圳水库开始。

【同期】

莆田市生态环境局副局长林荔煌：我们在全省率先完成了法律规定，划定保护区的范围，我们划定了禁养区，还有禁建区、可养区。也就是说在禁养区对自然保护区、饮用水源保护地，还有干流两侧一公里，支流 500 米范围内的所有养殖场全部予以关闭跟取缔，同时，在可养区我们又扶持建设一些大型的、标准化的养殖场。

【解说】

经过几年的整治，木兰溪流域禁养区内畜禽养殖全部得到整治，可养区畜禽养殖实现了标准化、规模化，污水"零排放"。坪盘村属于禁养区，村里的畜禽养殖场全部拆除后，村容村貌发生了翻天覆地的变化，原来又黑又臭的乡间小溪，如今变得清澈见底，空气变得清新了。村里据此展开了二次创业，种植了优质品种枇杷，办起了"美丽乡村游"，群众的收入不减反增。目前坪盘村正在创建 4A 级景区。

【同期】

莆田市涵江区白沙镇坪盘村党支部第一书记黄国强：普通的枇杷大概一斤只有六七块，它一斤要 30 块。这个地方在旅游的时候一天有 1500 辆的车，大概近万人在这里。群众就做农家乐、做民宿，群众的经济收入是没有受到损失，这个环境也变了非常好。

【解说】

不仅坪盘村，对于木兰溪全流域的水环境整治，沿岸群众都给予了充分的理解和支持。现在通过禁养禁建、森林保护、政府投资在乡村建设污水管网等等措施，东圳水库的水质已经达到二类水标准。通过市委、市政府的不懈努力，木兰溪全流域工业污染、畜禽养殖、生活污水直排三大污染源都得到了根本上的治理，木兰溪水质有了大幅度的提升，全流域实现了 100％功能达标。今年初，莆田市委和市政府又提出了要力争实现优良率 100％的目标。

【同期】

福建省人民政府副省长、中共莆田市委原书记林宝金：如果说达到了功能达标，这个就是说完成了任务。但是功能达标四类水质，说明在它的上游或者它的汇水支流，可能还会达到了有五类水质的这种河段，那这样在这个地方的老百姓，那肯定生活的质量就低了。

【解说】

当年，习近平同志要求木兰溪裁弯取直后，要保留原有的河道水系和生态平衡。历届莆田市委和市政府都谨记习近平同志的嘱托，不仅保留了河道水系，还利用原有河道新开挖了一个 700 亩的玉湖。

【同期】

莆田市人民政府副市长吴健明：在这个区域，我们新开挖了 700 亩的玉湖。这个玉湖与原来的老河道一道，就增加了城市的蓄涝能力，又丰富了城市生态建设的内涵。

【同期】

莆田市水利局副局长陈东风：从今天这个角度来看,我们把这 10 公里 1500 亩的水面全部留下来,也给我们城市的发展留下了一个丰富的生态空间。

【解说】

党的十八大把生态文明建设纳入中国特色社会主义事业"五位一体"总体布局,良好生态环境是最普惠的民生福祉。莆田水系发达,仅南北洋平原就有河道212条309公里、湖泊103个,水面面积2.8万亩。莆田市将防洪安全、水环境保护、水景观建设融合于全市城乡河道治理全过程,实现了从硬化护岸向生态护岸转变,从裁弯取直向保持自然流态转变,从单一行洪向综合利用转变,突出水文化,展现水景观。如今,分布在南北洋平原的200多条河道全部完成治理,实现"河畅、水清、岸绿、景美"目标,重现昔日"荔林水乡"的风貌。与此同时,在整合山水自然优势和人文景观资源的基础上,莆田市逐步构建起"沿江、沿河、环湖、达山、通公园"的慢行廊道和景观休闲性慢行网络体系,先后建成东圳绿道、延寿绿道、木兰溪左岸绿道等100多条绿道,让生态效益变成广大市民看得见、摸得着的福利。

【同期】

中共莆田市委副书记、莆田市人民政府市长李建辉：这个城的建设,首先你就要充分考虑山水林田湖草,要把整个生态的系统要保护好,这条河流一条水体就非常良性、健康、充满生机跟灵气,它带来了今后城市生产方式跟生活方式(的改变)。

【解说】

破坏的生态要修复,原生态也要保护。历史上莆田一直是一个农村版的城市,在城市中心地带 65 平方公里的范围内,密布着"荔林水乡"、古村民居。对此,莆田市通过地方立法,把它作为城市生态绿心保护起来。

【同期】

福建省人民政府副省长、中共莆田市委原书记林宝金：这一个对于莆田意义非常重大。很多的城市都有"城市病",通风不够,空气自我修复的能力不够。这个绿心非常好,人居环境更好,城市当中有一个大公园,65平方公里,又有那么多的古建筑在里面,城里面的人十几分钟就可以进到绿心,实际上就等于进到了美丽乡村。那这里面又有很多的文化业态可以植入,现代服务业、文旅产业、工艺美术也都可以进到里面去。

【解说】

保护不是没有发展,而是为了更好的发展。仙游县是一个出能工巧匠的地方。仙游木雕也称"仙作",是一个具有独特风格的古老木雕流派,素以"精微透雕"著称。因其属于来料加工,污染小,又有可以依托的优势,木雕产业成为仙游县重点扶持的产业。

【同期】

莆田市仙游县人民政府副县长陈国成:之前都是家庭作坊式的,就没有形成一个规模集聚的效应。2011年的时候,我们集中划定了一个工业园区,就是基础设施全部由政府来做,通过这个税收减免的办法,引导他们从小作坊到规模化生产。

【解说】

把散落在民间的手艺人引导集中起来,利用优惠政策组团形成规模,政府、民间共同把"仙作"宣传推广出去,规模越来越大,名气越来越大,效益越来越好。渐渐地,仙游县出现了一批木雕、古典家具生产专业镇、专业村、专业街。如今,全国高端红木市场份额,仙游县占据了七成以上,从业人员20万,大小企业4000多家,被誉为世界中式古典家具之都。产业越做越大,环境并没有因为产业发展受到破坏,反而因为多年来的保护,越来越好。72%的森林覆盖率,优良的水质正在带来良好的生态效益。

【同期】

莆田市仙游县人民政府副县长陈国成:我们自己生活在仙游就没什么感觉,人家外地人一来,空气很好,水质很好,绿化率很高,也是一张名片,可以宜居,可以创业,我们感觉很欣慰,这么多年的努力。

【解说】

木兰溪全流域的生态保护,也在不断推动着莆田市新的产业布局和经济结构转型。电子信息、鞋业、食品加工、工艺美术、新材料、建筑等六个千亿元产业正在形成越来越大的集聚效应,一大批高科技、低碳产业相继落地,竣工投产。

【同期】

福建省人民政府副省长、中共莆田市委原书记林宝金:保护是促进了发展,木兰溪保护好了,城市建设好了,投资环境好了,那种高端的产业就带来了。

【解说】

莆田是妈祖文化的发源地,木兰溪是莆田的母亲河,全流域良好的生态环境,美丽的城市与田园风光,留住的文脉与乡愁。丰富多彩的文旅活动,让"妈祖圣地美丽莆田"的知名度越来越高,使莆田成为海峡西岸滨海文化旅游的度假胜地,游客总数年递增 20%,2018 年达到 3400 万人次;旅游总收入年递增30%,2018 年达到 351 亿元人民币。

【同期】

中共莆田市委副书记、莆田市人民政府市长李建辉:把这个绿水青山转化成金山银山,应该打好文化的牌。比如说我们有世界闻名的妈祖文化,它就是一条纽带,可以把海上丝绸之路沿线国家的人民,把我们宝岛台湾的同胞,紧密地相连起来,大家共创共享。

【解说】

经过 20 年的治理,木兰溪以崭新的面貌展现在人们眼前——行洪安全、水质优良、环境优美、生态和谐。2017 年,木兰溪一举荣获了"全国十大最美家乡河"的称号。

【同期】

中共中央党校(国家行政学院)教授洪向华:习近平总书记当年治理木兰

溪的理念,和今天我们所看到的长江黄河的保护开发的战略,可以看出是一脉相承的。保护是开发的前提和基础,要在生态环境允许的条件下发展适合的产业,我们说不搞大开发就是要防止出现一哄而上无序开发、破坏性开发和超大范围这种开发。

钱妃大爱至今传

许爱琼

《湄洲日报》 2018 年 7 月 20 日

编者按:

木兰溪是我省"五江一溪"重要河流之一,也是莆田的母亲河。习近平同志在福建工作期间,对木兰溪防洪问题高度重视,曾来到木兰溪现场调研并参加义务劳动。为深入贯彻习近平新时代中国特色社会主义思想,践行"绿水青山就是金山银山"理念,动员引导全市上下进一步治理好、保护好木兰溪,全面提升木兰溪流域水质,本报今起开设《多彩木兰溪》专栏,从人文历史、防洪工程、源头保护、水质提升、景观带建设等方面,组织记者深入采写,多角度、全方位讲述历史上治理木兰溪的故事,反映全市上下持续做好木兰溪保护和治理的举措,展现木兰溪在新时代的新变化和给人民群众带来的获得感。

走进壶公山麓、木兰溪畔的新度镇青垞村,沿着一条水泥路上山,大约 2 公里处,一片高耸挺拔的杜楹林掩映下,一座古朴的香山宫古殿里,供奉着 900 多年前的一位治水女杰。

她是修筑木兰陂的先驱钱四娘。穿透千年时光,钱四娘上善若水的大爱精神,在莆田代代相传,成为木兰溪治理史上的一段佳话。

盛夏时节,正值全市上下掀起木兰溪流域水质提升攻坚热潮之际,记者深入探寻这位治水女杰的故事。

变卖家产　筑陂治溪行大爱

翻开莆田地图,在这片古府新市的热土上,发源于戴云山脉余支笔架山的木兰溪,从仙游西苑穿过莆仙广袤大地,至三江口注入兴化湾,也造就了莆仙大地独特的自然和人文景观。

自古以来,滔滔木兰溪水哺育了兴化儿女,却也因随之而来的洪涝灾害,在这片大地上留下了复杂的情感和记忆。古时,受海潮顶托影响,木兰溪溪水经常泛滥成灾,给沿岸人民带来灾难,当地"只生蒲草,不长禾苗"。

"据资料记载,最早发起建木兰陂的是宋代长乐女子钱四娘,她不惜携万贯家资建陂治河。"市图书馆副馆长张翔介绍,钱四娘从广东扶送父亲灵柩回乡,路经莆田时,恰逢木兰溪洪水泛滥成灾,灵柩被阻难行。钱四娘从当地群众处了解到木兰溪"晴天三日旱,下雨三天涝",年年祸害百姓,便产生了来木兰溪建陂的念头。

宋治平元年(公元1064年),钱四娘毅然变卖家产凑足十万缗来到莆田,选择今樟林村附近的将军岩前垒石筑陂。"一个年仅16岁的女孩子,放到现在不过是还在读书的年龄,却有那样的壮举。"张翔感慨说,莆田的父老乡亲被钱四娘的义举感动了,纷纷从远近赶来投入建陂工程,大家有钱出钱,没钱出力。

如今,莆田民间还流传着"抓也十八,捧也十八"的故事,说的是钱四娘每天用竹篓盛钱,按每天十八文让民工自取,结果不管是抓或者是捧,钱数都是十八文。"实际上,大家被钱四娘变卖家产来莆筑陂的精神所感动,自然不愿意多拿一文钱。"张翔说。

经过3年的紧张施工,陂身工程终于告竣。一天,上游突然山洪暴发,冲毁了陂身。目睹多年心血毁于一旦,钱四娘悲愤难抑,纵身跳进滚滚洪流。此时,她年仅19岁。第二天,在离陂不远的沟口(今渠桥沟口村)小山脚下,人们找到她的遗体,抬到3里外的山上埋葬。当时,她的面容还像生前一样,浑身散发出花香,方圆数里都能闻到。从此,这座山就叫香山,山上盖的庙叫香山宫。

接力建陂　木兰蜀堰两丰碑

当地村民中还有一个传说,当钱四娘的遗体被抬往山上的路中,她的鼻血滴在地上。不久,在那些滴血的地方,竟长出一片杜楦树,树干宽达几尺,郁郁葱葱,且树心是红色的。如今香山上共长了近千棵杜楦树,这在全省较为少见。

由于钱四娘有功德于百姓,宋朝廷敕封其为"夫人",俗称钱夫人,后又加封为"妃"。宋代状元、大理寺少卿吴叔告赋诗盛赞:"将军岩下吊钱娘,协应祠前献瓣香。生已开基留胜迹,殁犹呵护现灵光。金挥鼓角波涛险,骨窆香山草木芳。济济功臣皆后进,不妨女士庙中央。"

"据史料记载,木兰陂的建造并没有因为钱四娘的逝去而停滞。相反,她的事迹感召后人前赴后继。"南北洋海堤管理处主任吴俊伟介绍,钱四娘的同乡林从世又捐家资十万缗,改在下游温泉口筑陂,但同样由于选址不当,刚建成即被海潮冲垮。

莆田两次建陂失败惊动了朝廷,适逢王安石大力推行《农田水利法》,木兰陂建设迎来历史机遇。公元1075年,侯官(今闽侯县)李宏应召主持重建,在精通水利的僧人冯智日帮助下,总结两次失败的教训,选址在溪面宽阔、水流缓慢、溪床岩石亘连的地方建陂。经过8年艰苦奋战,垒筑了数万块巨石,大陂终于公元1083年建成。

"这是一座先后历经20年、3次筑陂的民生工程,是东南沿海拒咸蓄淡的典型工程代表。900多年来,木兰陂默默哺育着莆田人民,还孕育了莆田文化。"吴俊伟说,至此,泛滥的洪水如同被拉住辔头的野马,变得温顺驯良。明朝莆田进士林俊写诗盛赞"木兰蜀堰两丰碑"。

1962年秋,郭沫若先生在游览木兰陂后,写下"清清溪水木兰陂,千载流传颂美诗。公而忘私谁创始,至今人道是钱妃""双手捧钱仍十八,四娘惠德感人深。拼将一死酬劳役,日月长悬照此心"等诗句。

木兰陂的建成,彻底改变莆田南北洋平原以往"只生蒲草,不长禾苗"的状况。历经近千年的风雨,木兰陂至今仍发挥着排涝、蓄水、引水、挡潮、灌溉等水利综合功能,被列入首批世界灌溉工程遗产名录,为莆田人民抵御自然灾害,促进社会发展和经济繁荣起着不可替代的作用,也给兴化儿女留下一道厚重的历史景观。

建殿供奉　后人传承正能量

香山宫四周树木葱郁,环境清幽。作为钱四娘纪念地,古殿内供奉着钱四娘,其塑像基座下有一块墓碑。这里还供奉着莆田历史上 24 位水利功臣画像,殿外陈列着这 24 位功臣的雕像;莆田人民的好县长原鲁山因组织建设东圳水库也在其中。如今,香山宫不仅成为附近青垞村、沟口村村民文化休闲的好去处,也吸引着四方民众前往参观纪念。

年近八旬的王瑞玉是土生土长的青垞村人,和其他老人一样,每天都来到香山宫,参与香山宫的日常事项。"钱四娘的故事我们从小就听说,没有她的大爱治水,就没有我们现在肥沃的农田和幸福的生活。"王瑞玉感慨说道。

在香山宫古殿旁,一座高大的新殿主体已经修建完工,目前正在进行配套设施的完善,预计今年 10 月全部完工。新建的钱妃圣殿里,供奉一尊由整块汉白玉雕成的 3.13 米高的钱四娘圣像,还有林从世、李宏、冯智日等 6 尊雕像,以此纪念历史上治理木兰溪的英雄。

"每年我们都会举办纪念活动,弘扬传承钱妃的正能量精神。"香山宫钱四娘祖殿董事会负责人陈炳炎告诉记者,今年国庆节前后,将举行第四届"钱妃文化节"等祭典活动,今后还将打造成青少年爱国主义教育基地及旅游观光胜地。

仙潭渡口忆悠长

吴伟锋　郑已东　刘　丹
《湄洲日报》　2018 年 7 月 30 日

潺潺木兰水,一支长篙撑起一条船,古渡今犹在,见证木兰溪风雨沧桑。此景如画,早已深深地印拓在人们的心里。

仙潭渡口,位于木兰溪莆仙交汇处的仙游县盖尾镇仙潭村,为我市保留至今的唯一渡口。仙潭渡口自民国时期运营至今,不仅摆渡村民往返木兰溪两岸走亲访友、耕田劳作,也留下了木兰溪历史记忆和浓浓乡愁。

7月28日上午,记者在仙潭渡口北岸码头看到,一条铁皮船被铁索和麻绳拴在渡口,船身挂有蓝色铁牌,铁牌一面印有"莆仙潭渡1""乘客定额:10人",另一面印着安全渡运的注意事项,落款均为"福建省地方海事局监制"。在渡口岸上,还有仙游县人民政府、仙游县交通局分别竖立的"渡口安全守则"和"渡口守则"石碑,详细罗列了对渡工渡船、乘客乘船等的要求。此外,仙潭村渡船时间安排表、渡工及其联系方式等,也按规范设置在渡口边上。根据渡船时间安排表,每年5月至9月的渡运时间为6:00—10:30和14:30—16:30,10月至次年4月为7:00—11:00和14:00—17:00,但如果遇上暴雨等恶劣天气,渡船就停止运营。

仙潭渡口岸边有一棵老榕树,枝叶繁茂如同一把撑开的天然绿伞。今年65岁的渡工王国镇拿着一根重10多公斤的长篙,一个人站在树下,眺望木兰溪对岸,等候村民渡船。他不仅撑起了一条船,也默默撑起了别人的路,更成为附近老百姓内心的一份寄托。"只要村民有需要,这个渡口还在,我一定会坚守下去,哪怕成为最后的摆渡人。"王国镇说,仙潭村横跨木兰溪两岸,虽然大部分土地位居木兰溪北岸,但还有部分农田、果树等位于南岸,与盖尾镇湖坂村相邻。由于这一特殊的地理位置,仙潭村村民需借助渡船来回木兰溪南北两岸干农活或走亲戚。

仙潭渡口是全市现有的唯一渡口,"莆仙潭渡1"也是全市仅存的一条渡船。记者在采访中了解到,仙潭村老一辈几乎人人都会渡船,可像王国镇这样有持证的渡工,村里只有4人,都是在有关部门培训考核后持证上岗的,每人每月领取1500元工资。渡口严格按照政府相关规定管理。

当天上午9:52,记者乘船随王国镇一同从渡口北岸前往南岸。只见王国镇解开固定渡船的绳索后,双手斜握一支长约9米的长篙,先往岸边一顶,再往河底点了两下,渡船便缓缓调了个头。随后,他右手在上、左手在下熟练操作长篙,撑着渡船驶向对岸。不到3分钟,渡轮就划过了240米的河面,稳稳靠在渡口南岸。

此时,渡口南岸一个亭子里有2名仙潭村村民王国辉和何美珍正在候船。他们见到王国镇撑船过来,原本疲惫的脸上露出了笑容,打着招呼就上船了。他们说,当天早上6:30便乘船到木兰溪南岸干农活拔花生,10:00左右太阳暴晒,他们就乘船回家休息,下午再乘船出来下田地。

"平日里每天有三四十人来这里渡船,农忙和节假日时会多点。"王国镇说,做渡工的基本上一整天都得在船上忙活。而早期陆路不发达,木兰溪上不仅有往返莆田和仙游两地的渡船,还有运送甘蔗、大木桶等货物的船只。木兰溪仙潭段水最深、最宽。溪面最宽处达 250 多米,最深有 10 多米,一支长篙往往不能触到底。随着年纪的增大,他撑船也比以前吃力许多。不过,既然选择了守护渡口,就一定要守护好每个村民的生命安全,他的摆渡生涯从来没有出现过意外。

"如今,建设美丽莆田全力推进,木兰大道将经过我们村,许多村民盼着趁这个机会能够建一座桥,这样大家往后就不用再坐船来回两岸,安全还便捷。"王国镇说,对于仙潭村的大多数村民来说,能够不用等船只就直接过往,是更好的选择。可是,他也担心,一旦桥修好了,仙潭渡口或许过不了多久就会消失,那么,木兰溪上就再也找不到一个渡口、一条渡船。因此,他也建议有关部门,在修桥的基础上,应该考虑把这个全市仅存的古渡口保存下来,结合乡村振兴、开发旅游景点等,保留乡愁记忆。

援疆助农报道 "牵"来订单结下缘

闽北日报社

一、报道案例的基本情况

"木垒200万公斤哈密瓜急寻销路"系列报道,是闽北日报社于2017年9月发起的一场历时20多天的全媒体助农报道,全系列共刊发《南平援疆干部"万里传书"——急!木垒200万公斤哈密瓜"待嫁"》等报纸消息9篇;推送《求关注!这么好的哈密瓜烂在地里可惜了,帮帮他们》等微信、微博、新闻网推文40多条。在持续跟踪报道的同时,报社克服4000多公里的物流运输难题,在南平配套发起木垒"爱心瓜"认购活动,线下销售额达15万元,在社会上起到了较好的示范带动作用。

该系列报道有别于一般性的助农报道,是一组精心策划、周密实施、跨区协作、线上和线下联动的助农报道。其声援的对象,是远在"万里之遥"又亲如一家的新疆木垒少数民族瓜农,该组报道的首发,带动《新疆晨报》《昌吉日报》《乌鲁木齐晚报》《新疆日报》《福建日报》、央视,以及腾讯网、新浪网等媒体的广泛参与,形成了一场从地方到中央、从福建到新疆乃至全国的新闻媒体"大合唱"。

社会效果方面,在闽北日报社的精心策划、全媒体宣传的带动下,在全国媒体的声援下,短短半个多月的时间,瓜农滞销的1480亩、200多万公斤哈密瓜全部被预订,全国3000多位爱心客商联系瓜农,累计预约来年5000多亩订单。2018年,因产能不足,瓜农选择种植2600亩生产订单,产品全部售空,产值超1500万元。如今,因卖瓜结缘,瓜农注册了"闽疆甜"商标,大力发展电商业态,在国内建立了 2 个物流分拨仓,产品畅销日本等国际市场,实现了产能由弱转强、由小到大的转变。

闽北日报社和南平援疆干部的此次助农行动,得到福建省政府领导的肯定,该组系列报道也获评 2017 年度福建新闻奖报纸系列二等奖。

二、报道的采写经过

2017 年 8 月 31 日,闽北日报社记者部接到福建援疆南平分指挥部求援邮件,一名援疆干部称:南平市对口支援的木垒县,有瓜农种植的约 200 万公斤优质哈密瓜因客户订单临时变故,出现滞销,瓜农着急,援疆干部也十分忧心,他们联系家乡的报社,是希望借助媒体的力量,发动爱心人士、爱心企业伸出援手,帮助瓜农打通销售渠道,尽量挽回损失。

对线索价值的判断,考验的是记者的眼力。木垒县是南平市的对口支援县,长久以来"兄弟情谊"深厚。帮助解决卖瓜难问题,是我市援疆干部关注当地民生、促进民族团结、维护新疆安定稳定的具体体现。

记者部相关同志在接到这一线索时就认定:这不是一般的助农线索,而是事关民族团结、国计民生的重大题材。于是马上将这一情况汇报给报社领导。社领导对这一情况高度重视,当即决定深入了解情况,做一篇既为瓜农解决实际困难,又以此为切口展示南平对口援疆工作和南平文明城市"小城大爱"的"大文章"。

我们的记者马上跟援疆干部、瓜农联系,深入了解情况,做足"首发"文章功课;同时周密策划,列出后续报道计划,包括如何动用报社全媒体资源,如何打通爱心市民热心助农的渠道。

农时不可误,助农需要分秒必争。9 月 1 日,报社微信等新媒体平台首先发出《求关注!这么好的哈密瓜烂在地里可惜了,帮帮他们!》一文,次日报纸也以一版醒目位置刊登《南平援疆干部"万里传书"——急!木垒 200 万公斤哈密瓜"待嫁"》报道,"抛砖引玉"。

报道一经推出,就有读者在微信后台留言,打听如何购买哈密瓜助农。报社谋划在先,在筹备首篇报道的同时,就发动旗下南平市大武夷电子商务有限公司搭建了木垒哈密瓜"爱心众筹"平台,并于 2 日上线。为了给瓜农吃下一颗定心丸,报社联系到爱心企业,垫资先行认购 2.7 万公斤哈密瓜,全程冷链运往南平,解决了瓜长途运输和成本垫付问题。

为了把这 2.7 万公斤瓜卖出去,记者不仅要笔杆写稿,还要动腿卖瓜——联系市直机关单位,发动单位团购,同时联系当地大型超市优先上架木垒"爱心瓜",保障"爱心瓜"线上众筹和线下认购顺利开展。参与报道的记者甚至自己当起了快递配送员,开着自己的车给爱心群众送瓜。

助农报道,关键在于助农,而非媒体自娱自乐。为了在全国范围内形成更大的助农声势,闽北日报社积极联系昌吉日报社、乌鲁木齐晚报社、福建日报社等媒体,商洽助农报道事宜。新疆的媒体得知远在"千里之外"的南平媒体正在大张旗鼓地为新疆的瓜农呐喊,十分感动。当即表示无条件支持,迅速派出采访组到当地进行更加深入的采访。《福建日报》也在重要版面大篇幅报道此次助农报道和助农行动。随后,《新疆日报》、央视、腾讯、新浪等媒体纷纷转载相关报道,形成二次传播的浩大声势。瓜农的两个手机微信好友添加达到上限,闽北日报社记者最高峰时一天的来电近 300 个。

情况一天天在变好,感动也一天天在上演。闽北日报社记者实时跟进,每天与瓜农保持联系,了解最新动态,连续在头版醒目位置刊发跟踪报道,新媒体则及时推送《"甜甜哈密瓜,满满都是爱"——南平发起"爱心瓜"众筹,邀您接力!》《木垒 200 万公斤"待嫁"哈密瓜,超十分之一找到"婆家"啦》《@南平市民,您认购的爱心瓜已经开始采摘啦!》《南平的热心人,这份感谢信与您有关,请一定查收!》等报道和推文,促使爱心活动持续发酵。

参与报道和线下认购活动的记者更是"痛并快乐"着。联系客商、发货、写稿子,记者的一天可以用废寝忘食来形容。但助农报道取得的成效堪称完美——在闽北日报社的宣传造势和带头认购下,200 多万公斤哈密瓜被预订一空,瓜农还接到了 2600 亩的来年种植订单,获得 3000 多位客商资料,为今后发展打下良好基础。

"木垒与南平,相隔千山万水。但你们雪中送炭,让我们感受到了浓浓的兄弟情谊……""这次瓜农能摆脱困境,离不开全国好心人的支持和帮助,千言万语都化作一声谢,谢谢这份来自祖国大家庭的温暖。"新疆干部群众给报社写来哈萨克语和汉语双语感谢信,感谢报社万里援疆的浓浓兄弟情谊。当年 11 月,报社下属子公司大武夷电子商务有限公司也与瓜农签订友好合作框架协议,致力建立常态长效的帮扶机制。

心中有爱,感动常在。这组报道已经刊发 3 周年了,当事的记者至今仍然时常收到来自新疆瓜农的问候。患难见真情,每年八九月,瓜农总会来电说:

"我们的瓜熟了,您不尝尝怎么能行?我们新疆这么美,您不来走走怎么能行?"这源自内心的情谊,山水阻隔不断;那践行"四力"的收获,更是见证新闻工作者的荣光。

案例评析

习近平总书记在全国宣传思想工作会议上强调,要不断增强脚力、眼力、脑力、笔力,努力打造一支政治过硬、本领高强、求实创新、能打胜仗的宣传思想工作队伍。这对新闻工作者提出了明确而具体的要求。

作为地市党报工作者,我们要始终坚持党性与人民性的高度统一,坚持以人民为中心的报道理念,坚持从群众中来到群众中去,既满怀激情地讲好群众故事,也要站在人民群众的立场,想群众所想、急群众所急,及时传递群众的需求与呼声,极力帮助解决群众所面临的困难与问题。这是地市一级党报增强与人民群众血肉联系的关键所在,也是记者践行"四力"要求所应牢记的重大光荣使命。

2017年8月,新疆木垒瓜农种植的200多万公斤哈密瓜遭遇销售难,福建援疆干部为帮助瓜农脱困,向家乡党报《闽北日报》"万里传书"求援。远在4000多公里外的闽北日报社,动用全媒体资源跟踪报道,并发起线上和线下"爱心购"活动,强化区域媒体协同联动,不仅帮助瓜农渡过难关,还为瓜农引来了2600多亩种植订单,成功将新闻报道的传播力转化为了现实生产力。这是践行落实增强"四力"要求的经典案例。该组报道给我们的启示主要有:

一、"小题大做"要从共性中寻找个性

随着自媒体的兴起和传播方式手段的创新,我们迎来了人人都是"麦克风"、人人都有"发言权"的传播新时代,只要拥有一部智能手机,每个人都能将各种信息从不同的平台传递出去。因此,各种卖难、各种滞销、各种求助信息开始在"圈里圈外"泛滥,真假难辨,不仅给受众群体带来诸多困扰,也弱化了传统媒体特别是地市一级党报助农类报道的影响力。

面对大家司空见惯的"卖难"题材,闽北日报社是如何处理新疆木垒200万公斤哈密瓜滞销的线索呢?起初,报社记者接到南平援疆干部"万里传书"

后,也有畏难情绪,怕产生不良影响,仅写了一则不到 400 字的求助类消息。部门负责同志得知后认为:远在"万里"之外的新疆木垒瓜农遭遇"卖难",正守着数百万公斤哈密瓜焦灼不已。不管是身处新疆还是福建,同在一片蓝天下,党报都要有党报的作为。

在报社分管领导的直接领导下,闽北日报社迅速成立由 7 名青年编辑记者组成的采编小组,共同探讨如何"小题大做",快速形成报道声势,从舆论上支持远在木垒的瓜农。经过讨论,采编小组认为,助农类的报道不能"蜻蜓点水"、浮在面上,否则难免石沉大海毫无效用。此外,还要处理好普遍与特殊的关系,从一般"卖难"事件中找到最佳切入点,这样才能引起读者关注,引发读者共鸣,产生更大的实效。

"民族团结""援疆""增收致富"……随着几个关键词被梳理出来,一个普通的"卖难"事件就有了它的特殊性。采编小组决定,从小小的哈密瓜着手,发起连续跟踪报道,持续帮助瓜农呼吁,既在报道中展现瓜农之间的无私互助,也体现福建援疆干部的积极作为、社会各界对新疆瓜农的各种声援与支持,从而达到以特取胜的目的。

事实证明这个方向是对的。报道不仅在南平当地引起反响,也通过新媒体和网络媒体在全国范围内形成了声势,瓜农和记者的手机都成了"热线",想要帮助瓜农的爱心人士和爱心企业之多,超乎了采编小组的预想。

许多读者通过报道上留下的联系方式向瓜农和记者下订单、出主意,有的客商甚至直接从北京、上海等地飞到了新疆,到木垒实地考察,帮助瓜农走出困境。这让我们看到,在广大读者心中都有着一份民族大爱。这份爱,带来了感动,也造就了奇迹,彰显着中华民族伟大的凝聚力和向心力。

二、报道要从"单打独斗"转向"兵团作战"

在宣传中,经过周密的部署安排,报社决定动用微信公众号、报纸、新闻网、微博等自有传播平台,以不同的方式持续开展助农跟踪报道,实现从一张报纸向"报、网、微、端"的全面出击。同时,报社还与新疆的昌吉日报社、乌鲁木齐晚报社、新疆晨报社,福建的福建日报社等媒体单位展开互动,充分发挥各自优势,多媒体、多平台共同发起助农报道,打破以往助农报道的"单打独斗"模式,形成全新的"兵团作战"格局。

9 月 1 日晚,《闽北日报》微信公众号率先推出《求关注! 这么好的哈密瓜烂在地里可惜了,帮帮他们!》次日,《闽北日报》头版刊发《南平援疆干部"万里传书"——急!木垒200万公斤哈密瓜"待嫁"》,报道了新疆木垒县雀仁乡6户瓜农因客商临时取消订单,200万公斤即将成熟的瓜眼看就要烂在地头的情况,呼吁社会各界伸出援手帮助他们渡过难关。

首发报道,引起了读者的关切,后续报道,就要更好地回应群众关切。此后,《闽北日报》密切跟踪,相继刊发《延城发起"爱心瓜"众筹 助木垒瓜农一臂之力》《甜甜哈密瓜 满满都是爱——本报报道引来各方关注》《2.7万公斤"爱心瓜"启运赴延》等9篇报道,在反映各方善举的同时,持续保持话题热度。

《闽北日报》的报道不断深入,央视七套"聚焦三农"栏目,以及《福建日报》《乌鲁木齐晚报》《昌吉日报》《新疆晨报》等媒体相继跟进,腾讯网、凤凰网、东南网、搜狐网等网站也对相关报道给予了持续转载,媒体的传播范围不断扩大,瓜农"卖难"的信息曝光度越来越高,使得全国各地的读者都获取了关键信息。

正是在各路媒体联合起来实行"兵团作战"的集纳报道下,木垒哈密瓜"卖难"引起了社会各界的广泛关注,越来越多热心人士参与到这场爱心助农行动中来。瓜农和闽北日报社记者的手机都成了"热线",不断有全国各地的求购电话打进,不到5天,瓜农的微信已经达到5000位好友上限。

报道产生的强大的传播力和影响力,让采编小组都感到意外,而瓜农受到社会爱心人士的支持鼓励,也由忧转喜。

三、助农既要"线上火爆"更要"线下火热"

助农报道的初衷在于帮助瓜农呐喊呼吁,根本在于帮助瓜农找到市场,解决"卖难"问题。因此,报道既要注重本身能否产生强大的传播效果和社会影响力,更要注重如何将报道产生的社会影响力转化为现实生产力,即实现从"线上火爆"变为"线下火热"。

闽北日报社在发起助农报道之初就同步考虑了"气场"和"市场"的问题。采编小组一边有条不紊、层层递进开展新闻报道;一边马不停蹄地搭建网上众筹平台,开展实体超市"爱心购"活动,打通热心人士从阅读到购买的"最后一公里"。报社还联系省内物流运输企业,让哈密瓜能"坐着"空调车从新疆奔赴福建南平。

9月2日当晚,闽北日报社众筹平台上线,并通过微信公众号推出了《"甜甜哈密瓜,满满都是爱"——南平发起"爱心瓜"众筹,邀您接力!》一文,至9月9日,闽北日报社线上众筹金额突破10万元,线下订单也超过10万元。

《闽北日报》发起的助农行动,起到了积极的示范带动效应:至9月4日,瓜农的30万公斤哈密瓜找到了买家;9月6日,瓜农接到的意向订单达到100万公斤;9月9日,瓜农200万公斤哈密瓜全部被预订。

9月18日,一封情真意切的感谢信,从新疆木垒发出,跨越大半个中国飞到闽北日报社记者手中。这封用哈萨克语和汉语双语写成的感谢信,表达了瓜农王柴双、热哲普、朝锦葵、热力克等人对南平热心朋友的感激之情,他们说:"木垒和南平,相隔千山万水。但你们雪中送炭,让我们感受到了浓浓的兄弟情谊……"

雀仁乡"访惠聚"工作队队长哈布力别克也对闽北日报社和社会热心人士表达谢意,他说:"这次瓜农能摆脱困境,离不开全国好心人的支持和帮助,千言万语都化作一声谢,谢谢这份来自祖国大家庭的温暖。"

正是在闽北日报社的坚持下,在各兄弟媒体的共同努力下,一场横跨4000多公里的助农报道战役才得以完美收官。

四、以苦为乐不觉苦,心中有民知为民

在这组助农报道中,牵头记者不仅要做策划、写稿子,还要协调各方、牵线搭桥当"媒人",甚至还要自掏腰包送快递,可以说是废寝忘食、贴钱贴人。这明显是一件吃力不讨好的苦差事,但我们的记者热情洋溢、干得津津有味。为什么?用记者的原话说——"以苦为乐不觉苦,心中有民知为民"。

地市党报是党的新闻舆论工作的重要阵地之一,地市党报记者,身在其位,不管自身面对什么样的困苦,亦当惦念群众冷暖,忧思人民疾苦。只有心中有人民,脚下有泥土,才能收获佳作,记录感动。

新时代的新闻工作者,只有时时刻刻践行"四力"要求,将以人民为中心的思想牢记心间,充分发挥与群众距离最近、最了解群众需求的优势,才能及时为群众鼓与呼,帮助群众解决急难事,做群众最信任、最可靠的"知心人"与"贴心人"。只有坚定信心、埋头苦干、久久为功,才能宣传好党的路线、方针、政策,才能挖掘出来自基层一线的故事,才能营造更加积极、健康、向上的舆论环境,才能为人民群众创造更加丰富的精神文化世界。

目标自向高远处,作为还需趁年华。习近平总书记曾提倡青年人要"自找

苦吃"。以苦为乐、以苦为梯,既是共产党人的优良品质,更应该是新闻人的扎实作风。不经历风雨,赢不来绚丽的彩虹;不砥砺前行,到达不了梦想的彼岸。作为党的新闻工作者,应该多一些"自找苦吃",少一点"自怨自艾",在每个人的成长境遇中,更应时刻准备吃苦,把苦吃出滋味、吃出未来的甜美。

特别是在助农类报道中,我们要练就眼力,开动脑力,发挥笔力,迈出脚力,做一个不怕吃苦,心中有情怀、眼里有人民、笔下有温度的记者。勇于担当、敢于突破,正视地市党报传播半径有限、影响力弱的现实,运用好独特的视角、融合的手段、联手的力量这"三件法宝",努力实现线上突围、线下突破,以此增强传播力和影响力,更好地服务于人民群众对美好生活的向往,服务于推动党的新闻舆论事业更加持续健康发展。

代表作品

【"木垒 200 万公斤哈密瓜急寻销路"跟踪报道之一】

南平援疆干部"万里传书"

——急! 木垒 200 万公斤哈密瓜"待嫁"

刘　晖　郑金富　吴建琼　徐陆峰　林　勇　吴　敏　罗勇安

《闽北日报》 2017 年 9 月 2 日

"最多只有 9 天时间,如果还是找不到销路,我们的哈密瓜只能烂在地里。"电话里,远在新疆木垒哈萨克自治县的瓜农王柴双焦急万分。

昨日,福建援疆南平分指挥部的同志给本报"万里传书",告知南平市对口支援的木垒县,有瓜农种植的约 200 万公斤优质哈密瓜出现卖难,期盼家乡的爱心人士、爱心企业伸出援手,帮助瓜农打通销售渠道,尽量挽回损失。

根据指挥部提供的电话号码,本报记者联系上了瓜农王柴双。

"以前种麦子,每亩地收益最多三五百元,而种哈密瓜,正常年景每亩收益有两三千元。"王柴双说,前两年,他连续种植哈密瓜,都取得了不错的收益。

今年,有5户当地回族、维吾尔族、哈萨克族的农户加入了王柴双牵头创办的农民专业合作社,希望通过种瓜共同致富。

"根据产品订单和市场预估,我们将种植面积扩大到1480亩,社员投入少的有三四十万元,多的超过百万元,大家原本指望着丰收后获得可观的收益,可是客户订单临时出现变故,地里就要成熟的瓜没了买家。"王柴双愧疚地说道。

这些天,心急如焚的王柴双一边联系朋友帮助销售,一边对接当地电商平台,希望借此打开市场。"先销售其他农户的瓜,我自己的瓜往后再说,尽可能减少他们的损失。"他说。可是,因物流成本较高,目前瓜田里还有大量哈密瓜"待嫁"。

"这些瓜都是精选的'甜蜜脆''精蜜脆''西域25号'等优质品种,产量高品质优。"南平市援疆农业干部陈琦辉说,"这么好的瓜,如果烂在地里,太可惜了。"

"我们正通过各种渠道,让更多人了解这一信息。"福建援疆南平分指挥部指挥长黄旭晖说。他也希望家乡的爱心人士、爱心企业能伸出援手,帮助瓜农们找到销路。对此,本报也将持续关注。

【"木垒200万公斤哈密瓜急寻销路"跟踪报道之五】

爱心汇聚,各地订单"飞"向木垒

刘 晖 郑金富 吴建琼 徐陆峰 林 勇 吴 敏 罗勇安
《闽北日报》 2017年9月9日

"剩下的瓜,销售应该不成问题了。"昨日22时许,记者终于联系上了瓜农王柴双,电话那头,他的语气里已没有了前几天的焦虑,"今天我的电话响个不停,到现在已经接了500多个,都是来联系买瓜的。"

9月2日,本报报道了新疆木垒县瓜农王柴双等人遭遇卖难的消息,并发起了爱心认购活动,这也引起了更多媒体的关注,央视七套"聚焦三农"栏目、《福建日报》《乌鲁木齐晚报》《昌吉日报》《新疆晨报》等媒体都相继进行了报道。腾讯网、凤凰网、东南网等网站也予以转载,网友纷纷留言:"大爱新疆,希望有需要的联系。""只要我们伸出援手,瓜农就能渡过难关。""我们还等什么,一起行动起来。"

经过媒体传播,越来越多的人参与到这场爱心助农行动中来。王柴双告诉记者,他的微信"朋友圈"都被刷爆了,已经有 4000 多人要求添加好友,"我的儿子正忙着给大家回话呢。"

昨日,本报记者的电话也成了"热线",来自全国各地的求购电话接连不断。在上海做水果批发生意的兰先生急切地说:"我每天都能卖出 100 多吨瓜,很想帮助瓜农,可是他的电话一直处于通话中,请让他尽快联系我。"广西路桥集团的黄先生反复交代:"我们公司想认购 20 多吨瓜,请您务必转告他。"远在广东东莞的张阿婆也给记者打来电话:"帮助瓜农呼吁,你们做了件好事。"

【"木垒 200 万公斤哈密瓜急寻销路"跟踪报道之九】

木垒瓜农来信感谢好心人　千山万水隔不断兄弟情谊

刘　晖　郑金富　吴建琼　徐陆峰　林　勇　吴　敏　罗勇安
《闽北日报》 2017 年 9 月 19 日

"木垒与南平,相隔千山万水。但你们雪中送炭,让我们感受到了浓浓的兄弟情谊⋯⋯"18 日,本报收到了由新疆木垒县瓜农王柴双、热哲普、朝锦葵、热力克等人发来的感谢信。

这封用哈萨克语和汉语一起写的信里说道:"现在,地里的哈密瓜大部分已经卖出。谢谢大家,你们的支持帮助我们把损失降到了最低,渡过了难关,也让我们看到了希望、找回了信心。"

8 月 31 日,本报接到南平援疆干部电话,告知当地王柴双等几位瓜农遭遇"卖难",希望家乡媒体帮忙寻找销路。本报对此进行了报道,并联合市商务局发起木垒"爱心瓜"认购和网上众筹行动,引起了广泛关注,众多机关企事业单位和热心市民纷纷认购,为万里之外的瓜农送上一份爱心。

这一行动也引来了多家媒体的声援。"你们帮助呼吁后,我每天都能接到几十个来自全国各地的电话,有订瓜的,有鼓励我们的,许多人说的话我甚至听不太懂,但是他们的心意我都懂。"电话那头,王柴双的声音透着满满的感激。他告诉记者,有一位北京客商特意赶来木垒,不仅买瓜,还表示要给他们提供明年的农资。此外,有十几位客商已经和他们谈妥了种植面积达 5000 多亩的合作。

"今年种瓜虽然没赚到钱,但有这么多人关心支持我们,明年我们还要甩开膀子干。"王柴双说。

这次助农行动,也让昌吉回族自治州畜牧兽医局驻木垒县雀仁乡"访惠聚"工作队队长哈布力别克深受感动:"关山重重,阻不断情意浓浓。"他说,"这次瓜农能摆脱困境,离不开全国好心人的支持和帮助,千言万语都化作一声谢,谢谢这份来自祖国大家庭的温暖。"

"两山"理念南平实践

南平广播电视台

案例简介

2020 年,是习近平总书记"两山"理念提出 15 周年。8 月 2 日,南平举办"两山"理论实践与创新高峰论坛,发布《南平市生态文明治理现代化探索研究报告》。南平历时 4 年建立健全生态责任、治理、考评、法治等机制,打造出绿色发展、高质量发展的"南平样本",获得论坛与会专家学者认可。南平以生态文明治理现代化为目标、以选准做优与绿水青山相得益彰的七大绿色产业为支撑、以"武夷品牌""生态银行""水美经济"三项创新为动力、以绿色发展考核评价体系为导向的绿色发展体系等系列经验,广受各大媒体关注。南平广播电视台围绕"两山"理念南平实践,展开连续宣传攻势,助推这项重大改革创新工作走深走实,也为地方主流媒体思考如何聚焦主题主线,服务中心工作,提供了一个值得剖析的宣传案例。

一、题材重大,不惜四年一战

2016 年 6 月,中央全面深化改革领导小组第二十五次会议审议通过《国家生态文明试验区(福建)实施方案》,福建成为全国首个国家生态文明试验区,为国家生态文明体制改革探路。方案要求"将福建省的生态优势进一步转化为发展优势,推进形成绿色生产生活方式,为加快经济社会发展提供绿色新动能"。南平的市情较为典型,与全国诸多生态资源富集的山区、老区一样,虽然自然资源丰富、生态底子好,但经济发展水平不高。作为后发地区,南平该如何培育绿色发展新动能?南平能否给全国其他区域提供可复制可推广可借鉴的经验?南平市委、市政府开始系统谋划"绿水青山就是金山银山"的转化路径。

四年磨一剑,南平形成了"选产业、补短板、延链条、强保障"的基本思路,创造性地构建"1173"绿色发展体系,即"一个目标",以生态文明治理现代化为目标;"一个导向",以绿色发展考核评价体系为导向;"七大产业",以现代绿色农业、旅游、健康养生、生物、数字信息、先进制造、文化创意七大绿色产业为支撑;"三项创新",以在全国首创的"武夷品牌""生态银行""水美经济"三项创新为动力,探索一条"机制活、产业优、百姓富、生态美"的绿色发展新路。紧扣生态产品价值实现,一张蓝图绘到底。南平市探索较早、实践深入、模式齐全、成效显著、特色鲜明。市委、市政府还特别重视媒体舆论引领作用,经常谋划报道选题,组织宣传战役,引导媒体精准对焦,典型示范,凝聚共识,敢为全国生态资源富集后发地区践行"两山"理念、推动绿色惠民提供有益经验。

面对"两山"理念南平实践这道时代命题,南平广播电视台敏锐地感到,这是时代感强、内涵丰富、含金量高的重大题材。4年来,我们始终盯着广大干部群众的创新实践,策划实施战役性新闻宣传,保持强大舆论合力,不遗余力地对外宣传推介"南平样本"。在起步阶段,由于采编队伍对生态文明思想的理解不深入,相关新闻报道技巧不娴熟,舆论声势离市委、市政府的期待有差距。后来,我们加强采编人员践行"四力"的学习培训,很快从最初只有少数人能胜任宣讲"两山"理念、绿色惠民故事,变成绝大多数人能熟练参与生态文明试验区先行先试主题报道。南平元素频繁出现在福建主要新闻中,即是全体记者编辑在理论上、选题上、笔头上有"几把刷子"的有力证明。

二、学思践悟,讲好南平故事

吃透主题。"两山"理念、生态产业化、产业生态化、绿色考评体系、自然资源离任审计、生态银行、水美经济……扑面而来的是一连串晦涩难懂的新词汇。但是,作为党和政府的喉舌,我们需要先学一步,学深一层。做题先审题,审题先要弄通概念。

听专家说。我们邀请时任市政府副秘书长、重点建设项目办主任为记者编辑们专门授课,利用采访水美城市规划编制、绿色发展研讨会、院士专家南平行等机会,近距离倾听专家的思考和解读。

勤交流。我们定期组织记者进行采编体会交流,时政记者反馈市领导调研观感,主题报道记者介绍解题破题经验,汇总专家、领导的近期关键词、关注点,从点到面,通盘理解,立体认知。

实地看。我们安排骨干记者分主题分批次调研走访武夷山五夫、顺昌洋口、延平九龙村、浦城十里莲塘等工作试点比较成功的区域,增强感性认知,让一些抽象名词、概念富有画面感、具象性。

我们常说,新闻媒体是改革发展的记录者、见证者,也是参与者、推动者。面对生态文明治理现代化这一时代命题,倘若存在报道本领不足,不会审题、解题,那么把党的政策与主张切实而直观地传播到人民群众当中的这一目标终究要落空。南平广播电视台将"两山"理念南平实践,划分为创新生态产品价值实现机制、建立健全环境治理体系、建立健全绿色发展考核评价制度、健全国土空间规划和用途管制制度四大主题,又细分为武夷品牌、"绿水"维护补偿、生态巡查监管治理机制、"无废城市"建设试点、领导干部自然资源资产离任审计、生态系统价值核算、自然资源资产产权制度改革等 30 个报道题材,其实是将宏大叙事掰开,揉碎,重新整合,终于化作了系列化的南平故事,下好了绿色惠民的先手棋。

三、攻坚头条,设置媒体议题

围绕上央视、上省台和《南平新闻》栏目头条进行创作,南平台建立头条工程报道机制,把策划和实施"两山"理念南平实践主题主线新闻报道放在媒体议题的重要位置。头条工程明确,时政记者为主要责任人,新闻中心记者全员参与。四位栏目责编牵头四大主题,10 位骨干记者分别负责 2~4 个重要报道题材,做到题材全覆盖,亮点不遗漏。

亮点不遗漏,还要高质量。新闻中心提出"每天有指导、每周有讨论"的提升措施。每天有指导,即每天审片后,责编要及时将监审、阅评意见进行分享,特别是归纳整理头条重点报道的意见;每周有讨论,即每周一的部室会议,要重点分析头条报道的典型问题。

高质量来自高标准。自 2018 年提出"对标省台,以外促内"采编思路,记者上省台条数任务按月、季、年考核和奖惩,促进绿色南平创新实践经验和做法持续亮相省台重要新闻栏目"头条方阵"。

良好机制带来立竿见影的效果。2019 年,南平台上省台《福建新闻联播》和《福建卫视新闻》881 条,增长 38%,在全省各设区市的用稿排名由之前的第六升至第三,较高质量的 A 档新闻条数 91 条,两项指标都首次进入全省第一梯队。2019 年 9 月 13 日至 15 日,2020 年 8 月 1 日至 3 日,《福建卫视新闻》连续三天头条或提要播出反映南平生态银行、水美经济、武夷品牌三大创新工作的经验做法。2020年8月15日,适逢习近平总书记"两山"理念提出15周年,省台《福建新闻联播》《福建卫视新闻》两个核心新闻栏目分别头条播出新闻《南平"生态银行":架起绿水青山与金山银山间的一座桥》和《南平浦城:"三大创新"集成叠加 绿色发展再开新局》。南平"两山"理念的创新实践在全省形成品牌效应,在全国产生一定影响。

四、激活通联,助推"南平样本"

"两山"理念南平实践,需要放到更大舆论平台进行推介,让"南平样本"推广至更多同类型区域。近四年来,南平广播电视台加大与央视的通联协作,南平电视新闻上央视条数取得近年最好成绩,实现历史性突破。

2019年,央视播出有关南平的新闻130条,增长58%。其中,央视《新闻联播》报道南平10条。2019年12月26日央视《新闻联播》头条播出《福建:改革创新 全面推动绿色发展》,时长4分33秒,集中反映南平创新探索生态银行的做法。2020年8月14日,央视《新闻联播》播出《深入践行"两山"理念 走绿色高质量发展之路》,再次介绍南平在践行"两山"理念方面的创新。此外,央视《新闻直播间》《中国新闻》等栏目,近年来相继播出《福建南平:自然资源资产管理"一张图" 算清资源账 让山美水美生活美》《福建武夷山:为绿水青山标价 助力生态文明改革创新》《福建南平:生态优先 绿色发展 打造水美城市 推进高质量绿色发展》《深入践行"两山"理念 福建南平:"生态银行"盘活资源 点"绿"成"金"》等新闻,切实提升了南平的知名度、美誉度。

除了主流媒体的新闻报道,南平台还发力融媒平台,做到广播、电视、新媒体齐上阵。制作"两山"理念南平实践公益广告,全年在广播、电视频道和电梯淘屏上进行播出,而且定期更新。2019年7月,利用和北京市东城区缔结友好市区的机会,制作短视频,在王府井等户外大屏滚动播出,放大宣介效果。2020年8月,南平举办"两山"理论实践与创新高峰论坛期间,"大咖"云集,北京大学新结构经济学研究院院长林毅夫、北京大学城市与区域管理系主任薛领,福建农林大学教授温铁军,中国品牌建设促进会理事长刘平均等专家学者频频发声,他们从当前国内外生态文明实践和我国高质量发展现状等视角评说南平绿色发展经验,南平台进行了微直播,还及时剪辑短视频在"央视频"平台上线。论坛期间,南平台还推出以武夷品牌、生态银行、水美经济为主题的

3条抖音作品,小切口大主题,点播量超过20万人次。

习总书记指出:"制度更加成熟更加定型是一个动态过程,治理能力现代化也是一个动态过程,不可能一蹴而就,也不可能一劳永逸。"南平绿色发展经验开始进入系统集成阶段,向更深层次的生态治理能力现代化目标迈进。经济高素质、生态高颜值有效衔接的探索没有终点。绿色惠民,是个说不完道不尽的新闻富矿。在生态环境治理的道路上,媒体不断从崇尚绿色、善待自然的行为中化约出一套人类行为规则系统和知识系统,将为社群提供稳定的预期和共同的信念。媒体应该不断夯实生态文明价值观的底座,引导舆论流向。这样,一些有价值的生产生活方式,它在当下可能是支流,但不久的将来会变成令人羡慕的主流。

案例评析

新时代生态文明建设,旨在打通"绿水青山"与"金山银山"之间的转化通道,推进产业生态化和生态产业化,建设人与环境相互依存、协同进化的美丽家园。南平市坐拥"绿色金库、绿色屏障、绿色宝地",全境森林覆盖率78.85%,空气质量连续五年全省第一。近年来,南平以绿色为底、创新为径,推动生态银行、武夷品牌、水美经济建设,将生态优势、资源优势转化为经济优势、产业优势,探索"点绿成金"之路。这些做法,各大媒体作为深入贯彻"两山"理论的典型经验给予重点关注,地方媒体更是将其化作有声有色的系列影像故事,全力宣介,放大区域生态文明建设的示范效应、传播效应。

紧扣绿色发展展开新闻叙事,南平广播电视台在理解和阐释上经历了一个从不自觉到自觉的过程。起初,国家自然资源部将南平森林生态银行作为部级试点加以推进,水利部以南平实践为蓝本编制《水美城市建设规划编制导则》在全国推广,南平市入选中国品牌城市百强榜单等信息,我们在谋划采编选题时并没有太在意,但沉下心来研究思考新发展理念之后,一边结合《国家生态文明试验区(福建)实施方案》解读地方创新经验,一边当好增强"四力"的践行者,就很快提升了政治站位,形成了聚焦干部群众创新创造的新闻宣传组合拳,持续营造浓厚舆论氛围,助力生态文明思想在大地扎根长叶开花结果。

如"生态银行"建设,着力解决资源变资产、变资本的问题,打通生态产品价值实现路径。长期以来,后发展地区的绿水青山所蕴含的宝贵资源,多是躺在山上、搁在田里的沉睡资源。"生态银行"模式借鉴商业银行分散化输入和集中式输出的方式,搭建自然资源变资产、变资本的转化平台,让资源资产等要素"活"起来,其实遵循的正是"政府主导、企业和社会各界参与、市场化运作、可持续的生态产品价值实现路径"。

如"武夷品牌"建设,着力解决"好产品卖不出好价钱"问题,提升产品供给质量。农业大市都有个共同焦虑:众多特色优质产品因缺少有影响力的品牌,基本"养在深闺人未识"。南平实施"武夷品牌"建设工程,从优质农产品入手,通过统一质量标准、统一检验检测、统一宣传推介、统一营销运作,打响区域公用品牌,目的是借助好品牌带活好产业、延伸产业链、提升价值链。

如"水美城市"建设,着力解决发展动能转换问题,让绿水青山流金溢彩。南平全市大小河流 700 多条,流域面积 50 平方公里以上河流有 176 条,10 个县、市、区至少有一条以上河流穿城而过。为了护好水生态、做活水文章,南平首创"水美城市"建设,打造山水相融、城景相依、人水和谐、宜居宜游宜业的美丽南平,努力实现因水而美、因水而富、因水而文明。

熟知了区域绿色发展的这些内在逻辑,广播、电视、新媒体的新闻宣传开始进占丰富的题材库,诸多原始素材经过重新审视和深入发掘,既避免选题同质化又达成叙述个性化;文字、声音、画面,既贴地腾挪又凌空高蹈;系列视听产品为绿色发展赋能,既为一域争光,又为全局添彩。具体而言,新闻叙事着眼人与自然环境的深度关联,持续不断地为绿色生产、绿色生活、绿色生态协调演进鸣锣开道。

一、典型示范与舆论监督并用,推动绿色生产

各地制定发展规划时有一个转向:淡化 GDP 评比。在这一语境下,南平立足本土生态资源优势,把绿色经济作为绿色发展的核心,借脑借智,编制现代绿色农业、旅游、健康养生、生物、数字信息、先进制造、文化创意等七大产业规划,选准与生态资源相得益彰的产业,出台配套支持政策,绘就青山变金山的"施工图""路线图",然后一个产业一个产业推动,一个项目一个项目协调,一户企业一户企业解决问题。新闻宣传紧跟而上,梳理典型案例,展开集中宣传,从舆论上支持少污染、低损耗、可持续的绿色产业发展;追踪环境监测指标,展示各地各行业运用先进生产技术和生产工艺所取得的亮点和成效,突出

高质量发展;根据经济发展环境管制从严从紧的政策,报道畜禽养殖污染集中整治行动;盯着国家公园体制改革试点,报道武夷山打击毁林种茶违规违法行为专项行动;对准城乡"脏乱差"问题,征集"随手拍",督促人居环境综合整治;办好新闻曝光台,对垃圾分类、"厕所革命"中的各种不到位现象和不文明行为,进行舆论监督。典型示范与舆论监督并用,锲而不舍地呈现生活、生意、生态"三生"融合的场景,推动"绿色生态链"替代"灰色生态链""黑色生态链"的新发展理念落实到城乡。以上正是因为新闻话语背后有明晰的生态文明价值观作为支撑。

二、问题导向与守正创新同行,强化绿色消费

低碳环保可持续增长模式落地落实,遇到的阻力和难题不少。过度追求经济利益会扭曲环境决策,急于摆脱贫困的人群,保护生态环境意识多少要受局限。为此,南平在全国率先出台"绿色发展考核评价体系",推动广大干部树牢"生态优先、绿色发展"为核心的政绩观,发挥考核"指挥棒"作用。基层以问题为导向的实践创新案例众多,科技特派员制度、乡镇领导干部自然资源离任审计制度、河长制等,从薄弱处入手,在关键处发力,突破难点,打通堵点。南平法院推出过全省"第一份林木补种监管令""第一个生态修复账户""第一单碳汇交易",审判过新环保法实施后全国首例生态公益诉讼案。类似的身边人身边事,经媒体深入挖掘,化作大众体验场景,拓宽大众参与渠道,生态文明思想得以顺畅地进驻社会生活的各个角落。正确的决策和行动终归要依赖人去完成。新闻人从新时代新视角去呼唤高效低耗的生产,清洁健康的生活,循环多赢的生态,能遇见越来越多的经济组织、社会团体和志愿者在接纳和分享绿色消费理念。我们自觉地以绿色发展参与者、实践者、捍卫者身份,发现幸福指数与物化指数脱钩又重新连接的生动故事,扫描它们的表面、观察它们的边界、探究它们的质地,让群众的获得感、幸福感在节目中相互激荡,在蓝天碧水净土下集聚、发散、累积,不断夯实全社会共建美丽家园的物质基础和心理基础。

三、媒体议题与政府议题共进,助力绿色行动

精心设置的媒体议程,就是告诉公众应关注什么问题或什么人,以及如何去关注。把绿色价值偏好化为自然而普遍的原则,是媒体的重要议题,更是政府的重要议题。加快生态文明建设,大到经济高素质、生态高颜值有效衔接,

小到厉行节约反对浪费、红白喜事移风易俗,媒体议题和政府议题具有同构性。问题是,生态话语和区域发展定位属于宏大叙事范畴,不能过高估计其观赏性和吸引力。真正令人感同身受的,能改变人的行为的,通常不是概念、风景,而是那些鲜活的生活元素、跌宕的人物命运、一波三折的叙事风格。如何找到绿色发展与公众利益的结合点和关联性,让人由此感知绿色发展与"我"是息息相关的,这才是政府和社会对媒体的期待。南平广播电视台不满足于简单地做政策方针的传播者,而是坚持将报道主题转化为议题,用讲故事的方式宣讲崇尚绿色、善待自然的道理。特别是新媒体强势崛起的背景下,各种"议题"层出不穷,主流媒体若不善于把主题变议题,不变革老旧的表达形式,将无从对应现代人求知、求新、求趣、求美的心理机制。媒体理当以新闻理念新、传播内容新、报道手法新的短视频、微视频,来满足观众和网民多层次多样化需求。

代表作品

南平:探路"生态银行" 激活"绿色动能"

张振城　张瑞君

《福建卫视新闻》 2019 年 9 月 13 日

【导语】

"绿水青山就是金山银山"。南平市认真践行习近平生态文明思想,在全国首创"生态银行"建设。借鉴商业银行分散化输入和集中式输出的模式,搭建一个资源变资产变资本转化平台,引进社会资本助力点绿成金,探索出一条经济发展与生态保护协调互促的绿色发展新路子。

【正文】

这里是武夷山五夫镇"生态银行"在潭溪北岸兴贤村建设的一个"舍仓民宿"项目,项目利用 7 栋废旧烤烟房和 150 亩传统农田的资源,变废旧烤烟房为特色民宿,变传统农田为百亩荷塘,变原生水岸为亲水步道,打造成一个微型的农村田园综合体。投资方介绍,之所以看中这里,除了厚重的朱子文化外,最主要原因是五夫镇"生态银行"把这里的资源提前进行了收储。

【同期】

投资方负责人赖建华:通过"生态银行"的项目之后,我们跟"生态银行"产生关系,相对来讲,我安心一点。

【正文】

"生态银行"不仅让客商投得安心,村民也从生态资源的聚合中尝到了甜头。刘继章就是其中的一位,他的 5 亩莲田通过土地流转的方式存入"生态银行"里,每年都能领到四千元多的租金。

【同期】

武夷山市五夫镇兴贤村村民刘继章:我以前莲田,每亩 300 块钱还没人要,(求)你帮我拿去种,现在我是每亩 840 块钱的田租,我就不用愁田没人种。

【正文】

不仅村民获利,村集体经济也得以壮大,兴贤村将 7 栋废旧烤烟房和 150 亩农田,聚合为一整个资产包流转给客商,实现了 12.2 万元的盈利。

【同期】

武夷山市"生态银行"办副主任王钦明:目前我们流转的资源农田有 3000 多亩,莲子池也有 1000 多亩,客商想进来投资的时候,先会到我们"生态银行"来了解,哪个地方有资源,这片资源的生态红线怎么样,旁边的环境怎么样。

【正文】

据了解,武夷山五夫镇"生态银行"以朱子文化开发运营为主线,整合零碎分散的山、水、林、田、湖、茶、古民居等资源作为文化业态的具体载体,形成"文化统领、IP 运营、全域全资源门类承载"的运作模式,正吸引越来越多的客商。而顺昌县"森林生态银行"则采取林权抵押、赎买、合作经营、租赁、托管等模式将零散化、碎片化林业资源流转收储,实施项目化、集约化经营和开发。2018 年,通过"森林生态银行",顺昌已办理林权抵押贷款 248 笔 2.07 亿元,国有林场每亩林地产值增加 2000 元以上,林农亩均林地年收入可增加约 3000 元。

【同期】

顺昌县林业局党组书记赖颖生:下一阶段要通过资源整合,把它转化为优势资源进行对外招商引资。

【正文】

此外,南平市建阳区正在探索"建盏生态银行",围绕建盏原材料资源、工艺、文化、创意、品牌等五要素资源集中整合,开展建盏矿土资源开发;延平区巨口乡"古厝生态银行"则以乡村艺术旅游为切入点,依托古厝资源,形成"平台公司+村集体+理事会+农户+艺术单位"的开发格局。发挥生态优势、资源优势,把生态资源转化为现实效益,在全国首创"生态银行"模式的南平,正继续探索着生态资源价值实现机制,用生动实践诠释"绿水青山就是金山银山"。

南平:以水为媒 打造宜居宜业生态城

伍道微

《福建卫视新闻》 2019 年 9 月 14 日

【导语】

南平,地处闽江源头,水资源丰富,全市 10 个县、市、区都有河流穿城而过。近年来,南平把水环境治理、水生态保护,与产业发展、城市经营、全域旅游等结合起来,提出"水美城市"建设理念,以水为媒,打造宜居宜业的生态之城。

【正文】

位于富金湖畔的顺昌县水美项目余坊段,从 2017 年建成投用以来,已经成为顺昌市民游玩锻炼的好去处。

【同期】

顺昌市民冯振人：傍晚锻炼身体，走路，这里的风景是非常好的。

【正文】

如今的休闲长廊，在过去却令人望而却步。据了解，这里曾经是一片洼地，每逢降雨河水就会漫入。水美城市项目启动后，这里填高了近 5 米，今年汛期，顺昌虽然经历了多轮强降雨冲击，但水美项目成功经受了河水暴涨的考验。

【同期】

顺昌县水利局工程师何孝铭：从洪水淹没的情况来看，我们的堤对抵御洪水能力效果还是比较好的。在水美城市设计方面，我们就考虑到景观部分要经受得超洪水考验，比如说我们的漫道，都是用石头跟草相结合，经得起浸泡，现场经过洪水浸泡完以后，跟设计基本吻合，基本上损失不大。

【正文】

何孝铭说，这个项目设计防洪标准是三十年一遇，而且在建设时，就始终坚持水安为先，注重水系统规划。同时采用"水利工程＋城市建设＋景观改造"的模式补足了城市短板。如今这里已成为集水利、观景、休闲、健身、旅游功能为一体的水美长廊。

【同期】

顺昌市民柯灵玲：以前没建起来，这边经常会被水淹到，风景也没这么美，现在这边建了以后，变成一个漫步的江滨路，越来越多的游客、还有一些朋友等都会过来散步，是一个非常好的项目。

【正文】

当然，水美城市建设给城市发展带来的变化还不止这些。2017 年以来，邵武市也启动实施"水美城市"项目，一期工程围绕古山溪及左岸地块展开，如今的古山溪 4.2 公里滨河景观提升子项目已全部实施完成。项目的建设，有力带动了当地 3900 亩土地开发。

【同期】

邵武市水利局副局长梁亚伟：邵武市"水美城市"项目实施以来，我市将其与经营城市、产城融合、水系治理相结合，吸引了著名企业入驻我们左岸生态城，进行土地开发和房地产开发。

【同期】

邵武市左岸生态城某房产开发商刘峰：我们看中的就是古山溪滨河景观带改造，及左岸片区园林景观绿化。优美的环境带来良好的人居环境，从而能够给我们项目带来区域价值。

【正文】

随着人口的不断聚集，总投资约 6 亿元的邵武市体育中心、人民医院整体迁建、通泰小学分校等公建设施项目，也在古山溪左岸如火如荼进行。这里逐步成为邵武中心城区向西南部拓展的重要区域，一个新的消费集中区已经初显轮廓。从水美城市到水美经济，因水而起的发展理念实现了社会效益和经济效益相统一。自 2017 年以来，南平谋划实施了 12 个总投资 300 亿元"水美城市"项目，以水为脉、以水为媒，让水与城市相互交融、相互支撑，实现城市颜值与产业价值的"双提升"。

南平：创新推进武夷品牌建设 打响武夷山水公用品牌

朱贤为 浦城广电 邵武广电 武夷山广电

《等福建卫视新闻》 2019 年 9 月 15 日

【导语】

在日前发布的中国品牌价值评价榜单中，南平市入选中国品牌城市（地级市）百强榜单，去年南平还荣膺"中国区域农业品牌影响力排行榜"第三名。近年来，南平市把生态资源优势与武夷山"双世遗"品牌有机结合，从优质农产品入手，在全省率先推出覆盖全产业链的"武夷山水"区域公用品牌，逐渐形成以品牌带动产业转型升级的发展路径。

【正文】

　　首批授权使用"武夷山水"商标的福建旭禾米业有限公司,是一家主营浦城优质大米的企业,企业车间里刚包装的这批"武夷山水"品牌大米,是公司发往上海的最新一批货品。企业负责人介绍说,借助武夷品牌的影响力,去年他们公司生产的大米销售额达 2 亿多,今年,新米还没上市,公司就已经接到了不少订单。

【同期】

　　福建旭禾米业有限公司总经理蒋秋生:今年肯定会比去年更好一点,今年我们整个品牌(影响力)在提升,我们整个武夷山水的品牌,包括浦城大米的品牌,现在我们的知名度是越来越高了。

【正文】

　　"武夷山水"作为南平重磅打造的区域公用品牌,由于具有较高的质量标准、产品标准体系和统一的检验检测把关,产品品质得到了市场的认可。武夷山徐丽妹的岚谷熏鹅,在今年 7 月份南平市与北京东城区共同举办的"武夷山水"品牌产品展示品鉴活动中,就得到了不少客户的青睐。不仅与京东对接上,还与餐饮连锁机构——北京南国苑公司签订了供货协议。

【同期】

　　武夷山岚谷熏鹅经营者徐丽妹:京东这方面,(合作)方案正在完善中,北京南国苑这个餐饮连锁,全国有好几十家,北京、上海、天津、江苏啊,近期已经给他们铺货了,铺了三四万元钱的货。

【正文】

　　除了参加全国各地及境外的各种展会和交流推介活动外,为了进一步打响"武夷山水"品牌的知名度,南平也计划在当地 10 个县市区的重要位置建设"武夷山水"品牌产品体验馆,通过与旅游等方面的结合,让产品能够拥有固定的对外展示场所。在武夷山风景名胜区南入口的检票通道旁,正在建设的"武夷山水"品牌产品体验馆预计在本月底就能建成对外开放。届时,来自全国各地的游客,都能在这里看到南平优质的绿色产品。

而上个月底已经建成投入使用的邵武"武夷山水"品牌产品体验馆,展示了 30 多家企业的 70 多种产品。除了邵武的品牌产品外,其他县市区的产品也一样在这里展出。

【同期】

邵武市品牌办主任夏云麒:可以把他们(游客)引导到这个馆里来,来看一下我们具体产品的实物,甚至可以做一些品鉴。

【正文】

而南平 10 个县市区的"武夷山水"品牌产品体验馆全部建成后,将完整展示闽北所有地方的优质产品。让到南平旅游的外地游客,不管到任何一个县市,都能有机会较为完整地看到"武夷山水"品牌产品,让好产品卖出好价钱,以品牌建设带动产业转型升级,实现既富民又强市。

扶贫路上倾情书写新时代

宁德电视台

案例简介

　　宁德是习近平总书记最早提出摆脱贫困思想的实践地,习近平总书记深情牵挂着宁德人民的摆脱贫困奔小康工作,特别是寿宁下党乡。1989 年 7 月 19 日和 7 月 26 日,时任宁德地委书记的习近平怀揣共产党人的梦想曾两次翻山越岭、徒步跋涉到乡里现场办公。1996 年,他第三次来到这里,现场解决发展难题,为下党乡注入脱贫致富源动力。经历了 30 多年的扶贫攻坚,下党乡已由当年的穷山乡走出了一条既要百姓富也要生态美的发展之路。2019 年 8 月 4 日习近平总书记给福建寿宁下党乡亲们的回信,给闽东干部群众带来极大的鼓舞与鞭策。30 年来,宁德干部群众始终牢记嘱托、感恩奋进,把脱贫致富作为一号民生工程来抓,谱写了一曲曲脱贫攻坚的时代凯歌,激励着我们记者增强"四力"做好扶贫报道这篇大文章。本台记者采写的《下党的幸福路》《宁德:金融扶贫"精准滴灌" 巩固脱贫防止返贫》《新年 新家 新希望》等一系列的扶贫报道就是一个生动案例,这些视频报道运用新视角、采用新做法、应用新媒体,为打好扶贫攻坚战营造了良好的舆论氛围,是记者增强"四力",倾情书写新时代的形象展示。

案例评析

　　扶贫采访报道,是我们在这个抗疫春天里难以忘怀的一幕。新闻报道要生动,记者必须具有爱心、同情心,有一种新闻扶贫的情感冲动,更重要的是要有"四力"的基本功,能下基层,特别是在节假日到人民群众当中感受他们真实的生活,让那一种爱心的情感冲动刷屏。2018年初在福安市松罗乡满洋村的采访中,我们见到了村里的一位老贫困户汤祖兴。过去由于缺乏经济来源,他一家人一直住在矮小的土木房里。我们镜头里的汤祖兴目光是那么迷茫。而2020年这个春节,在政策帮扶和各级干部的帮助下,他们搬进了新房子,家里有了新的经济来源,女儿也找到了工作。这些在很多人看来很平常的事情,对贫困家庭来说却是一件天大的好事。采访过程中,汤祖兴一直开心地笑着,这种最淳朴的笑容能够感染每一个人,而整个村庄里浓浓的年味儿也透着浓浓的幸福感。在那一刻,我们有一种冲动——那就是,把这一切记录下来,把村民们的喜悦带给所有正在享受欢乐和期待欢乐的人们。随后,我们采编的新闻报道《新年　新家　新希望》以关注贫困户搬新家过新年作为主要内容在宁德电视台和省台接连播出,并进行短视频推送。汤祖兴的朗朗笑声是这个抗疫春天里难以忘怀的一幕。

增强"脚力"到基层,新闻更接地气。2020年突如其来的一场疫情,没有让我们记者停止下乡采访的脚步,为了拍摄寿宁县下党乡摆脱贫困的发展历程,我们十多次到下党乡采访,发送新闻报道50多条。其中,为了拍摄《下党的幸福路》纪录片,于2020年6月疫情防控期间驻扎下党乡两周时间,重走下党乡进村乡间小道,拍摄民谣唱词中"车岭车上天、九岭爬九年,三天三夜三望洋、三根蜡烛过岩川"的连绵大山、高山峻岭,在时间紧、资料有限的情况下完成了《下党的幸福路》短纪录片的摄制。2020年10月17日中国扶贫日,该作品在献礼全国扶贫日全省纪录片评比中,获评全省电视短纪录片一类作品,作品影响力位居首位。作为地方台的记者,实践告诉我们,如果没有基层生动的细节,缺乏群众的鲜活语言,我们的作品就不可能有吸引力、感染力。

增强"眼力"善观察,新闻有角度。新闻工作者要做时代的有心人,善于观察,从多方面、多角度考虑问题,提升新闻敏感性和发现力。在2019年闽东要全部实现脱贫的背景下,我们注意到宁德市所创新推出的小额信贷扶贫机制得到国务院扶贫办肯定,并被编入经典案例在全国推广,于是从金融扶贫"精准滴灌"入手,选取典型人物,用数字说话,从政策支持、产业发展、干部帮扶、平台助力等方面层层递进剖析,总结经验做法,以脱贫小故事展现扶贫大主题。其中电视新闻作品《宁德：金融扶贫"精准滴灌" 巩固脱贫防止返贫》，获得 2019 年度福建新闻奖二等奖。

增强"脑力"勤思考，新闻见深度。新闻工作者应树立问题意识，自觉把党和国家的路线、方针、政策和本地实际相结合，认识新事物、把握新规律，推动新闻舆论工作增强时代性、富于创造性。宁德市牢记习近平总书记"多上几个大项目，多抱几个'金娃娃'，加快跨越式发展"的殷切嘱托，为了宁德彻底摆脱贫困，不断促进高质量发展。我们编发系列报道文章《宁德：推动高质量发展"加速跑"》《1008 亿元！青拓集团成为我省首家产值超千亿元民营企业》等，精心选取新闻切入点，以"金娃娃"落地、发力、辐射带动产业链条化延伸为主线，展现昔日积贫积弱的老区厚积薄发，发展成为福建新兴增长极，以及服务项目建设过程中创造出令人鼓舞的"宁德速度""宁德质量"，阐述摆脱贫困的"宁德模式"。记者设置议题，充分运用现场出镜，对接采访权威专家学者，体现时效，又有深度，同时从宁德历史发展的脉搏中不断深挖经济建设报道线索。记者了解到出现首家千亿元民营企业这一亮点，立即比较了当年全省的民营企业发展状况和省级有关部门公布的统计数据，思考着这不是单一的数据第一，而是当下宁德落实"滴水穿石""弱鸟先飞"精神的体现，这是一向贫穷落后的宁德发展出现的新景象。消息《1008 亿元！青拓集团成为我省首家产值超千亿元民营企业》荣获 2018 年度福建新闻奖二等奖。

增强"笔力"改文风，新闻更鲜活。电视新闻声画兼备现场感强，我们力求文风清新朴实、生动鲜活，见人见事，见思想见精神。宁德长期以来大力发展捕捞业、海上养殖业，对沿海群众摆脱贫困起到一定的促进作用，但同时也造成海洋环境污染、海洋生态环境退化、一些天然物种濒临灭绝或者无法洄游原有栖息地，其中有"海上大熊猫"之称的白海豚就是一例。近年来，宁德开展了全面的海上养殖综合整治，一些养殖户收益虽然减少了，但是海洋生态环境得到极大改善，也促进了大黄鱼海上养殖业的长足发展，确保广大渔民真正脱贫致富。该事例生动阐释了"绿水青山就是金山银山"生态建设理念。记者就此以新近发生的白海豚出没闽东海域事件为由头，融合留存的大量新闻素材，于 2018 年剪辑而成短视频《中华白海豚过来了！》等。2019 年又编辑了媒体融合系列作品《萌翻了！中华白海豚又回来啦！》。作品时效性强、表现力强、现场感强，书写语言活泼，在全网得到快速广泛传播，收获超十万的点击量，实现融媒体环境传播效果最大化，生动反映了宁德扶贫路上生态环境越来越好的新景象。短视频《中华白海豚过来了!》获 2018 年度福建新闻奖二等奖,媒体融合作品《萌翻了! 中华白海豚又回来啦!》再获 2019 年度福建新闻奖二等奖。

增强"四力",离不开心与心的沟通、情与情的交融,只有深入生活、深入基层,才有源源不竭的鲜活素材和思想动力,才能真正融会贯通践行"四力",倾情书写新时代。

代表作品

宁德:金融扶贫"精准滴灌" 巩固脱贫防止返贫

李振富　施晓斌　郑晓晖　王辉辉
宁德电视台　2019 年 12 月 31 日

【导语】

宁德市扶贫小额信贷持续发力,以金融扶贫"精准滴灌"为全市巩固脱贫攻坚成果,防止返贫,接续推进减贫工作提供保障。

【正文】

今天是 2019 年的最后一天,屏南县农信社金融助理员再次来到屏城乡陆地村,为脱贫户余自恩移动办贷。几年来,金融助理员们已多次上门给余自恩办理还款和续贷业务。

【现场】

金融助理员邱家鹏:刚才这信贷资金 5 万块已经到你卡上了,你看一下。

【正文】

这次贷款,余自恩准备继续发展自己的第二个脱贫项目——养羊。

【现场】

金融助理员张远体:节前销量怎么样?

余自恩:还可以。

【现场】

金融助理员张远体:虽然你现在脱贫了,但是我们的扶贫整个政策不变。我们能支持你的,还是照样会支持你。

【正文】

2015年余自恩家因病返贫,挂村干部及时上门,推荐金融部门放贷,扶持他发展滑菇种植。从第一年的2万元,到之后每年的5万元贷款,源源不断的金融活水和创业帮扶,让余自恩实现了脱贫致富。到2018年,他种植滑菇达3万多袋,仅此一项纯收入就超10万元。

【正文】

同样在甘棠乡新田村,挂村干部对接福州佳璞电子商务有限公司引进可视化、可追溯养鸡项目,扶贫贷款与产业发展深度融合,也改变了贫困户黎益彭一家人的生活。

【同期】

屏南县甘棠乡新田村村民黎益彭:一只鸡差不多会赚20块钱,(今年)多收入2万块钱,都是他们公司帮我们销售。

【同期】

屏南县脱贫攻坚指挥部副指挥长胡小青:我们坚持贷款跟着产业走,来实现资金与产业的精准匹配。

【正文】

这种信贷扶贫新模式,就是以产业为抓手,县里成立"小额信贷促进会"推介担保贷款,整合工商、人社、银行、公安等部门信息,探索建立大数据平台,县、乡、村三级联动,共享信息,精准研判贷款投放。

【同期】

屏南县农村信用合作联社理事长王建珍：我们政府有一块风险担保金注入。当产生风险的时候，我们可以动用这块资金来偿还我们贫困户的贷款。

【正文】

目前，宁德市已建立扶贫小额信贷风险资金池 1.4 亿元，达到年推介担保 10 亿元的能力。

【同期】

宁德银保监分局副局长吴宜旭：到今年第三季度末，辖区银行业精准扶贫贷款余额达 19.19 亿元，比年初增长 7.25％。到 11 月末，扶贫小额信贷余额 2.42 亿元，不良率 0.78％，比全市（各项）贷款不良率还低 0.6 个百分点。应该讲，风险控制还是相当不错的。

【正文】

与此同时，我市 1.2 万名党员干部、专业技术人员一户一策精准帮扶，实现 90％以上的贫困户都有一个以上产业增收项目。全市贫困人口已从 2015 年底的 7.25 万人下降为 0，全面实现脱贫。

编后语：

扶贫小额贷款在闽东农村实现全覆盖，让有劳力的贫困家庭都能享受到金融活水带来的可持续扶贫效益。宁德市创新的金融赋能扶贫模式，以其低成本、高效率、可复制，被国务院扶贫办向全国推广。坚决打赢脱贫攻坚战，正需要这样勇于探索的生动实践。

下党的幸福路

李晓云

宁德电视台　2020 年 6 月

【正文】

巍巍群山，重重峻岭。山是福建寿宁的标签。"车岭车上天，九岭爬九年。"古老的民谣唱尽了寿宁山高路远、跋涉艰难的辛酸。

　　下党，是寿宁西部最偏远的山乡，坐落于闽浙交界的深山峡谷。行路难，是下党人最苦涩的回忆。全乡仅靠一条蜿蜒陡峭的羊肠小道通往外界。乡亲们世世代代守护着难以逾越的大山，也守着无法摆脱的贫困。20世纪80年代末，群众生活依然十分困难，70％的农户年收入在200元以下。

【同期】

　　时任寿宁县常务副县长连德仁：下党人有三个怕，第一，怕生病，缺医少药。二怕挑化肥，四面高山，步履维艰。三是怕养大猪，猪养大了，没人吃得起猪肉，要挑出去，送不出去，特别夏天不敢杀猪，所以，那个地方非常封闭。

【同期】

　　时任寿宁县下党乡党委副书记刘明华：群众连一件像样的衣服都没有，没有电，都是用油灯跟火篾照明。有的人连煤油都买不起，他只能用火篾跟松脂照明，这样子，当时没有电，想生产什么东西根本没办法，连大米都要手工做。

【同期】

　　时任寿宁县常务副县长连德仁：地瓜当粮草、棕衣当被罩，火笼当棉袄。

【正文】

　　这就是下党特困乡的真实写照。那么，摆脱贫困的道路又在哪里呢？1989年6月，时任下党乡党委书记杨亦周在参加宁德地委工作会议时提出，对贫困山区，上级要关心、要扶贫。这"辣味"十足的话，引起了时任宁德地委书记习近平的重视，他当场决定去下党走一趟。

　　1989年7月19日，正值盛夏酷暑，时任宁德地委书记习近平乘车颠簸了近3个小时，再沿着7.5公里的乡间小道，徒步两个多小时前往下党，留下了"异常艰苦，异常难忘"的记忆。

【同期】

　　时任寿宁县下党乡党委副书记刘明华：当年习近平书记坐车到了我们这

个屏峰村,屏峰村这里下去没公路了,开始走路,走了 7.5 公里到达了下党。

【现场】

时任寿宁县下党乡党委副书记刘明华:有的地方,还要手脚联动,前拉后推,才能够走得出来,这段路是最艰难的一段。

【正文】

到达下党后,习近平访贫问苦,现场办公,为下党谋发展、解难题,筹集资金 72 万元,用于水电和公路建设,从而开启了下党脱贫致富的历史征程。

【同期】

时任寿宁县常务副县长连德仁:他跟下党的干部说,下党干部关键的不是"唱"功,你的关键要"做"功,要一村一策,一户一策,一村一户地来帮扶,用他现在的观点就是精准扶贫了。

【正文】

下党之变,首先从"路"开始。他们在绝壁上修公路,在大山中谋发展。1991 年,下党乡开通了第一条通往外界的公路,乡亲们纷纷赶来观看通车仪式。

目前,下党乡已先后开通 5 条进乡公路,10 条进村公路,其中包括一条出省公路,大大缩短了与外界的距离,催生了经济活力。

【同期】

寿宁下党乡村民王菊弟:现在的村容村貌,还有进村公路得到了改善,我们个人生活水平也提高了。特别是现在也有我们自己的产业,这是以前想都不敢想的一件事。

【正文】

"九进寿宁,三进下党"。下党巨变的背后,是总书记的深情牵挂和殷殷期望。

"精准施策",无疑是下党"蝶变"的华彩篇章。宁德干部群众牢记嘱托、感恩奋进,把脱贫致富作为一号民生工程来抓,实施党建扶贫、产业扶贫、品牌扶贫、金融扶贫,从项目、资金、技术等方面给予贫困乡大力支持,持续释放能量。

省市县连续 15 年下派干部进驻下党乡的 10 个建制村,他们驻村蹲点、进村入户,实行一人一策,找"病根",拔"穷根",激发乡亲们脱贫致富的内生动力。

【现场】

寿宁县纪委巾帼信访服务队:我们对精准扶贫户,大家都比较关心,有 1000 块钱的帮扶资金已经到你账户上了没有?

【正文】

2019 年初,下党乡 118 个贫困户全部摘掉了"贫困帽"。

【同期】

寿宁下党乡村民王光朝:我们脱贫了,就想给总书记报个喜,我们信写上去不到 20 天,总书记给回信了!我们大家非常感动,也非常激动。

【现场】

习总书记给我们回信啦!

【正文】

习总书记回信:得知下党实现了脱贫,乡亲们的日子越过越红火,我非常高兴。向大家致以衷心的祝贺!

"车岭车上天,九岭爬九年"。当年"三进下党"的场景,我至今还历历在目。经过 30 年的不懈奋斗,下党天堑变通途、旧貌换新颜,乡亲们有了越来越多的幸福感、获得感,这生动印证了"弱鸟先飞""滴水穿石"的道理。

希望乡亲们继续发扬"滴水穿石"的精神,坚定信心、埋头苦干、久久为功,持续巩固脱贫成果,积极建设美好家园,努力走出一条具有闽东特色的乡村振兴之路。

习近平总书记的重要回信,给闽东干部群众带来极大的鼓舞与鞭策。依托绿水青山和传统古村落,下党乡因地制宜,大力发展休闲旅游,建设鸾峰桥主题文化公园、沿河步行栈道、文昌阁景观、修筑安全生态水系等项目,打造"红色下党""下乡的味道"等旅游品牌。下党村先后入选"中国传统村落"和"中国乡村旅游示范村"。总书记当年走过的羊肠小道,成了党群连心路和观光步道。

如今,下党已有 10 多家民宿和农家乐。这家"百口食堂"的老板王明寿,看好家乡的发展前景,返乡创业,生意日益红火。

【同期】

寿宁下党乡村民王明寿:这张照片就是当年习总书记到我家老房子里面的照片,背面这个是我的叔叔,因为我们家是烈士家属,当时我们下党这个地方很穷,我十几岁就出去打工,然后一直到 2017 年时候,我就回来开了这个店铺。随着下党知名度的提高,我相信我这个百口食堂生意会越来越红火。

【现场】

寿宁下党乡村民王光朝:我卖到外地的茶叶,各省都有,全国都有。

【正文】

73 岁的王光朝从来不敢想象,快递小哥成了他的常客,自己的农产品能通过互联网销往全国各地。

【同期】

寿宁下党乡村民王光朝:我这个门外一面旗子,(旗子上写着)幸福茶馆,是我们的国家送幸福,政府送幸福。我把房子整起来,把这个茶店开起来。2017 年(收入)2 万多元,2018 年(收入)3 万多,2019 年(收入)4 万多了。这个都是我们国家给我们送幸福。幸福都是奋斗出来的,大家要撸起袖子加油干!

【正文】

远山如黛,茶园如画。这里的土壤富含硒锌元素。下党乡将每家每户的零散茶园整合在一起,推出可视化扶贫定制茶园项目,吸引了众多企业认租。茶园收入原来每亩不到 2000 多元,增加到 6000 多元。

【同期】

寿宁下党乡村民王菊弟:我们下党乡成立了一个联合社,统一管理价格、病虫害、茶园管理等,以公司、联合社加农户这一模式来经营。全乡的群众不用愁茶叶卖不出去,在家里就可以把茶青卖给联合社,联合社再到公司生产,销售出去。

【同期】

寿宁下党乡岗后村范晓鹏:下党的发展形势很好,正好我们岗后这个土地,适合种这个猕猴桃,我是在上海开超市,从 2017 年 10 月回来,然后自己大概种了四十几亩的猕猴桃,第二年发展了村户二十几户,大家一起合作种这个猕猴桃。

【正文】

同时,通过引进新品种、建设示范基地,大力发展脐橙、锥栗、毛竹等特色产业,为乡村振兴打下坚实的产业基础。

滴水穿石扶贫路,合力催开幸福花。2019 年,下党乡累计接待游客 18.3 万人次,村民直接增收 900 多万元。全乡农民人均可支配收入从 1988 年的 186 元增长到 2019 年的 14777 元,增长了 70 多倍。

下党的经验做法,被纳入中央政治局集体学习材料,列入国务院扶贫办精选推广的 12 个典型案例之一。下党的脱贫故事获评"全国脱贫攻坚奖组织创新奖"。

【同期】

下党文创园画家吴祥胜:我们准备在这边用我们的油画笔把这些山清水秀的风景记录下来。

【正文】

使命在召唤,梦想在延伸。从崎岖坎坷的贫困路,到四通八达的脱贫路;

从乡村振兴的致富路,到全面小康的幸福路。在闽东这块热土上,习近平总书记躬身实践,缔造了中国扶贫开发道路的"宁德模式"。回望来路,下党沧桑巨变;前瞻未来,下党正迈向全面小康!

后　记

　　《福建优秀新闻宣传案例选编》由中共福建省委宣传部、福建省新闻工作者协会牵头编撰而成,编务工作由厦门大学具体组织实施。刘韬、张燕萍、陈洁怡、袁雨非、刘坤厚、卓心玥、杨雯卿、王森、戴云、束秀丽、张晓娴、周杨、刘露、王亚楠等参与了编写工作。

　　本书得到了省内各相关新闻单位的大力协助,厦门大学教务处也给予了出版方面的支持。谨致谢忱!